"一带一路"与未来中国

徐希燕 等 著

中国社会科学出版社

图书在版编目（CIP）数据

"一带一路"与未来中国/徐希燕等著.—北京：中国社会科学出版社，2016.2
ISBN 978-7-5161-7716-7

Ⅰ.①一… Ⅱ.①徐… Ⅲ.①丝绸之路—经济带—关系—国家战略—研究—中国 Ⅳ.①D60

中国版本图书馆 CIP 数据核字（2016）第 041300 号

出 版 人	赵剑英
责任编辑	卢小生
特约编辑	林 木
责任校对	周晓东
责任印制	王 超

出 版	中国社会科学出版社
社 址	北京鼓楼西大街甲 158 号
邮 编	100720
网 址	http://www.csspw.cn
发 行 部	010-84083685
门 市 部	010-84029450
经 销	新华书店及其他书店
印刷装订	三河市君旺印务有限公司
版 次	2016 年 2 月第 1 版
印 次	2016 年 2 月第 1 次印刷
开 本	710×1000 1/16
印 张	16.25
插 页	2
字 数	275 千字
定 价	60.00 元

凡购买中国社会科学出版社图书，如有质量问题请与本社营销中心联系调换
电话：010-84083683
版权所有 侵权必究

序　言

纵观两千多年历史，我们认为，丝绸之路是一条探险猎奇之路，是一条文化融合之路，是一条商贸交流之路，是一条互助互惠之路，是一条平等友谊之路，是一条传承文明之路。

约两千多年前，丝绸之路已是中国与中亚乃至西方国家文化交流的漫长通道。中国的儒教、道教思想，以及造纸、印刷、火药、指南针、纺织、制陶、绘画等传到西方，西方的天文、历算、医药、音乐、雕塑、宗教等乃至传入了中国。

在这条七千多公里的漫长崎岖道路上，悦耳的驼铃、缓慢的驼队，将东方的丝绸、瓷器运到西方，各国王公贵族们曾一度以穿着腓尼基红色的丝绸，以及拥有中国的瓷器作为财富与荣耀的象征。丝绸之路鉴证了当时东方大国——中国的强盛文明。

丝绸之路推动了东西方文明、哲学、科技、艺术、宗教等交流，为繁荣人类文化、哲学、科学、艺术事业做出了巨大贡献。

继春秋战国之际文化繁荣之后，印度佛教文化的传入，促进了中国大唐文化的空前繁荣。博大精深的中国文明之形成，丝绸之路功不可没。我们认为，丝绸之路传承的是"文明、友谊、兼爱、和平"。这确实是人类得以继续繁衍所必须具备的核心价值观。

然而，地球并不太平，人类并不安宁。因为在世界文化中，存在弱肉强食的文化。英国哲学家曾经说过，人与人之间是狼与狼之间的关系。这就可以解释：为什么八国联军不远万里携枪带炮火烧古老的中国文明——圆明园，并将国宝洗劫一空。

诺贝尔奖获得者曾经共同发表宣言，21世纪人类要和平，必须回归到中国的孔子文明那里去。

孔子的核心价值观是"仁、义、礼"等，仁者，爱他人；义者，讲义气，即利他也；礼者，礼贤下士，以很好的礼节对待贤士。礼贤宾客，即以很好的礼节对待他国的宾客。孔子又说，"君子和而不同"，也就是说，君子们可以各有个性、各有特长，但是能够和平相处。孔子文化发出的都是正能量，都是对他人、他国友善的信息。

墨子提出"兼爱、非攻"思想，就是全部全心全意地爱他人，这样可以换位思考，也是"己欲达而达人的意思"；"非攻"，是不主动进攻他国的意思，主动当然包括"善守"的含义。

可见，中国文化的核心理念是以人为本，是博爱、和平、非攻，而不是去侵犯他人、他国的利益。

美国哲学家杜威在《实用主义》一书中提出："凡是有用的就是真理。"换言之，凡是可以增加美国财富的事，美国就可以干。这就可以解释，为什么美国出兵伊拉克、阿富汗等国。这也可以解释，为什么美国继"亚太再平衡战略"之后，最近又提出进一步包围中国的"印亚太战略"。

美国哈佛大学亨廷顿提出"文明冲突论"，仅仅看到不同文明接触时碰撞的一面，而没有看到交流互动的一面，更没有看到不同文明的交会融合可以创造新的文明一面。"文明冲突论"的逻辑结果，是要遏制、消灭其他文明，保留某些国家所标榜的文明。这就可以解释，为何美国在伊斯兰国家处处碰壁、不受欢迎。

总有一天，世界上不同的文明冲破个别文明的狭隘偏见（也就是佛教所说的放下执着），实现了全球范围内多样文明的融合，形成了全球共同的核心价值观，至此，人类也就从此永远太平了。

习近平总书记放眼世界，为了更好地促进人类和平、传承人类文明、创造人类财富，提出了"丝绸之路经济带"、"二十一世纪海上丝绸之路"国际大战略。他指出，千百年来丝绸之路承载的是"和平合作、开放包容、互学互鉴、互利共赢"精神，这是"一带一路战略"的精华之所在。和平合作是前提，开放包容是根本，互学互鉴是途径，互利共赢是目的。

本书从"一带一路战略"的背景意义、核心内涵、空间范围、战略布局，以及"一带一路战略"与未来中国政治、经济、外交、文化等方面进行了研究，可供海内外政治家、外交官员、专家学者、企业家、投资商以及广大读者借鉴。

徐希燕

2015 年 10 月 3 日

目 录

第一章 "一带一路"概述 ········· 1
一 历史渊源 ········· 1
二 概念和含义 ········· 9
三 理论支撑 ········· 16
四 区域范围 ········· 20

第二章 "一带一路"的背景与战略意义 ········· 33
一 "一带一路"的背景 ········· 33
二 "一带一路"的战略意义 ········· 53

第三章 "一带一路"战略布局 ········· 60
一 发展定位 ········· 60
二 发展目标 ········· 68
三 发展布局 ········· 81
四 发展策略 ········· 87

第四章 "一带一路"与国际协同发展 ········· 96
一 各国政府引导国际协同发展 ········· 96
二 国际组织推动国际协同发展 ········· 111
三 跨国公司带动国际协同发展 ········· 117
四 金融合作促进国际协同发展 ········· 119
五 总结与展望 ········· 126

第五章 "一带一路"与中国未来政治 …… 127

  一 国际政治影响力构成及影响因素 …… 128
  二 我国的国际政治影响力 …… 130
  三 我国政治受"一带一路"建设的挑战 …… 132
  四 我国未来政治的新格局 …… 133

第六章 "一带一路"与中国未来经济发展 …… 161

  一 经济新常态下的"一带一路"战略 …… 161
  二 "丝绸之路经济带"与中国未来经济发展 …… 168
  三 "21世纪海上丝绸之路"与中国未来经济发展 …… 177
  四 中国各省区市"一带一路"实施方略 …… 185

第七章 "一带一路"与构建未来新型大国外交格局 …… 187

  一 深化与俄罗斯和蒙古国的外交关系 …… 189
  二 优化与沿线东南亚国家的合作关系 …… 195
  三 增进与沿线南亚国家的信任合作 …… 199
  四 扩大与沿线西亚和北非国家的合作范围 …… 203
  五 完善与沿线中亚国家的外交合作 …… 207
  六 加强与沿线中东欧国家的外交信任与合作 …… 211
  七 "一带一路"与中国未来外交新格局 …… 214

第八章 "一带一路"与中国未来文化交流 …… 223

  一 积极弘扬与输出中国优秀文化 …… 224
  二 促进各国文化创意产业合作 …… 234
  三 推动沿线各国教育交流与合作 …… 238
  四 建设"一带一路"大旅游圈 …… 244

附 录 …… 249

后 记 …… 255

第一章 "一带一路"概述

一 历史渊源

在世界历史的发展过程中，形成了四种自成体系的文化，即希腊文化、印度文化、伊斯兰文化和中国文化。每种文化产生的背景、渊源、地理位置各不相同又相互交融，但都对人类历史的发展和人类文明的进步产生了重要作用。这四种悠久的文化汇集于蔓延千里的道路上，就是著名的丝绸之路。

这四大文化在中国汇集的区域，可以引用瑞典大探险家斯文·赫定的观点来概述：世界上历史悠久、地域广阔、自成体系、影响深远的文化体系只有四个：中国、印度、希腊、伊斯兰，而这四个文明体系汇集的地方只有一个，那就是中国自敦煌至喀什的环塔克拉玛干古代文明区，此外再没有第二个。

丝绸之路以中国古代生产的丝绸而命名，表明中国在历史上对这条丝绸之路的形成所起到的重要作用。

海上丝绸之路的雏形在汉代早已存在，目前已知有关中外海路交流的最早史载来自《汉书·地理志》，当时的中国就与南海诸国已有接触，而有些遗迹实物出土表明中外海上交流或更早于汉代。到了隋唐时，海上通道运送的主要大宗货物仍是丝绸，这标志着海上丝绸之路已经形成。宋元时期，瓷器出口逐渐成为主要货物，因此又称作"海上陶瓷之路"。

丝绸之路是我国古代与东南亚、中西南亚、欧洲、非洲等地区国家政治、文化、商贸等交流的一条主要大通道，也是中国打开国门走向世界的极其重要的通道。

(一) 丝绸之路的概况

广义上的丝绸之路主要由两部分组成：其一，西出玉门关、阳关沿河西走廊，穿越大漠，越过葱岭，经中亚、西亚至地中海沿岸的古代陆地"丝绸之路"；其二，经东南亚、印度、阿拉伯乃至北非各国的古代海上"丝绸之路"。

"丝绸之路"的概念于19世纪末开始出现，其名称最早由德国地理学家费迪南·冯·李希霍芬（Ferdinand von Richthofen）于其1877年出版的《中国》一书中提出的，德语词汇是"die Seidenstrasse"。他在此书中将公元前114年到公元127年连接我国与印度的贸易路线称为"丝绸之路"。此后，随着东西方之间贸易的往来，德国学者阿尔巴特·赫尔曼在1910年出版的《中国和叙利亚间的古代丝绸之路》又进一步阐释其地理范围，将"丝绸之路"扩展到了西部的叙利亚。从此以后，"丝绸之路"就成了古中国与中亚、西亚、欧洲及北非之间贸易路线的统称。

(二) 陆上丝绸之路

在古代海运不太发达的情况下，陆路是最主要的交通方式，而通过陆路贸易也自然而然地成为主要的贸易方式。陆上丝绸之路主要指欧亚北部地区的商路，和南方的茶马古道形成南北呼应。因早期主要以丝绸为贸易对象而得名。有学者认为，张骞出使西域是中外文化交流的新纪元，是他率先开辟了丝绸之路，此前，中原地区和中亚、西域等地的丝绸贸易就已经存在。

1. 陆上丝绸之路的兴起

秦汉时期，匈奴崛起，击败了东胡、月氏，并且占领了河套、河西走廊以及新疆大部分地区，汉朝统一后，又有不断侵入汉王朝的趋势。汉初国力微弱，败于匈奴，不得不采取和亲的政策。经过了文景之治，经济实力提高、军队素质增强，综合国力明显提升。在汉武帝时期，采取积极的对外政策，一是联合中亚的大月氏一并抗击匈奴，二是与西方进行商品贸易，张骞就是在这样的背景下出使西域的。

张骞出使西域并非一帆风顺，其离开长安后，在河西走廊地区被匈奴抓获。他在匈奴生活了十几年，仍不忘使命，趁机逃离西域后到了中亚地区。中亚的大月氏人因生活安定不再恋战，即使张骞在那游说了一年多，大月氏人仍不愿再与匈奴开战，张骞无奈只能返回长安，但在返回途中又被匈奴抓获，一年后趁匈奴内乱趁机逃离。此次出使西域虽然没有达到应有的效果，却带来了西域的消息，汉武帝也被张骞从西域带来的奇珍异宝吸引，让封闭的国人知道了遥远的西部仍有部落的存在，在汉朝和周边国家之间有交通通道存在。所以，张骞第一次出使西域即是丝绸之路的开端。

此后，汉朝在反击匈奴方面也取得了成绩。张骞出使西域后，汉武帝又派霍去病和卫青分三次攻打河西走廊地区的匈奴，并在当地设立了四个郡县加以管辖；又于前104年派李广利打击大宛，并获得全胜。自此大汉在西域声名四起，西域国家纷纷朝拜长安。在大败大宛后，为了进一步减少匈奴对丝绸之路交易上的骚扰，增强对西域地区的管控，汉宣帝时期在西域设置了西域督护府，其管辖范围几乎囊括中亚的全部地区，控制了塔里木盆地，西域都护也是汉代对西域地区管理的最高职位，更保证了丝绸之路的畅通，标志着丝绸之路进入了更加繁荣的阶段。为推动贸易发展、打击匈奴联合乌孙，汉武帝又派张骞出使西域，此次出行既包括一个高规格的外交使团，又包括庞大的商队。随行师团超过300人顺利地到达了乌孙，张骞又让随行人员出使了康居（今塔什干为主的游牧国家）、大宛（费尔干那）、大月氏、安息（古波斯帕提亚国）和身毒（今印度）等国。因乌孙国内动乱并没有达到联合乌孙共击匈奴的目的。但是，张骞两次出使西域，为推动汉朝与西域国家的丝绸等贸易做出了巨大贡献，打破了沿线国家对丝绸之路交易的垄断状态，开启了古东方与西方的交流，从零星的、小规模的交流转为大规模的、官民相结合的交流，使我国与中亚、西亚以及南亚地区建立了贸易关系，结束了古代对西方的神话传闻。具有冒险精神的富贾不仅在丝绸之路交易中获得了巨额的利润，还推动了我国与西域国家的交流，同时，政府在关税方面也收益颇丰。丝绸之路是我国对外开放的证明，是横贯亚非欧三洲的商道，更是文化交流与融合的通道，因此，人们形象地将张骞出使西域称为"凿空"。

张骞两次出使西域，推动了汉代与西域国家的交流。从"凿空"西域到设立河西走廊四郡县，保障丝绸之路沿线的安全畅通，汉代与乌孙联姻，扫除了匈奴的侵略，同时鼓励移民造田，为丝路往来商旅提供了保障。因此，丝绸之路将中原与西域地区紧紧地联系在一起。经过几个世纪的扩展，丝绸之路延伸到地中海地区，促进了汉族和西域地区以中亚国家的第一次交流融合。中原的丝织品畅销欧洲，尤其是罗马帝国，西域地区的葡萄、核桃等几十种植物也陆续在中原种植。

但是好景不长，西汉末年时期，王莽专政，国家动荡不安，对外政策强硬，西汉与西域国家的关系一度中断，西汉失去了对西域的控制，西域大部分地区重新被匈奴占领。东汉时期，班超投笔从戎，和窦宪到伊吾及蒲类海等地，战胜匈奴，杀掉匈奴使节，迫使其重新臣服汉朝。自此以后，班超先后担任军司马和西域都护，平定了疏勒（今喀什）、龟兹（今库车）及尉犁（今库尔勒）等西域国家。

汉和帝时期，班超派甘英出使大秦（今罗马）。甘英到达波斯湾地区，准备渡海西行时，安息人为垄断与罗马的贸易，夸大了航行的艰难，阻止了甘英的进一步西行。甘英等虽未到达既定目的地，但仍亲自走完丝绸之路的大部分行程，并了解了南到波斯湾，通过阿拉伯半岛到罗马的航线，史书称甘英为第一个走到波斯湾的中国人。

2. 陆上丝绸之路的兴盛与衰落

魏晋南北朝时期，中原地区虽然战乱不断，但却丝毫没有影响丝绸之路沿线的贸易往来。尤其是很多人士纷纷迁往河西走廊地区以避免战争，这也在一定程度上推动了河西走廊地区的贸易及文化发展。当时，从葱岭以西到罗马帝国，沿途的商旅使节仍"相继而来，不间于岁"。① 无论是东晋五胡十六国还是南北朝时期，均有使者不断行走在丝绸之路上，因此，即使在政权不稳、国内动荡的年代，丝绸之路仍然充满了活力。

隋朝在统一南北以后，我国封建社会进入了全盛时期。隋炀帝派黄门侍郎裴矩联络西域等各国首领，主管贸易往来。丝绸之路通往东罗马、印度和波斯的情形，可以通过《西域图记序》等了解。唐朝时期，随着民族融合的进一步扩大，对疆域的开拓也更广阔，唐朝经济兴旺、国力强盛、文化昌荣，是封建社会的鼎盛时期。从唐太宗到武则天时期，大唐的管控范围不仅包括塔里木盆地，而且包括天山以北和葱岭以西的广大地区，并设置了安西都护府、北庭都护府等加以管辖，在丝绸之路沿线设立驿丁、驿马等并普遍设立驿站，供往来商旅住行；在丝路沿线设立军镇，组织严密，保障沿线的社会稳定和交通安全。另外，为了保证交通，唐朝继承了汉代以来的"过所"制度，将"过所"颁发给往来的商旅，纠察奸宄，并在商旅行人经过边关道路时勘验，这些都加强了对丝绸之路沿线

---

① 陶广峰：《丝绸之路的历史及其再繁荣的法律保障》，《南京林业大学学报》（人文社会科学版）2002年第2期。

的管理，保证了丝绸之路的畅通和安全，使中西方之间的贸易往来更加便捷。陆上丝绸之路巩固了隋唐边疆的稳定统治，促进当时西部经济的发展，推动了中西文化交流。

历史的发展是轮回的，丝路的发展也有繁盛和衰落的过程。唐朝安史之乱之后，国家综合国力开始下降，吐蕃控制了西域各地，占领了河西走廊以及陇右等地，并在公元763年攻陷长安。同时，党项族和回纥兴起，丝绸之路一度中断。衰微后的丝绸之路再也没有了往日的繁华和悦耳的驼铃。往昔的丝路是"葡萄酒熟姿行乐，红艳青旗朱粉楼"。而衰败后成了"千里暮烟愁不尽，一川秋草恨无穷。山河惨淡关城闭，人物萧条市井空"。

宋王朝在公元10世纪中叶后，与大辽、西夏和金等处于敌对状态中，严重影响了丝绸之路的发展。由于当时南宋将都城搬迁到杭州，国家的经济重心向南转移，陆上丝绸之路开始衰微，海上丝绸之路逐步兴盛起来。因此，此时的丝绸之路缺少了往日的繁荣景象，虽然也有来往的商旅，但总体处于冷清状态。

其后，成吉思汗领导下的蒙古骑兵征服了北亚，统治了中亚及西亚的大部分地区，西征到达过波兰及德国，从而建立了囊括西域、俄罗斯等在内的庞大帝国。忽必烈建立元朝后，准用维吾尔人及波斯人为官宦，许多欧洲及西亚等地的商人、旅行家纷纷来此，威尼斯商人马可·波罗通过丝绸之路到达元都城，领略了中原的极盛，回国后写下了著名的《马可·波罗游记》。

明朝实行闭关政策，以嘉峪关为界，划关而治，中西交往主要依赖海路，陆上交通干线也改道哈密，原来意义上的丝绸之路已无繁荣可言。由于明朝郑和下西洋后，海上交通变得更为便利，因此陆路日益不如往昔。清朝时期，西北边疆大部分地区被沙皇俄国侵吞，在闭关锁国政策的影响下，西北陆上丝绸之路最终没落。

（三）海上丝绸之路

除了陆上丝绸之路以外，从汉代开始，人们逐渐开辟了通过航道前往东南亚等国的线路。宋代以后，随着我国经济重心由北方向南方转移，南方沿海城市，如泉州、广州等地海运业日益发达，陆运已经不能满足贸易需要，海运越走越远，最终到非洲的东海岸，这一系列海上的贸易往来路线，称为"海上丝绸之路"。

1. 海上丝绸之路的兴起

古代中国路上丝绸之路最为鼎盛的时期是两汉到唐朝时期，但自秦汉开始，随着政治的统一和经济发展，海上的商道开始兴起。从徐福带领三千名童男童女东渡日本开始，就不断地有我国的船只去往日本、琉球等地，并通向西南沿海诸国。汉朝时，根据《汉书地理志》记载，船舶可以从徐闻县（今湛江徐闻县）到达都元国（今马来半岛），继续航行可以到达邑卢没国等地，步行数十日能到夫甘都卢国，从此处航行可到达黄支国（今印度）。回程可以先到达已程不国（斯里兰卡），并能抵达皮宗（马来半岛），通过东北航线返回汉朝。这条以商贸为主的路线标志着我国古代海上"丝绸之路"的逐步形成。汉武帝时期曾经两次出动水军，在南方打通了自长江口到广东广西的航线，在北方则打通了自山东至辽东的航线，并将南北两线相互衔接，从此贯通了我国北起辽东地区，南到广东、广西的海运航线。沿海航运业的发展，促进了从东南沿海到达印度半岛等地的线路商贸繁荣。

隋唐时期，国内政治稳定，国力强盛，为丝绸之路的发展提供了良好的外部条件。但陆上丝绸之路逐渐丧失了原有优势，海上丝绸之路不断发展。这是因为，一般说来陆上丝绸之路只能到达相毗邻的国家，如果再通往更远的国家，则需要穿过其他国家或民族，在贸易扩展的过程中，任何一个国家发生动乱或者垄断丝绸等商品的贸易，则会影响贸易的持续繁荣。唐朝与突厥族之间的战争、阿拉伯国家和波斯王朝的战争，尤其是安史之乱的发生，使陆上商道很快被吐蕃族控制；发展陆上丝绸之路，只能通过西域前往其他国家，而诸如丝绸、茶叶等商品则大多产自东南沿海地区，若远离商品生产地，通过陆路运输，不仅成本高昂而且非常不便，很难到达更远的地区；陆上丝绸之路须穿行沙漠和戈壁滩等，自然环境恶劣，不利于商品的运输；通过骆驼运输商品，运量有限，而且瓷器等商品容易损坏，导致商队不得不开辟新商道。同时，唐朝手工业和丝织业的发展都达到了较高水平，生产规模、质量以及品种等都提升到新台阶。唐朝造船业也有了进一步发展，造船工厂遍布沿海主要港口，造船技术明显提高，不仅采用铁钩固定船只来抵抗风浪，而且还设置水密舱壁，提高船只的安全系数，扩大船只承载面积。如意大利人菲勒斯著的《中世纪的中国与非洲》上记载："中国大约从公元600年开始，就建造具有五层甲板大吨位的帆船。中国帆船的体积很大，抗风浪的能力很强。"

《新唐书地理志》记载的唐朝沿海通往东南亚和印度洋各国、红海沿岸、波斯湾诸国以及东非、北非的路线，称为"广州通海夷道"，这是我国早期类似海上丝绸之路的提法。隋唐时期的海上丝绸之路主要以南海周边诸国为目的地，广州是起点，此又称为南海丝绸之路。唐朝时期，经由广州到南海和印度洋，最后到达波斯湾各国的路线，是当时世界上航行最长的路线。随着唐朝经济的繁盛，东西方之间的贸易往来日益增多。中国的茶叶、瓷器、丝绸等通过海上丝绸之路不断输往西亚、北非等国，而当地国家的特产，如象牙、香料和珠宝等也陆续传入中国。商贸往来促进了贸易的繁荣，促进了各国文化交流，增进了与海上丝绸之路沿线国人民的友谊。

2. 海上丝绸之路的繁荣与衰落

宋朝时期，陆上丝绸之路被西夏等国垄断，且南宋杭州地处江南，周边海运较为发达，统治者实行了刺激海外贸易的政策，因此，海外贸易成为宋朝经济发展的重要策略。宋朝的海上贸易路线可到达阿拉伯、穿越红海直到非洲的西北部。今日的南非以及津巴布韦等国也曾出土中国宋代的瓷器及货币，由此推测，当时我国宋代的船队曾经到达过非洲南部港口。

到了宋代，我国的造船水平以及航海技术又有了提高，船舶载重量更大、设计也更先进。船只可以通过多挂风帆来提高航速，桅杆可以通过转轴轻松起落，这在当时是最发达的船舶技术。为了航行的需要，防止在茫茫海洋中迷失方向，减少人员伤亡和财产损失，宋人改进了罗盘以指引方向，指南针的应用是世界航海史上的壮举。没有指南针，就不会有航海事业的大发展及地理大发现，也不会有各国之间频繁的贸易往来。在史书中最早记载使用指南针用于航海的就是北宋。朱彧在《萍洲可谈》中不仅描述了广州航海业的繁盛状况，也描述了商船在海上航行的状况。"舟师识地理，夜则观星，昼则观日，阴晦观指南针。"表明了指南针在航海中的地位及作用。

元朝的统一为海外贸易提供了稳定的政治环境和坚强后盾，并且又开辟了黄海及渤海两条航线。在南宋时期，通过海上丝绸之路与中国有交往的国家有140多个，到元代激增到了220多个，中国的贸易船只在航海路线上一枝独秀。宋元时期泉州成为东方的第一港口，宋哲宗设置了市舶司，更确立了其重要地位。元朝统治者也非常重视泉州的对外贸易，东到朝鲜半岛、南及东南亚地区、西出印度洋和波斯湾以及非洲地区，商船基本都会聚集于泉州。《马可·波罗游记》中曾记载，在这个商埠，商品、宝石、珍珠的贸易之盛，的确是惊人的。

海上丝绸之路的发展，进一步推动了经济的发展、政治的稳定和国家的繁荣，也提高了沿海港口的战略地位。这些港口随着海外贸易的发展成为城市中的佼佼者，不仅推动了东西方经济贸易，而且促进了东西方文化繁荣，成为连接世界各国人民友谊的桥梁。

明朝建立初期，明太祖朱元璋采取睦邻友好的政策，并通过海陆两条路线派使者四处邦交，但此时的对外贸易并未完全开放，而是在政府的管控下进行，不仅限制商船数量及人数，严格限制民间私人贸易，而且撤销了泉州、广州等地市市舶司。明成祖朱棣时期，政策有所转变，为了扩大明朝的政治影响力，争取稳定的政治环境，注重经济发展，凭借先进的造船技术及航海技术，将我国与海外其他国家的友好往来提升到鼎盛地位，这当然也与郑和下西洋密不可分。

郑和的船队在28年内曾7次出使大西洋，大小船只有208艘，官兵多达2.7万人，最大的宝船长44丈、宽18丈，是那时世界上规模最大、性能最好、技术含量最高、排水量最大的木船。况且7次下大西洋，每次船队的人数及其规模都和第一次类似，其他国家都难以做到，这比西方的达伽马、哥伦布等人的航行要早近一个世纪。郑和第四次下西洋船队把中国丝绸带到东南亚的中南半岛、马来半岛、印度尼西亚和苏门答腊、爪哇岛、印度半岛的东西两侧、西亚的伊朗等海湾国家、阿拉伯半岛红海两岸，直到东非的南部坦桑尼亚、莫桑比克等国。其中，最远到达今天的索马里及肯尼亚等地，其庞大的规模、精湛的造船术及无可比拟的航行里程数，是当时世界上任何国家所不能媲美的。当时人们对赤道以南地区知之甚少，中国只知道非洲的埃及。但郑和的航行，丰富了人们的知识，广泛推进了国际交流，体现了海外贸易的巨大优势，同时代的葡萄牙人只是刚开始摸索非洲海岸，到1445年左右才达到佛得角。郑和下西洋的主要目的是大明朝与到达地国家建立友好关系，并不是为了通商，但所行商船每次也会携带着大量的丝绸、茶叶、瓷器等特产，也会在平等互利的基础上进行商贸往来，深受当地人民的欢迎。其他国家也纷纷派船队跟随郑和回国前往明朝"朝贡"，带去当地的奇珍异宝。那时，我国与其他国家的贸易往来较为频繁，海上贸易非常活跃。

郑和下西洋虽是世界航海史上的壮举，与海上丝绸之路沿线国建立了友谊,形成了海上贸易线路,但由于遭到了保守势力的极力反对,永乐后的明王朝以及清朝,均实行闭关自守的"海禁政策","禁民下海通夷",严格限制海外贸易,使封建经济逐渐步入衰弱,也导致了海上丝绸之路的没落。

二 概念和含义

为了更好地研究"丝绸之路"与"一带一路",首先需要认真研究、界定相关概念的含义。

(一)"丝绸之路"的概念和含义

1. "丝绸之路"的概念

丝绸之路通常是指从中国出发,途经中亚、西亚、欧洲的商路。西汉时张骞以长安为起点和东汉时班超以洛阳为起点,经中原地区、关中平原、河西走廊、塔里木盆地,到锡尔河与乌浒河之间的中亚河中地区、大伊朗,并连接地中海各国陆上通道。这条陆上通道通常被称为陆路丝绸之路。因为由这条路西运的货物以丝绸制品的影响最大而得名的,其基本走向定于两汉时期,包括南道、中道和北道三条路线。

与南方的茶马古道形成对比,广义的丝绸之路指从上古开始形成的,遍及欧亚大陆甚至包括北非和东非在内的大通道,在这条大通道上商业贸易和文化交流比较频繁。

张骞的两次出使西域,开辟了中外交流的新纪元。这条东西通路,经过几个世纪向西伸展到了地中海,甚至法国、荷兰。通过泉州、广州等地途径海路还可达意大利、埃及以及非洲东海岸,这是海上丝绸之路。丝绸之路是中国与亚洲、欧洲、非洲等国经济文化交流的友谊之路。

2. "丝绸之路"的含义

丝绸之路是持续两千多年的东西贸易互通和文化交流的国际大通道,既是一个经贸、政治和文化并行的多元交流系统,也是一个海陆互补的多线路系统。其功能从"求异珍"逐渐转向"榷货税",不仅奠定了沿线城镇的聚居模式,也推动了沿海港口城市和内陆手工业城市的兴起,成为一个内外联动的多维发展系统,具有多边合作、自由贸易、共荣共生等多重含义,其对于亚欧各国,特别是对中国古代的社会经济发展和文化繁荣起到非常重要的作用。

（二）"一带"的概念和含义

1."一带"的概念

2013年9月7日，习近平同志在哈萨克斯坦纳扎尔巴耶夫大学发表演讲时说："为了使各国经济联系更加紧密、相互合作更加深入、发展空间更加广阔，我们可以用创新的合作模式，共同建设'丝绸之路经济带'，以点带面，从线到片，逐步形成区域大合作。""丝绸之路经济带"的概念首次被提出。简称："一带"，这是在古丝绸之路概念基础上形成的一个新的经济发展区域，是自"新亚欧大陆桥"后，由中方国家领导人提出的战略构想，东连亚太经济圈，西连发达的欧洲经济圈，被认为是"世界上最长、最具有发展潜力的经济大走廊"。

2."一带"的含义

吉林大学东北亚研究院院长朱显平和讲师邹向阳最早基于"交通经济带"、"成长三角"以及"增长极"等概念和视角，将"丝绸之路经济带"界定为跨国交通经济发展带，即以跨国交通通道为展开空间，以区域经济一体化为手段，以中心城市和交通基础设施为依托，以生产要素自由流动和区域内贸易为动力，以带动沿线经济快速增长和发展为目的的中国—中亚跨国经济带。有相关研究人员分别从广义和狭义两方面界定了"丝绸之路经济带"空间范围，并且后者认为其实以产业与人口的"点—轴"集聚为根本动力，以交通基础设施和自由流动的要素为基本框架，以中国和中亚地区共同利益为根基，以地缘政治和能源合作为现实基础，以建立区域经济一体化组织为战略目标的特定区域空间结构。

还有其他的研究人员则认为，"丝绸之路经济带"是以古丝绸之路为文化象征，以上海合作组织和欧亚经济共同体为主要合作平台，以立体综合交通城市群和中心城市为支点，以跨国贸易投资自由化和生产要素要优化配置为动力，以区域发展规划和发展战略为基础，以货币自由兑换和人民友好往来为保障，以实现各国互利共赢和亚欧经济一体化为目标的带状经济合作区，并且指出这一概念具有历史性、国际性、综合性三大特征。他们认为，"丝绸之路经济带"既是历史性概念，又是现实性概念；既是区域性概念，又是全球性概念；既是经济性概念，又是综合性概念。在空间范围上，将"丝绸之路经济带"的空间范围划分为核心区、扩展区、辐射区三个层次。其中，核心区包括中国、俄罗斯和中亚5国，扩展区包括上海合作组织和欧亚经济共同体的其他成员及观察员国，辐射区包括西亚、欧盟等国家和地区，核心区与扩展区构成狭义的"丝绸之路经济带"，核心区、扩展区和辐射区构成广义的"丝绸之路经济带"。胡鞍钢等则认为，以哈萨克斯坦等中亚五国为主的中亚经济带、以中亚周边的俄罗斯和南亚等为核心的环中亚经济带以及环中亚地区和欧洲北非等为核心的亚欧经济带分别是"丝绸之路经济带"的核心区、重要区、扩展区。冯宗宪认为，"丝绸之路经济带"分为国内路段和国外路段两大部分，国外路段包括中亚地段、南亚地段、中东欧地段以及相关的俄罗斯和西欧、北欧地段等在内的三个主要地段。

（三）"一路"的概念和含义

1. "一路"的概念

2013年10月3日，习近平同志在印度尼西亚国会发展演讲时指出：中国愿同东盟国家加强海上合作，使用好中国政府—东盟海上合作基金，发展好海洋合作伙伴关系，共同建设21世纪"海上丝绸之路"。这是中央站在中国与东盟建立战略伙伴十周年这一新的历史起点上，为进一步深化中国与东盟的合作，构建更加紧密的命运共同体，为双方乃至本地区人民福祉提出的战略构想。

海上丝绸之路起始我国东南沿海港口，往南穿过南中国海，进入印度洋，波斯湾地区，远及东非、欧洲等地，主要由东、南、北三条航线构成。东洋航线指从山东半岛至日本、韩国、朝鲜等地的航线；南洋航线为泉州、广州、宁波等地到东南亚诸国的航线；西洋航线是指从中国沿海港口至南亚、中亚、西亚、非洲东海岸乃至红海沿岸一带的航线。

2. "一路"的含义

古老的海上丝绸之路自秦汉时期开通以来，一直是沟通东西方经济文化交流的重要桥梁，而东南亚地区自古就是海上丝绸之路的重要枢纽和组成部分。在陆上丝绸之路形成之前，海上丝绸之路就已经开始了它的历史使命，海上丝绸之路是世界上目前已知的最为古老的海上航线。我国的海上丝绸之路除了出口丝绸以外，还出口茶叶、瓷器、金、银、五金、书籍等商品，同时中国也通过海上丝绸之路进口琉璃、猫眼石、明珠、象牙、香料、宝石、水晶、玛瑙、琥珀、骆驼皮、乳香、安息香、沉香、檀香、芦荟、胡椒等商品。

海洋是我国与东南亚、中西亚、欧洲、非洲等地经济贸易与文化交流的重要渠道，海上丝绸之路是连通东盟、南亚、西亚、北非、欧洲等各大经济板块的大通道。自2003年中国与东盟建立战略伙伴关系以来，携手开创了"黄金十年"。2010年中国—东盟自贸区建成，中国成为东盟第一大贸易伙伴，东盟成为中国第三大贸易伙伴。这也间接印证了海上丝绸之路建设的重要性。

中央"一带一路"战略的指出

2.中国愿同东盟国家加强海上合作，使用好中国政府设立的中国—东盟海上合作基金，发展好海洋合作伙伴关系，共同建设21世纪"海上丝绸之路"。		4.中国将同各国一道，加快推进"丝绸之路经济带"和"21世纪海上丝绸之路"建设，尽早启动亚洲基础设施投资银行，更加深入参与区域合作进程，推动亚洲发展和安全相互促进、相得益彰。			6.习近平主席出席并主持了APEC加强互联互通伙伴关系对话会。这表明，借助APEC北京会议的东风，"一带一路"的具体规划蓝图及其实施条件已经成熟。
2013年9月7日	2013年10月3日	2013年12月	2014年5月21日	2014年6月5日	2014年11月8日
1.习近平在哈萨克斯坦纳扎尔巴耶夫大学发表演讲	2.习近平在印度尼西亚国会发表演讲	3.习近平总书记在中央经济工作会议上指出	4.习近平在亚信峰会上做主旨发言时指出	5.习近平出席中阿合作论坛六届部长级会议表示	6.APEC
1.为了使各国经济联系更加紧密、相互合作更加深入、发展空间更加广阔，我们可以用创新的合作模式，共同建设"丝绸之路经济带"，以点带面，从线到片，逐步形成区域大合作。		3.推进"丝绸之路经济带"建设，抓紧制定战略规划，加强基础设施互联互通建设。建设"21世纪海上丝绸之路"，加强海上通道互联互通建设，拉近相互利益纽带。		5.希望双方弘扬丝绸之中精神，以共建"丝绸之路经济带"和"21世纪海上丝绸之路"为新机遇新起点，不断深化全面合作、共同发展的中阿战略合作关系。	

图1-1　2015年3月28日国家发展改革委、外交部、商务部联合发布了《推动共建丝绸之路经济带和21世纪海上丝绸之路的愿景与行动》

(四)"一带一路"的概念和含义

1."一带一路"的概念

"一带一路"是指"丝绸之路经济带"和"21世纪海上丝绸之路"，是一条互尊互信之路，是一条促进共同发展和共同繁荣的合作共赢之路，是一条增进理解信任、加强全方位交流的和平友谊之路。其以加强政策沟通作为建设的重要保障，将基础设施互连互通作为建设的优先领域，投资贸易合作作为建设的重点内容，资金融通作为建设的重要支撑，民心相通作为建设的社会根基。

"一带一路"贯穿亚欧非大陆，一端是活跃的东亚经济圈，另一端是发达的欧洲经济圈，中间广大腹地国家经济发展潜力巨大。"丝绸之路经济带"重点畅通中国经中亚、俄罗斯至欧洲（波罗的海），中国经中亚、西亚至波斯湾、地中海；中国至东南亚、南亚、印度洋；"21世纪海上丝绸之路"的重点方向是从中国沿海港口过南海到印度洋，延伸至欧洲，从中国沿海港口过南海到南太平洋。

根据"一带一路"走向，陆上依托国际大通道，以沿线中心城市为支撑，以重点经贸产业园区为合作平台，共同打造新亚欧大陆桥、中蒙俄、中国—中亚—西亚、中国—中南半岛等国际经济合作走廊；海上以重点港口为节点，共同建设通畅安全高效的运输大通道。中巴、孟中印缅两个经济走廊与推进"一带一路"建设关联紧密，要进一步推动双边合作，取得更大进展。

"一带一路"并非一个实体和机制，而是区域合作发展的理念和倡议。充分依靠中国与有关国家既有的双多边机制，借助既有的、行之有效的区域合作平台，构建贯通亚欧大陆的经济交通动脉架设东西方文化交会的桥梁。

2. "一带一路"的含义

2014年11月4日，习近平总书记在主持召开中央财经领导小组第八次会议时曾强调："'一带一路'倡议顺应了时代要求和各国加快发展的愿望，提供了一个包容性巨大的发展平台，具有深厚历史渊源和人文基础，能够把快速发展的中国经济同沿线国家的利益结合起来。要集中力量办好这件大事，秉持亲、诚、惠、容的周边外交理念，近睦远交，使沿线国家对我们更认同、更亲近、更支持。"

"一带一路"是开放包容、合作共赢的战略设计。"一带一路"既是基于中国本身的发展，也是基于地区和世界发展的需求，旨在激发秉持开放包容精神，继承古丝绸之路开放传统，高举和平发展的旗帜，积极推进沿线国家发展战略的相互对接，以新的形式使亚欧非各国联系更加紧密，互利合作迈向新的历史高度，共同打造政治互信、经济融合、文化包容的利益共同体、命运共同体和责任共同体，进而促进世界和平发展。

"一带一路"是维护全球自由贸易体系和开放型世界经济系统的工程。"一带一路"顺应世界多极化、经济全球化、文化多样化、社会信息化的潮流，秉持开放的区域合作精神，坚持共商、共建、共享原则，促进经济要素有序自由流动、资源高效配置和市场深度融合，推动沿线各国实现经济政策协调，开展更大范围、更高水平、更深层次的区域合作，共同打造开放、包容、均衡、普惠的区域经济合作架构。

"一带一路"是全方位、多层次、复合型的互连互通网络。"一带一路"在尊重相关国家主权和安全关切的基础上，致力于亚欧非大陆及附近海洋的互连互通，加强基础设施建设规划与技术标准体系的对接，共同推进国际骨干通道、口岸基础设施建设，畅通陆海联运通道，建立统一的全程运输协调机制，建立民航全面合作平台和机制，共同推进跨境光缆等通信干线网络建设，提高国际通信互连互通水平，逐步形成连接亚洲各级区域以及亚欧非之间的全方位、多层次、复合型的互连互通网络。

3. "一带一路"的国际效应

截至2015年4月15日亚投行意向创始成员国达到57个。包括奥地利、澳大利亚、阿塞拜疆、孟加拉国、巴西、文莱、柬埔寨、中国、丹麦、埃及、法国、芬兰、格鲁吉亚、德国、冰岛、印度、印度尼西亚、伊朗、以色列、意大利、约旦、哈萨克斯坦、韩国、科威特、吉尔吉斯斯坦、老挝、卢森堡、马来西亚、马尔代夫、马耳他、蒙古、缅甸、尼泊尔、荷兰、新西兰、挪威、阿曼、巴基斯坦、菲律宾、波兰、葡萄牙、卡塔尔、俄罗斯、沙特阿拉伯、新加坡、南非、西班牙、斯里兰卡、瑞典、瑞士、塔吉克斯坦、泰国、土耳其、阿联酋、英国、乌兹别克斯坦、越南。

这充分说明，国家"一带一路"战略在全球范围内取得了非常显著的实施效果（见表1-1）。

表1-1　　　　　　　　"一带一路"的国际效应

国家	官员	表态
1. 埃及	埃及总统塞西	愿积极参与实施
2. 马其顿	马其顿总统 奥尔盖·伊万诺夫	良好的合作成就和美好前景
3. 乌克兰	乌克兰总统 亚努科维奇	愿积极参与相关基础设施建设
4. 白俄罗斯	白俄罗斯总理 米亚斯尼科维奇	积极评价
5. 阿富汗	阿富汗总统 卡尔扎伊	希望与中国更直接连通
6. 土库曼斯坦	土库曼斯坦总统 别尔德穆哈梅多夫	古丝绸之路的复兴巩固中土友谊

续表

国家	官员	表态
7. 阿塞拜疆	阿塞拜疆总统阿利耶夫	新"丝绸之路"上最重要的战略要点之一
8. 吉尔吉斯斯坦	吉尔吉斯斯坦总统阿坦巴耶夫	积极参与
9. 俄罗斯	俄罗斯总统普京	丝绸之路经济带中亚欧洲桥梁
10. 哈萨克斯坦共和国	哈萨克斯坦共和国总统努尔苏丹·纳扎尔巴耶夫	丝绸之路经济带国际段桥头堡
11. 伊朗	伊朗总统哈桑·鲁哈尼	非常赞同
12. 斯里兰卡	斯里兰卡总统拉贾帕克萨	希望积极参与
13. 缅甸	缅甸副总统年吞	积极评价
14. 韩国	韩国总统朴槿惠	积极评价
15. 蒙古国	蒙古国总统额勒贝格道尔吉	积极评价
16. 塔吉克斯坦	塔吉克斯坦总统赫蒙	积极评价
17. 乌兹别克斯坦	乌兹别克斯坦总统卡里莫夫	积极评价
18. 马尔代夫	马尔代夫总统亚明	积极评价
19. 格鲁吉亚	格鲁吉亚总统马尔格韦拉什维利	丝绸之路经济带南北通道接合部
20. 印度尼西亚	印度尼西亚总统佐科	能获益
21. 新加坡	新加坡总理李显龙	打算合作
22. 孟加拉国	孟加拉国总统哈米德	抓住机遇
23. 尼泊尔	尼泊尔副总统贾阿	抓住机遇
24. 意大利	意大利总理马泰奥·伦齐	丝绸之路经济带文明古国再复兴
25. 巴基斯坦	巴基斯坦总理纳瓦兹·谢里夫	积极评价
26. 泰国	泰国前副总理素拉杰	积极评价
27. 澳大利亚	澳大利亚前总理陆克文	积极评价
28. 马耳他共和国	马耳他共和国总理约瑟夫·穆斯卡特	能获益
29. 土耳其	土耳其总理达武特奥卢	丝绸之路经济带亚欧通道
30. 希腊	希腊总统帕普利亚斯	丝绸之路经济带陆海丝路交会地

三 理论支撑

"一带一路"是伟大的国家战略,这一构想的提出有着坚实的理论基础。该战略涉及众多人口和地区以及庞大的经济总量,涵盖经济发展、产业优化、区域合作、国际安全等诸多方面的问题,而与之相关的主要理论包括跨境次区域理论、产业梯度理论、国际新贸易理论、城市经济圈理论等,这些理论为"一带一路"战略的提出提供了坚实的理论基础。

(一)跨境次区域合作理论

1. 理论阐释

跨境次区域合作的研究始于20世纪80年代末,地缘区位理论是该理论产生的基础。美国区域经济学家埃德加·马隆·胡佛(Edgar Malone Hoover)指出,区位的特殊性在于:(1)生产要素流通的不完全性;(2)经济活动的不完全可分性;(3)距离成本的重要性。不完全性体现在诸如土地、能源和水资源等生产要素流动是受到限制的,并且即使是资金和劳动力这样可以流通的生产要素,其流通的过程也要受到利益主体、监管制度、发展程度等的限制,因此,要素的流通并不完全。经济活动的分布则表现出有序的集聚态势,并受到距离的制约,决定了空间成本支出成为一个重要的考虑因素。基于此,便构成了区位的特殊性。边境区由于紧靠边界,其最突出的特征就是强烈地受到边界的影响,使之表现出独有的区位特性,因此带来其独特的区域空间系统和经济结构。

在传统区位学中,尽管没有关于边境区位的系统阐释,但对于跨境次区域的研究仍散见于瓦尔特·克里斯塔勒(Walter Christaller)的"中心地理学"和奥古斯特·勒施(August Losch)的"市场区位论"的论述中。以保罗·克鲁格曼(Paul Krugman)为代表的新地缘区位理论形成于20世纪八九十年代。随着地区与地区之间联系日益紧密,贸易成本不断降低,尤其是资本、人力的跨区域移动大大改变区域资源要素禀赋格局,经济活动的区位条件得以重新建构。保罗·克鲁格曼(Paul Krugman)、Fujita、李维斯(Liras)认为,国家内部区位需要重新调整。在开放的经济行为体中,边境区的经济地位和功能逐步提升,引发生产要素以及企业从国内核心城市区位转移到边境区位，使整体区位的经济活力对比格局重新变化，跨境次区域合作得以实现。

通常，国家边境区人口数量少，产业规模小，经济活动较少，是被疏忽的区域。基于当代两国边缘发生战争的概率小，两国或多国边缘区逐步转化为共同市场中心区。新地缘区位理论强调，边境区位具有比较优势，认为边境区可能成为次区域合作的中心，边境区使相关政府和企业双重获益。

2. 跨境次区域合作与"一带一路"

"一带一路"是典型的跨境次区域合作。"一带一路"的伟大战略是相邻各国共同的事业，是跨国界的利益共享地带，旨在促进经济要素有序自由流动、资源高效配置和市场深度融合，从而将安全互信、地理毗邻、经济互补的优势转化为切实合作和共同发展。当前经济全球化形势下，边界对生产要素和贸易互动的阻碍作用日渐减弱，生产要素的流通趋于动态化，资源配置效率大大提升，跨边境投资、跨境技术合作活跃，国家、地方和企业在推动跨境次区域合作中起着重要的推动力量。国家方面积极推动在各领域的合作，并推动沿线各国实现经济政策协调，以促进区域间、国家间的有效合作；地区政府借助跨边境合作，刺激本地经济，扩大市场规模，使其成为内陆拓展国外市场的前沿地带；企业通过竞争与合作、引进与外销、探讨与学习，进行技术转移与创新，积极构建跨境次区域合作的互动平台。以跨境次区域合作理论为支撑，"一带一路"战略将开展更大范围、更高水平、更深层次的区域合作，共同打造开放、包容、均衡、普惠的区域经济合作架构。

（二）产业梯度转移理论

1. 理论阐释

产业梯度就是由于生产要素禀赋、发展战略、产业基础的不同，各国或地区间在经济发展与产业结构水平上形成的一定的阶梯状差距。产业梯度转移正是由于各国或地区之间存在的这种产业梯度差异而产生的，具体表现为发达与次发达、不发达国家和地区之间在产业结构层上形成了明显的阶梯状差异；同时又由于各国或地区产业结构不断升级的需要，产业在国家间和地区间是梯度转移的，一国或地区相对落后或不再具有比较优势的产业，可以转移到其他国家或地区，成为其他国家或地区具有相对比较优势的产业，吸收方的产业结构层次与水平也相应得到提升，这是产业转移方和吸收方"双赢"的良性转移。

该理论认为,创新活动大都发生在高梯度地区,是决定区域发展梯度层次的决定性因素。随着时间的推移及生命周期阶段的变化,生产活动会逐渐从高梯度地区向低梯度地区转移,多层次的城市系统扩展是实现这种梯度转移的主要手段。梯度转移理论主张发达地区应首先加快发展,然后通过产业和要素向较发达地区和欠发达地区转移,以带动整个经济的发展。

2. "一带一路"与产业链分工布局优化

"一带一路"战略是在世界范围内,立足产业分工大布局而提出的。在这个战略背景下,产业转移既包括外区域的产业梯度转移,也包括中国国内产业梯度转移。在我国,"梯度转移"表现为随着东部地区的经济结构升级和战略的向西转移,原有产业将在我国东部、中部、西部地区间重新分工布局,以实现效益最大化;在国际合作方面,我国争取参与全球价值链的合作,通过合作帮助沿线发展中国家实现产业发展和产业升级,从中学会并掌握竞争的新理念、新模式、新方式、新方法,不断提升我国在全球价值链中的竞争地位,培育并形成一批有国际竞争力的跨国公司,以此支撑我国的国际竞争力和影响力。通过"一带一路"战略,将国外优势产业吸引进来;同时,鼓励国内具有竞争优势的企业走出去。以企业为载体搭建产业合作平台,促进产业链对外衔接,提高区域经济深度融合,同时探索投资合作新模式,鼓励与相关国家合作建设境外经贸合作区、跨境经济合作区等各类产业园区,促进产业集群形成,促进互利互惠发展。

(三) 国际新贸易理论

1. 理论阐释

新贸易理论是国际贸易的当代理论。第二次世界大战后,国际贸易的产品结构、地理结构都发生了变化,在这样的国际环境下,新贸易理论产生。在新贸易理论中,与"一带一路"相关的理论如下:

(1) 新生产要素理论。新生产要素理论认为,除了土地、劳动和资本以外,生产要素还包括自然资源、技术、人力资本、研究与开发、信息、管理等新型要素,该理论的提出,使国际贸易的基础和格局随之改变。

(2) 偏好相似理论。1961年,林德(S. B. Linder)在《论贸易和转变》中提出了偏好相似理论,第一次从需求方面寻找贸易的原因。该著作认为要素禀赋学说只适用于解释初级产品贸易，工业品双向贸易的发生是由相互重叠的需求决定的。该理论的基本观点有：产品出口的可能性决定于它的国内需求；两国的贸易流向、流量取决于两国需求偏好相似的程度，需求结构越相似则贸易量越大；平均收入水平是影响需求结构的最主要因素。

（3）动态贸易理论。动态贸易理论认为，技术差距指一国以技术创新和控制技术外流而形成的一种动态贸易格局，会对各国要素禀赋的比率产生影响，从而影响贸易格局的变动。保罗·克鲁格曼（Paul Krugman）论证，若引进国将外溢国的技术用于比较优势产业，则对两国均有利；反之对两国均不利。假设国内技术外溢的速度高于国际技术外溢，国家原先的领先产业有加速发展的可能，原有的比较优势会增强。技术的传播使各国的差异不断扩大，强调了技术变动对国际贸易的动态影响。

（4）国家竞争优势理论。哈佛大学教授迈克尔·波特（Michel E. Porter）认为，一国的竞争优势就是企业与行业的竞争优势，一国兴衰的根本原因在于它能否在国际市场中取得竞争优势。竞争优势的形成取决于主导产业的优势，关键在于能否提高劳动生产率，其源泉就是国家是否具有适宜的创新机制和充分的创新能力。波特认为，生产要素、需求状况、相关产业和支持产业、企业战略、结构及竞争对手、政府、机遇都是国家竞争优势的决定因素。波特还建立了钻石模型，以此来说明各个因素间如何相互促进或阻碍一个国家竞争优势的形成。从发展阶段来看，他认为一个国家优势产业的发展可分为四个不同阶段，即生产要素推动阶段、投资推动阶段、创新推动阶段和财富推动阶段。我们认为，中国从处于投资推动阶段向创新阶段转变过程中。

2. "一带一路"与国际新贸易理论

国际新贸易理论给"一带一路"战略提供了良好的支撑。"一带一路"沿线国家要素禀赋各异，发展水平不一，比较优势差异明显，互补性很强。我国市场规模居全球第二，外汇储备居全球第一，具备技术优势的产业越来越多，交通运输装备制造业快速发展，基础设施建设经验丰富，对外投资合作进入快速发展阶段。

（四）城市圈域经济理论

1. 理论阐释

城市经济圈是以经济比较发达并具有较强城市功能的中心城市为核

心，同其有经济内在联系和地域相邻的若干周边城镇所组成的最大地域范围，其中，中心城市的经济吸引和经济辐射能力能够达到，并能促进相应地区的经济发展。

第二次世界大战后，全球工业化与城市化进程加快，以大城市为中心的圈域经济发展成效显著，城市圈域经济理论由此产生。该理论认为，城市在区域经济发展中起核心作用，区域经济的发展应以城市为中心，以圈域状的空间分布为特点，逐步向外发展。该理论把城市化与工业化有机结合起来，意在推动经济发展在空间上的协调。这对于发展城市和农村经济，推动区域经济协调发展和城乡协调发展，具有一定的意义。

2. "一带一路"与城市圈域经济理论

基于城市圈域经济理论，"一带一路"的规划建设正是以国内和沿线各国的重要节点城市为重点建设对象，以此辐射带动周边地区的发展。中国将充分发挥国内各地区比较优势，实行更加积极主动的开放战略，加强东中西互动合作，全面提升开放型经济水平，重塑国内区域经济布局。

跨境次区域理论、产业梯度理论、国际新贸易理论、城市经济圈理论这几大理论为"一带一路"发展战略的提出提供了坚实的理论支撑，随着战略的不断推进，"一带一路"的丰富建设经验又将不断丰富和完善这几大重要发展理论。在未来，应着重研究战略推进过程中不断产生的新情况和新问题，实现理论和实践的相互促进。

四 区域范围

"丝绸之路经济带"和"21世纪海上丝绸之路"是由我国提出的新的国际合作战略，它所涵盖的区域范围很广泛，横贯亚洲、欧洲、非洲大陆，通联多个经济圈。"一带一路"战略方针所贯穿的地区是目前世界上最长同时也最有经济发展潜力的经济大走廊；一端是活跃的东亚经济圈，另一端是发达的欧洲经济圈，广阔的辐射范围也为"一带一路"的顺利发展奠定了基础。"一带一路"的分布版图是对"一带一路"区域范围最为直接的反映："丝绸之路经济带"的发展方向是在陆地，从中部出发经北线、中线、南线到达欧洲。海上丝绸之路西线到印度洋乃至欧洲，南线到太平洋，东线到朝鲜、韩国、日本。

另外，还需要积极发挥中国香港、澳门、台湾地区在"一带一路"建设中的作用。"一带一路"战略构想秉承的是共商、共建、共享的原则，它不是封闭的，而是开放包容的；它也不仅仅是我国一家的独奏，而且也是"一带一路"沿线、沿路各国的合唱。虽然"一带一路"战略构思是中国最先提出的，但仍需要沿线沿路各国大力配合，才能将"一带一路"的建设顺利推进，这也正是"一带一路"战略项目的生命力之所在。本小节将从国际范围与国内范围两方面来进一步阐述"丝绸之路经济带"和"21世纪海上丝绸之路"的整体区域范围。

（一）"一带一路"的国际范围

"丝绸之路经济带"和"21世纪海上丝绸之路"牵涉全世界60多个国家和地区，各国和各地区之间国情不同、情况复杂。具体来说，"一带一路"建设主要有五条主体线路，但并不是只有位于沿线和沿路的国家地区才能参与"一带一路"规划建设，那些在线路之外没有被覆盖到的国家和国际组织也可以参与"一带一路"建设。因为我国所倡导的"一带一路"战略规划建设是开放而共赢的，它所圈定的路线也只是一个宏观的框架。也就是说，在"一带一路"规划线路上和线路附近的国家与地区都可以积极响应这一开放、共赢的战略规划。

"一带一路"战略规划在国际上的区域范围分布相当广泛，总体来说，位于陆地上的"丝绸之路经济带"所经过的路线可以分为三条主要路线，而"21世纪海上丝绸之路"也分为三个不同的方向。从地理区域来看，"一带"和"一路"在我国和其亚洲、欧洲和一些非洲国家之间构成了一个新兴的经济圈。"丝绸之路经济带"将重点畅通中国经中亚、俄罗斯至欧洲波罗的海地区；中国经中亚、西亚至波斯湾、地中海地区；中国至东南亚、南亚、印度洋地区。这是"一带一路"的陆上国际区域范围。主要涉及的国家有哈萨克斯坦、吉尔吉斯斯坦、土库曼斯坦、乌兹别克斯坦、塔吉克斯坦、伊朗、土耳其、俄罗斯等国。而"21世纪海上丝绸之路"重点方向是从中国沿海港口过南海到印度洋延伸至欧洲、非洲；从中国沿海港口过南海到南太平洋；从中国沿海到朝鲜、韩国、日本、琉球国等。主要经过的国家有：越南、泰国、马来西亚、印度、印度尼西亚、斯里兰卡、肯尼亚、红海沿岸各国以及欧洲的希腊和意大利等国。正如图 1-2 所示,"丝绸之路经济带"和"21 世纪海上丝绸之路"在整个世界范围内占据了相当大的区域范围,其影响力不容小觑。

图 1-2 "一带一路"国际区域范围

"丝绸之路经济带"重点建设的三条主要路线,可以对应我国古代丝绸之路的三条路线,分别是:(1)西北线:自西安或洛阳,经塔里木盆地,到锡尔河与乌浒河之间的中亚河中地区、大伊朗,最后至地中海沿岸国家。(2)西南线:从中部(亦有说从成都)出发至印度等地。(3)北方线:从中原穿蒙古高原、越西北利亚平原,最后到达地中海沿岸国家。这些与古代丝绸之路重合的部分,可以帮助新的丝绸之路经济带项目更好地推进,有利于"丝绸之路经济带"战略规划在中亚、南亚等地的进一步推进发展。如今的"一带"即"丝绸之路经济带"横跨亚欧大陆,整体绵延 7000 多千米,途经地区总人口将近 30 亿。其中,上合组织内的 6 个成员国(中国、俄罗斯、哈萨克斯坦、吉尔吉斯斯坦、塔吉克斯坦、乌兹别克斯坦)、5 个观察员国(蒙古国、巴基斯坦、印度、伊朗、阿富汗)、3 个对话伙伴国(白俄罗斯、土耳其、斯里兰卡)绝大部分都位于

"丝绸之路经济带"沿线。

另外,"一带一路"战略规划中的"一路",即"21世纪海上丝绸之路"(见图1-3),它以东盟为重要支点,以点带线,以线带面,串起连通东盟、南亚、西亚、北非、欧洲等各大经济板块的市场链,发展面向南海、太平洋和印度洋的战略合作经济带。"21世纪海上丝绸之路"重点方向是从中国沿海港口过南海到印度洋,延伸至欧洲;从中国沿海港口过南海到南太平洋。而联合国教科文组织认定的丝绸之路经济带和海上丝绸之路起点和终点有所不同:陆上丝绸之路经济带起点是洛阳,终点是意大利的威尼斯;海上丝绸之路经济带起点是泉州,终点也是威尼斯。

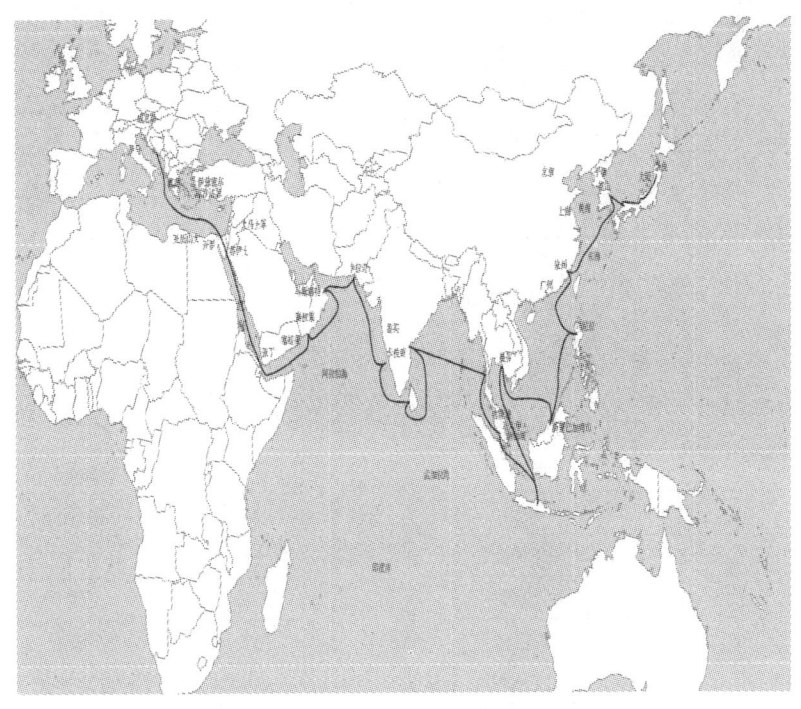

图1-3 联合国认定的海上丝绸之路的路线

"一带一路"既是地缘与资源战略的交会点,又是中国内部地区发展和外部世界联系的纽带。"一带一路"可谓世界上跨度最大的经济合作区,它的沿线区域途经60多个国家、94个城市,覆盖人口约44亿,经济总量约21万亿美元，分别占全球的63%和29%，是目前全球贸易和跨境投资增长最快的地区之一（见表1-2）。"一带一路"覆盖国家的外贸、外资流入，每年增速分别是13.9%和6.5%，高出全世界平均增速一截。据专家测算，在未来10年内，"一带一路"沿线国整个出口将会占世界的1/3，真正成为世界经济增长的"第三极"。2014年，我国与"一带一路"国家、地区进出口双边贸易值接近7万亿元人民币，增长7%左右，占同期我国外贸进出口总值的1/4；其中，我国对"一带一路"沿线国家的出口增长超过了10%，进口增长为1.5%左右。

表1-2　　　　　"一带一路"的空间范围覆盖国家名单

区域	序号	国别	区域	序号	国别
东亚	1	中国	西亚	23	阿曼
	2	日本		24	也门
	3	韩国		25	格鲁吉亚
	4	朝鲜		26	亚美尼亚
	5	蒙古国		27	阿塞拜疆
中亚	6	哈萨克斯坦		28	土耳其
	7	吉尔吉斯斯坦	东南亚	29	菲律宾
	8	塔吉克斯坦		30	越南
	9	乌兹别克斯坦		31	老挝
	10	土库曼斯坦		32	柬埔寨
西亚	11	伊拉克		33	缅甸
	12	伊朗		34	泰国
	13	叙利亚		35	马来西亚
	14	约旦		36	文莱
	15	黎巴嫩		37	新加坡
	16	以色列		38	印度尼西亚
	17	巴勒斯坦		39	东帝汶
	18	沙特阿拉伯	南亚	40	阿富汗
	19	巴林		41	尼泊尔
	20	卡塔尔		42	孟加拉国
	21	科威特		43	印度
	22	阿联酋		44	巴基斯坦

续表

区域	序号	国别	区域	序号	国别
南亚	45	斯里兰卡	马格里布和非洲东部沿海	57	突尼斯
	46	马尔代夫		58	阿尔及利亚
欧洲部分国家	47	白俄罗斯		59	毛里塔尼亚
	48	俄罗斯		60	摩洛哥
	49	乌克兰		61	埃塞俄比亚
	50	塞浦路斯		62	厄立特里亚
	51	希腊		63	吉布提
	52	意大利		64	肯尼亚
	53	摩尔瓦多		65	索马里
马格里布和非洲东部沿海	54	埃及			
	55	利比亚			
	56	苏丹			

虽然"一带一路"的区域范围在国际上分布很广泛，涉及多个国家和地区。"一带一路"的建设从距离上可缩短我国各产业走出国门的路径，使我国同"一带一路"沿线各国的联系更为紧密，未来便捷的交通，将促使我国同邻国更为方便地交流（见图1-4）。另外，"一带一路"的建设会极大地带动周边国家持续发展，使国家间的经济、政治、文化等交流更加频繁。

"一带一路"所涉及的区域范围广阔，不同地区的国家所处的状况也不尽相同。在"一带一路"的沿线国家中，东南亚国家最期待和中国在基础设施方面的合作；而中亚和南亚各国紧随其后，希望和中国进行贸易往来，进一步扩大商贸交往；欧洲国家和地区最关注的则是中国的海外投资。我国应当利用好"一带一路"广阔的区域覆盖范围，积极同"一带一路"沿线国家及周边国家合作发展，在发展我国产业的同时，谋求"一带一路"沿线国家的共赢发展。

（二）"一带一路"在中国境内的区域范围

"丝绸之路经济带"和"21世纪海上丝绸之路"战略规划对推动中国区域经济的进一步发展也同样重要。"一带一路"建设，需要发挥国内各地区比较优势，实行更加积极主动的开放战略，加强我国东中西部的互

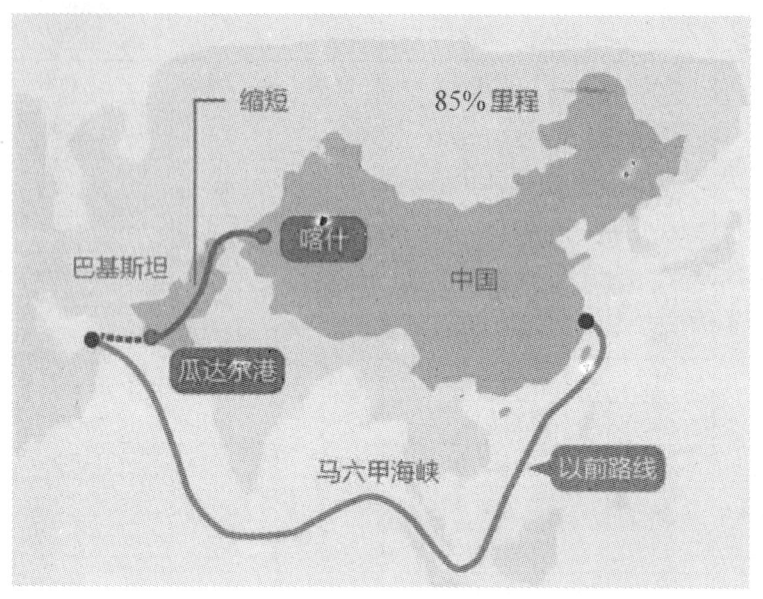

图1-4 "丝绸之路经济带"缩短国家间的沟通路线

动合作,才可以全面提升开放型经济合作水平。"一带一路"要得到充分的发展和推进,我国各省市区都需要积极配合、联动发展。目前,圈定了18个省份作为"一带一路"战略规划所途经的省份,由此可见,"一带一路"在我国境内的覆盖范围相当广泛,而且不仅仅局限于这18个省份,我国绝大多数的省份在"一带一路"战略方针的指引下,正在积极交流、合作,通过互连互通促进省份间的联动发展,以此来推进"一带一路"在我国境内的顺利进行。

"丝绸之路经济带"在我国境内的部分是在古代丝绸之路的基础上发展壮大而来的,包括西北六省区:陕西、甘肃、青海、宁夏、新疆和内蒙古;西南四省市:重庆、四川、云南以及广西等。主要涉及的重点城市有西安、天水、兰州、乌鲁木齐、库尔勒、吐鲁番、呼和浩特、包头、鄂尔多斯、银川、西宁、贵阳、遵义、重庆、成都、昆明、南宁等地。这些节点城市在我国"丝绸之路经济带"的建设中起着连接、贯通的关键作用,也使"一带一路"的区域范围更加具象化。"丝绸之路经济带"沿线地区地域辽阔,有丰富的自然资源、矿产资源、能源资源、土地资源和宝贵的旅游资源,被当之无愧地称为"21世纪的战略能源和资源基地",而且

"一带"所经过的各省市，横贯我国东西，连接了我国重点的省市和经济圈，在区域范围上占有重要的地理意义。但是"丝绸之路经济带"沿线各省，尤其是我国西部等省份，交通不够便利、经济发展水平相对滞后，处于东西两大经济圈的夹缝之中。所以，切实推进"丝绸之路经济带"的发展对促进我国各省份发展有十分重要的意义。

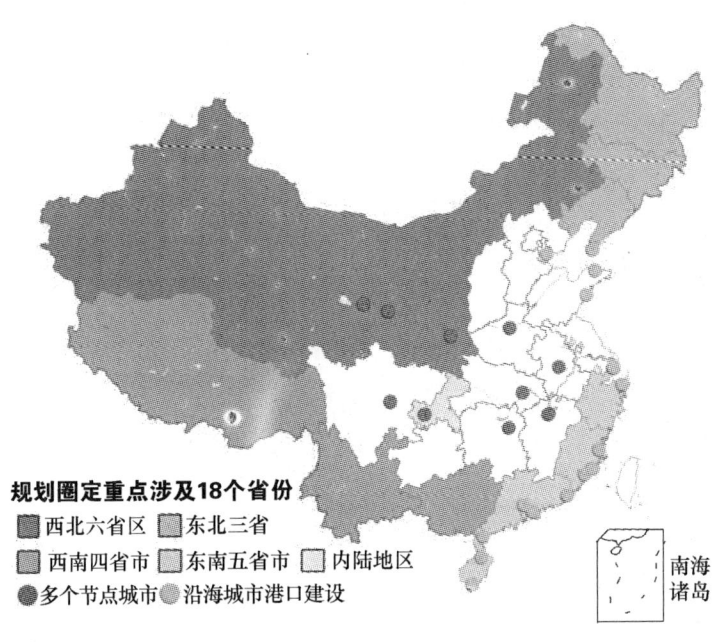

图1-5 "一带一路"在我国境内的区域范围示意

"21世纪海上丝绸之路"则是重点打造我国东部和南部沿海各港口，积极发展港口城市，促进我国外向型经济的进一步发展。东部江苏、浙江、广东、福建、海南五省，以及东北黑龙江、吉林、辽宁三省，这些省份主要涉及海上丝绸之路的构建。"21世纪海上丝绸之路"重点建造的港口有上海、宁波、舟山、泉州、厦门、广州、深圳、汕头、湛江以及港澳等地。"一路"贯穿我国东部和南部沿海，积极着力打造我国通向世界的海上出口。综合来看，"一带一路"在我国境内贯通东部和西部，通过重点省份的发展建设来带动所有省份的共同发展，在形成国内省份联动发展的同时，积极推进"一带一路"战略规划在我国的顺利发展。

另外，我国"一带一路"的沿线各省市，都有着不同的战略角色定位。这各省份当中,新疆扮演的是丝绸之路经济带核心区的角色,主要负责深化与中亚、南亚、西亚等国家交流合作;福建定位则为 21 世纪海上丝绸之路的核心区,辐射我国通向世界的海上通道;而云南则是要建设成面向南亚、东南亚的辐射中心;东北三省要建设北方开放的重要窗口,在我国除东部、西部、南部的开发通道之外,再建设一条东北重要的外向型通道。对于沿海节点城市来说,要加强上海、广州、深圳、海口等沿海城市港口建设;对于内陆节点城市,应当支持加强内陆口岸与沿海、延边口岸通关合作,开展跨境贸易电子商务服务试点。我国各省市的定位可以从图 1-6 中得到清楚的反映。

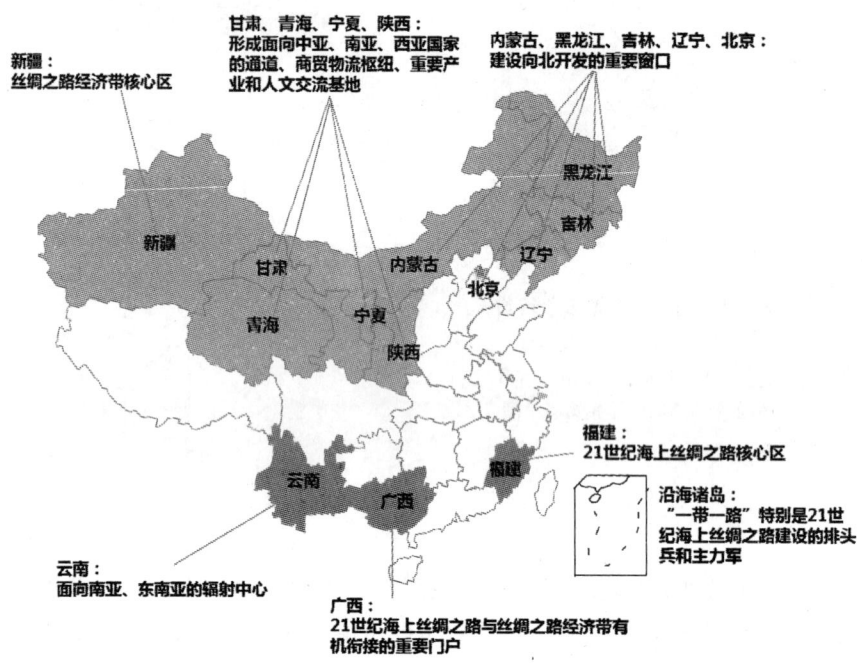

图 1-6 国内各省份"一带一路"战略定位

具体来说,西安将着力打造"一个高地",即"丝绸之路经济带开发开放高地"和"六中心":金融商贸物流中心、机械制造业中心、能源储运交易中心、文化旅游中心、科技研发中心、高端人才培养中心。我国"丝绸之路经济带"沿线的省份,尤其是中西部省份,经济和社会发展相对落后,处于东部经济圈和西部欧洲经济圈的中间,形成"两高一低"

的局面,所以西安着力打造"一个高地"是推进"丝绸之路经济带"发展的必要措施。而宁夏则以建设丝绸之路经济带的重要基地为目标,进一步借鉴上海自贸区等开放模式,在提高引进外资水平、推进能源合作等方面进行有益探索,增强内陆开放新优势。新疆是我国"一带一路"建设途经中的重要省份,它提出要建设丝绸之路经济带"五大中心",即重要的"交通枢纽中心""商贸物流中心""金融中心""文化科技中心""医疗服务中心",致力成为"丝绸之路经济带"上的核心区。在《推动共建丝绸之路经济带和21世纪海上丝绸之路的愿景与行动》中,中国西北、东北、东部、西南等地区的多个省份,就被赋予了"核心区""门户""辐射中心"等定位与功能,并且提出了诸如铁路班列通联、国际博览会、港口、旅游等诸多实际措施(见表1-3)。

表1-3　　　　　我国省份的战略定位

区域	省份	定位	内容
西北	新疆	丝绸之路经济带核心区	发挥新疆独特的区位优势和向西开放重要窗口作用,深化与中亚、南亚、西亚等国家交流合作,形成丝绸之路经济带上重要的交通枢纽、商贸物流和文化科教中心,打造丝绸之路经济带核心区
	陕西、甘肃、宁夏、青海	内陆型改革开放新高地。内陆开放型经济试验区建设	发挥陕西、甘肃综合经济文化和宁夏、青海民族人文优势,打造西安内陆型改革开放新高地,加快兰州、西宁开发开放,推进宁夏内陆开放型经济试验区建设,形成面向中亚、南亚、西亚国家的通道、商贸物流枢纽、重要产业和人文交流基地
东北	内蒙古、黑龙江、吉林、辽宁	区位优势道路连通	发挥内蒙古联通俄蒙的区位优势,完善黑龙江对俄铁路通道和区域铁路网,以及黑龙江、吉林、辽宁与俄远东地区陆海联运合作,推进构建北京—莫斯科欧亚高速运输走廊,建设向北开放的重要窗口
西南	广西	面向东盟区域的国家通道	发挥广西与东盟国家陆海相邻的独特优势,加快北部湾经济区和珠江—西江经济带开放发展,构建面向东盟区域的国际通道,打造西南、中南地区开放发展新的战略支点,形成21世纪海上丝绸之路与丝绸之路经济带有机衔接的重要门户

续表

区域	省份	定位	内容
西南	云南	面向南亚、东南亚的辐射中心	发挥云南区位优势,推进与周边国家的国际运输通道建设,打造大湄公河次区域经济合作新高地,建设成为面向南亚、东南亚的辐射中心
	西藏	面向周边国家的贸易区	推进西藏与尼泊尔等国家边境贸易和旅游文化合作
沿海和港澳台地区	上海、广东、福建、京津冀	建设自由贸易区	利用长三角、珠三角、海峡西岸、环渤海等经济区开放程度高、经济实力强、辐射带动作用大的优势,加快推进中国（上海）自由贸易试验区建设,支持福建建设21世纪海上丝绸之路核心区
	福建、广州	积极进行区域整合发展	充分发挥深圳前海、广州南沙、珠海横琴、福建平潭等开放合作区作用,深化与港澳台合作,打造粤港澳大湾区
	浙江、福建、海南	开发旅游产业	推进浙江海洋经济发展示范区、福建海峡蓝色经济试验区和舟山群岛新区建设,加大海南国际旅游岛开发开放力度
	沿海各省	交通运输建设	加强上海、天津、宁波—舟山、广州、深圳、湛江、汕头、青岛、烟台、大连、福州、厦门、泉州、海口、三亚等沿海城市港口建设,强化上海、广州等国际枢纽机场功能
	港、澳、台	发挥独特优势	发挥海外侨胞以及香港、澳门特别行政区独特优势作用,积极参与和助力"一带一路"建设。为台湾地区参与"一带一路"建设作出妥善安排
内陆地区	重庆、湖北、内蒙古、河南等	打造内陆经济高地	利用内陆纵深广阔、人力资源丰富、产业基础较好优势,依托长江中游城市群、成渝城市群、中原城市群、呼包鄂榆城市群、哈长城市群等重点区域,推动区域互动合作和产业集聚发展,打造重庆西部开发开放重要支撑和成都、郑州、武汉、长沙、南昌、合肥等内陆开放型经济高地
	长江中上游沿岸省份	加强与俄罗斯合作	加快推动长江中上游地区和俄罗斯伏尔加河沿岸联邦区的合作

续表

区域	省份	定位	内容
内陆地区	新疆	构建跨国交通道路	建立中欧通道铁路运输、口岸通关协调机制，打造"中欧班列"品牌，建设沟通境内外、连接东中西的运输通道
	河南、陕西	加强与沿海沟通	支持郑州、西安等内陆城市建设航空港、国际陆港，加强内陆口岸与沿海、沿边口岸通关合作，开展跨境贸易电子商务服务试点
	边境省份	加强与邻国沟通	优化海关特殊监管区域布局，创新加工贸易模式，深化与沿线国家的产业合作

另外，"一带一路"战略规划在我国境内重点圈定的省份在推进"一带一路"进一步顺利发展和推动我国国内线路与相关国家顺利对接等方面都发挥着积极的作用（见表1-4）。我国"一带一路"战略规划在我国境内的区域范围是十分具有战略意义的，这样的区域范围将我国从东至西地连接在一起，又通过与周边国家的积极合作与对接，使我国各项产业能够真正走出国门。

表1-4　　　　　"一带一路"的核心区、重点省份、
高地、港口以及国际机场

类别	地区
2个核心	新疆、福建
18省份	新疆、陕西、宁夏、甘肃、青海、内蒙古、黑龙江、吉林、辽宁、广西、云南、西藏、上海、福建、浙江、广东、海南、重庆
7个高地	西宁、成都、郑州、武汉、长沙、南昌、合肥
15个港口建设	上海、天津、宁波—舟山、广州、深圳、湛江、汕头、青岛、烟台、大连、福州、厦门、泉州、海口、三亚港口
2个国际枢纽机场	上海、广州

"丝绸之路经济带"和"21世纪海上丝绸之路"在国际上的区域范围与其在我国境内的区域范围不是割裂的，而是相互统一的。由此可见，

"一带一路"的区域范围在国内和国外的分布是一个统一的整体，也是一个开放而共赢的发展规划，这个规划需要区域范围内的国家和地区互通共进，也希望其他国家积极参与，共同谋求发展与繁荣。另外，"丝绸之路经济带"和"21世纪海上丝绸之路"的建立并不是一朝一夕就能完成的事情，从基础设施的互通共建到经济货币的联通共进，再到各国人民之间文化和教育的沟通等，都将是一个漫长的过程。在此过程中，我国将会和未来发展最快的亚欧板块经济圈一起共同成长、共同发展。

第二章 "一带一路"的背景与战略意义

一 "一带一路"的背景

我们拟从国际背景、国内背景等方面阐述"一带一路"战略提出的背景。

(一) 国际背景

1. 国际经济背景

(1) 世界经济仍处于全球金融危机后的深度调整期。自2008年全球金融危机爆发至今已7年,世界经济仍处在危机后的深度调整过程中,全球主要经济体仍难以退出危机管理模式,低通胀、沉重债务负担、高失业率使经济增长在较低水平徘徊不前,同时深层次、结构性问题也制约着经济发展。比如经济结构调整远未到位、人口老龄化加剧、新经济增长点尚在孕育、内生增长动力不足等。大多数经济体国内生产总值增幅与危机发生前相比明显较低,增加了经济长期平缓增长的忧虑。

据世界银行统计,2014年全球经济增长幅度仅为2.6%。在发达经济体中,美国总体处于缓慢复苏的阶段,但总体仍未摆脱发展的困境,要完成金融整治,经济结构的调整,重拾增长之路,可能还需要较长的时间;受欧洲债务危机的影响,欧元区GDP始终在停滞的边缘徘徊,2014年经济仅增长0.8%;日本经济结构性改革面临阻碍,依然存在显著的下行风险,仅增长0.2%,可能经济出现技术性衰退;新兴11国经济总体运行平稳,同时,经济出现结构性减速。根据《新兴经济体发展2015年度报告》,新兴11国即阿根廷、巴西、中国、印度、印度尼西亚、韩国、墨西哥、俄罗斯、沙特、南非和土耳其的经济增速正在下滑。由2013年的5.2%降至2014年的4.8%,2015年可能仍会下跌。

总体来看，世界经济仍处在国际金融危机后的深度调整期，世界经济复苏乏力，在多国家经济面临增长困境的背景下，中国经济增速有所放缓，仍以独特优势和潜力拉动世界经济增长。中国社会科学院发布的《2015年世界经济形势分析与预测》报告指出，2015年，在美国、欧盟、中国、日本四大经济体中，中国和美国将成为引领世界经济增长的两大引擎，而中国仍极可能延续过去多年的惯性，成为对全球经济增长贡献最大的国家，按购买力平价计算，中国对世界经济的贡献率达到29.8%。而由中国倡导的"一带一路"战略则势必将为世界经济注入新的增长动力。

麦肯锡董事长鲍达民认为，"一带一路"战略有望于2050年前将30亿人口带入中产阶级行列。"一带一路"战略改革若能有效达成，将成为亚太地区乃至世界的增长源，可改善全球经济复苏乏力的现状，长远造福世界经济。

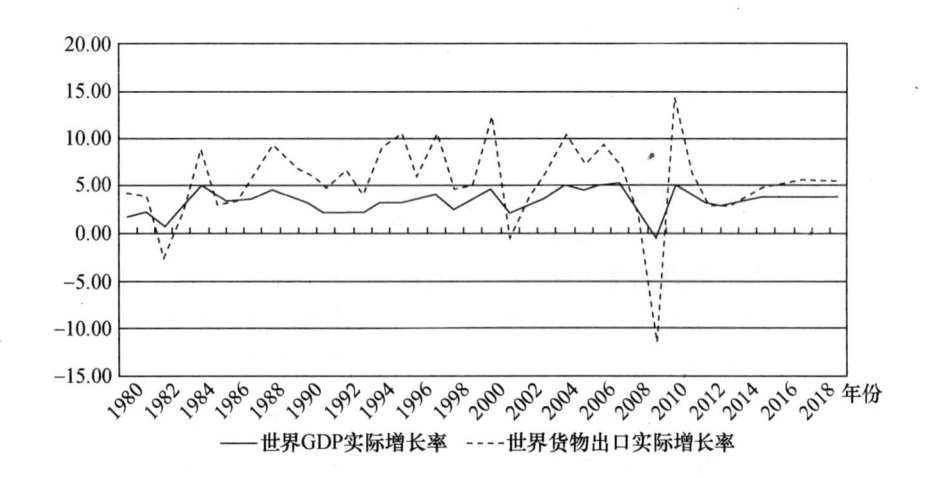

图 2-1 世界 GDP 实际增长率与世界货物出口实际增长率

资料来源：GDP 增长率（%）来自国际货币基金组织，货物出口增速（%）来自世界贸易组织。

（2）全球需求不足，世界贸易低速增长。被视为经济"晴雨表"和国际贸易先行指标的波罗的海干散货指数①近年来不断下跌，表明全球贸

---

① 波罗的海干散货指数（Baltic Dry Index，BDI），是航运业的经济指标，它包含了航运业的干散货交易量的转变。散装航运业营运状况与全球经济景气荣枯、原物料行情高低息息相关，故波罗的海指数可视为经济领先指标。

易活动低迷局面并未明显改观。世界贸易组织 2014 年 10 月发布的《2014 年世界贸易报告》显示，自 1990 年以来，全球贸易额年均增速为 5.1%。2012—2014 年，全球贸易增速连续三年低于 3%，年均增速仅为 2.4%。2014 年全球贸易额增长率仅为 3.1%，同时，2012—2013 年全球贸易量增速连续两年低于经济增速，2014 年贸易量增速也仅比 GDP 增速快 0.8 个百分点，与国际金融危机前 5 年贸易量快于 GDP 增速 1 倍形成强烈反差。

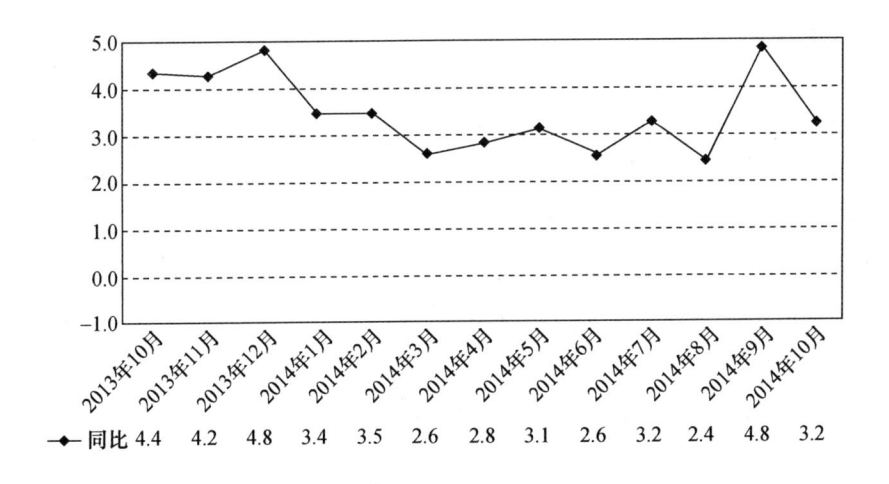

图 2-2 世界贸易增速

资料来源：GDP 增长率（%）来自国际货币基金组织，货物出口增速（%）来自世界贸易组织。

首先，欧洲经济低迷和新兴经济体 11 国贸易增长停滞对国际贸易增长有所拖累。欧盟承担了全球 1/3 的贸易量，2014 年以来持续的高失业率使欧洲进口速度下降。其次，新兴经济体 11 国对外贸易复苏缓慢。2014 年上半年，新兴经济体 11 国货物贸易总额达到 4.2 万亿美元。由于贸易增速持续放缓，并且出口增速低于进口增速，长期保持贸易顺差的 E11 总体上贸易更趋平衡。另外，全球贸易保护主义抬头。据世界贸易组织发布的第 9 次贸易限制措施监督报告，自 2008 年 10 月以来，20 国集团成员实施的贸易限制措施影响全球货物贸易的 3.6%。2012 年 10 月至 2013 年 5 月，各成员共采取 109 项贸易限制措施，覆盖全球进口商品的 0.5%，其中新贸易限制措施数量达到金融危机以来的最高值，以反倾销调查为主的贸易救济调查仍是贸易限制措施的主要手段。2014年起，新出台的非关税贸易壁垒就达1500项之多，关税改革也将阻碍国际贸易发展进程。

世界多边贸易体制是全球多边贸易的基石，区域的安排和双边贸易与投资自由化的安排，是对多边贸易体制有益的补充。中国是全球多边贸易体制特别是以世界贸易组织为基础建立起来的全球贸易规则的参与者、建设者，也是积极的贡献者。

2013年，中国成为全球最大商品贸易国，世界贸易的复苏依赖中国的贸易发展。2013年，在欧盟、日本等传统贸易对象需求不振的情况下，"一带一路"沿线国家的贸易表现良好，据商务部数据，2013年中国与"一带一路"沿线国家的贸易额超过1万亿美元，占中国外贸总额的1/4。过去10年中国与沿线国家的贸易额年均增长19%，较同期中国外贸额的年均增速高出4个百分点。2015年第一季度中国与"一带一路"沿线国家和地区的进出口值约为1.45万亿元，占同期外贸总值的比重超过1/4，其中出口增速超过10%，高出同期出口总体增速5.5个百分点。

"一带一路"战略可促进双边、多边合作，推动投资和贸易的便利化，进而构建自由、公平、公正的多边贸易和投资体系，并促进全球经济复苏。

(3) 全球投资自由化，贸易投资一体化继续推进。近年来，随着经济全球化的发展，投资自由化仍然是主流趋势。从全球看，各国出台的大多数投资政策措施仍然趋向投资促进和自由化，有利于外国投资者的政策仍占明显多数。2013年，59个国家调整了87项外资政策，其中52项政策更加有利于开放和外商投资。投资自由化使国际投资正在成为全球经济增长的重要动力，一方面，众多先进经济体陷入低增长、高失业状态，宽松的货币政策使借款成本很低；另一方面，许多新兴市场和发展中经济体，缺乏有效投资、基础设施"瓶颈"导致其经济增长速度放慢。

当前，在经济全球化发展进程中，国际贸易和国际直接投资二者之间相互伴生、相互促进，国际贸易和国际直接投资的发展趋势正呈现出日益趋同的特点。随着国际贸易和投资日益融合，经济的发展优势不单单表现为贸易优势或是投资优势，而是贸易投资一体化优势。

在诸多国家面临需求疲软，贸易发展滞后，基础设施建设存在资金缺口的背景下，中国的国际投资正在极大地促进相关国家的经济和贸易增长。2014年中国的非金融类对外投资额已经超过1000亿美元，居全球第三。随着中国成为资本净输出国家，"一带一路"战略将成为连接世界的新型贸易投资桥梁。作为中国资本输出的载体，在现有参与国之间自由化水平基础上，逐渐实现货物贸易更高水平的自由化，带动全球尤其是东南亚地区的基础设施建设，打造更加自由、便利和具有竞争力的投资环境，提升东亚区域贸易投资自由化水平，从而改善区域贸易投资环境，促进区域贸易投资的发展，助力全球贸易投资自由化的持续推进。

（4）区域经济一体化发展迅速。20世纪90年代后，全球市场化改革为区域经济一体化发展奠定了基础。各国、各地区之间的分工与依赖日益加深，生产社会化、国际化程度提高，使各国的生产和流通超越了国界，促成了区域经济一体化发展；世界贸易组织多边贸易体制本身的局限性以及近年来多边贸易谈判所遭遇的挫折和困难，刺激了区域经济一体化的发展。虽然世界贸易组织是推动贸易自由化和经济全球化的主要力量，但由于自身庞大，运作程序复杂，其成员对各项议题的谈判只有在一致同意的基础上才能进行，从而为双边和区域性贸易协议提供了发展空间与机遇。

区域经济一体化组织因其成员常常是地理位置相邻、社会政治制度相似、生产力发展水平相近、有类似的文化历史背景，因而具有开展经济合作的诸多优势，较易实现商品、资本、劳务等的有效流通，同时有利于加快全球化进程。在金融危机的冲击下，区域经济组织中显示出了区域经济抗击金融危机的能力和优势，全球经济的增长更加依赖区域经济的发展。据联合国、世界贸易组织等国际机构的统计，目前全世界区域性双边、多边的经济合作协定、经济组织已逾100个，这些区域组织已成为区域经济一体化的重要组成部分。

当前世界已形成欧洲经济共同体和北美自贸区两大经济一体化体系。近年来，亚太区域经济一体化呈现高速发展态势，区域经济体之间联系紧密，具备了良好的经济合作基础，经贸区域合作成果显著，亚洲区域内的贸易额达到3万亿美元。

随着区域经济一体化的推进，亚欧国家在基础设施领域有着巨大的投资需求，亟待激发域内发展活力和合作潜力。"一带一路"战略将有利于区域化生产要素的流动和优化配置，推进沿线有关国家和地区形成新的自由贸易关系，逐步形成立足周边、辐射"一带一路"、面向全球的高标准自贸区网络，有效地提高能源、资源的利用率，缩小地区发展差距，更有效地实现本地区经济、社会与环境保护事业的协调均衡发展,极大地提高区域投资贸易一体化,进而提升区域经济一体化水平。

2. 国际政治背景

(1) 世界多极化进程加速。首先,全球经济调整和转型进一步加快了世界主要经济体综合实力对比的变化。美国经济在国际金融危机之后,经济增长率降低,在全球 GDP 的占比下降,经济实力明显衰落,美元在全球外汇储备中的比重不断下降,导致在国际金融体系中的地位下降,经济地位下降和美元疲软,减弱了美国在国际事务中的影响力。

其次,以"金砖五国"为代表的新兴经济体综合实力不断增强。全球经济危机后的一段时间内,诸多新兴经济体经济发展速度远远超过发达国家,快速的经济增长使这些国家的经济实力大幅提升,在国际贸易和投资中的地位也不断提高,以金砖国家等为主的新兴市场在世界经济格局中占有了更大的比重。

当前,全球治理体制从 7 国集团逐步向 20 国集团过渡,以金砖国家为核心的新兴经济体角色越来越重要,并开始建立国际金融合作机制。2011 年,金砖国家签署《金砖国家银行合作机制金融合作框架协议》,加强了资本市场、本币结算和促进贸易投资便利化等方面的合作。2014 年,金砖五国签署协议成立金砖国家开发银行。中国于 2014 年发起的亚投行[1]也是这其中的一环。

随着经济大国综合实力对比的变化以及全球经济调整和转型的冲击,全球治理结构正在发生重大调整。"一带一路"作为中国的倡议,是形成世界未来新秩序的路径,顺应了世界多极化的大潮流。"一带一路"的战略意向,不是单向度的、线性的,而是"圈形"的、立体的。基于开放、包容的原则,凡有意参与这一合作机制的国家、地区、区域组织和国际组织,都可以秉持共商、共建、共享的原则参与。无论是中国主导创建亚投行,还是欧洲国家有意加入亚投行,都是世界多极化趋势的表征。

(2) 亚太地区总体和平,地缘政治环境不稳定因素依然存在。"冷战"结束后,亚太地区保持了整体上的和平。一方面,发展、合作势头加强,东盟的扩大以及 "10 + 1"、"10 + 3"、"10 + 6" 等多种合作机制,

---

[1] 亚洲基础设施投资银行(Asian Infrastructure Investment Bank,AIIB,简称亚投行)是一个政府间性质的亚洲区域多边开发机构,重点支持基础设施建设,总部设在北京。

在亚洲国家之间密切了政治经济关系。2005年开始成立的东亚峰会，标志着亚洲的一体化进程成效显著，在经济领域，中国—东盟自由贸易区已于2010年启动，中日韩自由贸易区谈判也在进行中。

另外，不稳定、不确定因素也在不断上升。从区域内部看，亚洲国家之间存在较为复杂的内部矛盾。这些矛盾成为影响亚太内部安全和政治互信的内在因素。从外部看，在各国追求其自身利益的驱使下，大国间的相互博弈以及大国对中小国家的肆意拉拢和挑唆，使本身脆弱的亚洲各国之间一直没能建立起正常的互信关系。

从亚太地区非传统安全问题看，中国、美国、俄罗斯、澳大利亚、日本等国在应对非传统安全威胁方面都拥有各自的优势。中国在维护亚洲和平稳定方面一直发挥着建设性作用，近年来，国际社会一致呼吁和期盼中国在国际事务中发挥更大作用。

亚太地区各方若能以区域经济一体化为目标，妥善处理分歧，共同推动区域合作朝着更深层次、更广领域迈进，无疑有利于各国。

面对国际复杂局面，中国倡议的"一带一路"战略体现了正在以更积极姿态、更强劲力度参与国际事务，参与国际地区治理和地区争端的处理，积极参加国际新秩序的塑造，推动形成一个稳定有序、和平发展的地区政治、经济和安全体系，以开创21世纪的中国与周边国际各国关系新格局。

（3）新型地区合作机制不断涌现。目前，国际社会呈现出区域化、一体化发展趋势。世界各主要国家致力于建立地区性国际合作组织，如北约等。亚太地区则形成了"东盟10+3机制"[①]"东亚峰会"[②]"东盟地区论坛"[③]"东盟防长扩大会"、ACD对话等合作机制。亚太地区的自贸区与各种形式的经济圈等区域经济合作组织也都在发展。而俄罗斯则提出

---

① ASEAN+3（东盟+3、东盟+中日韩、东盟10+3）是指经济、文化等方面联系紧密的中国、日本、韩国以及东南亚国家联盟共同组成的合作机制的简称。

② 东亚峰会是与东盟峰会同期举行的年会，为东亚地区一个新的合作形式，致力于推动东亚一体化进程、实现东亚共同体目标。

③ ASEAN Regional Forum—ARF 东盟地区论坛成立于1994年，现有26个成员，是本地区规模最大、影响最广的官方多边政治和安全对话与合作渠道。

"欧亚经济联盟"①"跨欧亚发展带"。②

新形势下，区域性合作已超越地区范畴，具有越来越重要的全球意义，最突出的是《跨太平洋伙伴关系协议》（TPP）和《跨大西洋贸易与投资伙伴协议》（TTIP）等地区经济合作机制的出现。除此之外，还包括美国前国务卿希拉里 2011 年 9 月提出的绕开中国的"新丝绸之路战略"。③ 由《跨太平洋伙伴关系协议》、《跨大西洋贸易与投资伙伴协议》和《服务贸易协定》（TISA）④ 所引领的国际贸易与投资规则的"重构"正在成为影响未来中国发展的新的重大外部因素。

"一带一路"战略构想是我国根据区域经济一体化和经济全球化的新形势提出的跨区域经济合作的创新模式，也是中国面对经济全球化的应对策略。2013 年 9 月 7 日，习近平总书记在哈萨克斯坦纳扎尔巴耶夫大学发表演讲时表示，为了使各国经济联系更加紧密、相互合作更加深入、发展空间更加广阔，我们可以用创新的合作模式，共同建设"丝绸之路经济带"，以点带面，从线到片，逐步形成区域大合作。

"一带一路"建设不仅仅是古代丝绸之路的翻版，而是新时期以运输通道为纽带，以互连互通为基础，以多元化合作机制为特征，以打造命运共同体为目标的新型区域合作机制。"一带一路"建设不是要替代现有地区合作机制和倡议，而是要在已有基础上，推动沿线各国实现经济战略相互对接、优势互补。

---

① 2014 年 5 月 29 日，俄罗斯、白俄罗斯和哈萨克斯坦三国总统在哈萨克斯坦首都阿斯塔纳签署《欧亚经济联盟条约》，宣布欧亚经济联盟将于 2015 年 1 月 1 日正式启动。俄白哈三国将在 2025 年前实现商品、服务、资本和劳动力的自由流动，终极目标是建立类似于欧盟的经济联盟，形成一个拥有 1.7 亿人口的统一市场。

② 俄罗斯智库日前向普京当局建议俄修建一条长达 19955 千米，连接大西洋与太平洋的高速公路，借此推出所谓跨欧亚发展带计划。如果这条高速公路建成，从英国经欧亚大陆穿越白令海峡，可从陆路直通美洲大陆，这不仅比中国的"一带一路"路线更长，而且"跨洲合作"国家更多，届时俄罗斯将成为欧亚美三大洲的中心，主导三洲"合作"。

③ 2011 年 7 月，时任美国国务卿希拉里·克林顿在印度发表演讲时第一次明确提出"新丝绸之路"计划。此后，美国召集相关国家举行了多次会议，积极推动此计划。不过，在国务卿易人后，美国在这个问题上的态度出现了"模糊化"的态势，宣传部门也有所降低。

④ 服务贸易协定，是由少数世界贸易组织会员国组成的次级团体世界贸易组织服务业真正之友集团（Real Good Friends of Services, RGF）展开的，致力于推动服务贸易自由化的贸易协定。RGF 成立的背景为，由于世界贸易组织多哈回合谈判自 2001 年起至 2013 年仍无法就服务业市场开放达成具体共识，该次级团体于 2011 年年底起成立，以展开国际服务贸易协定（Trade in Services Agreement, TISA）谈判。

3. 国际安全背景

（1）世界安全形势日趋复杂和多变。当今世界，国际安全格局正在发生"冷战"结束以来最深刻复杂的变化。当前，大国关系继续以合作为主调并保持相对稳定，和平与发展仍是时代主题。具体表现如下：美欧、美俄之间出现的矛盾有所缓和，双方之间深层次的矛盾和分歧并未消除；中美在台湾问题、经贸问题等方面面临新的考验，但双方的合作领域与共同利益仍在扩大，双边关系中的相互依存性进一步加强；中俄、中欧战略伙伴关系进一步巩固，合作关系继续加深；中日政治关系虽因日政界对第二次世界大战态度、双方领土争端等问题而受到较大干扰，但双方经贸合作、文化交流和民间往来依旧，足见中日友好与合作基础深厚，日趋成熟；中印政治与经济关系均保持积极态势。相对稳定的大国关系，反映了和平与发展作为当今世界的主流。

然而，旧有矛盾没有解决，新的冲突明显增多。经济全球化在推动生产力向前发展的同时也加深了全球的两极分化，发达国家利用资本、技术优势，通过不平等的国际贸易控制，盘剥发展中国家，数字鸿沟越来越大。随着科技革命的到来，资本所具有的内在扩张性特质更加显现，发达国家的优势地位日益被强化，而原本弱势的发展中国家越发处于不利地位。

此外，地区性的战争和暴力冲突此起彼伏，局部性的战乱、动荡与紧张已从多方面对世界和平、稳定与发展带来严重冲击。非常态下的利益冲突难以调和，国际社会的诸多矛盾在非常态氛围中存在激化、失控的危险。国际社会的矛盾源于国家间的利益对抗，当矛盾各方在利益方面的政治关系发生激化，甚至是出乎意料的非常态发展超出内政的心理承受程度，必然会引发内外政治局势的剧烈变化。基地组织的兴起及在全球制造恐怖袭击与非常态下的利益冲突不无关系。随着人类需求的不断增长，资源的稀缺性不断显现，加大了利益冲突的风险，再加上经济的不平衡和文化的差异造成国际人权意识的分歧，国家间的"战略互信"很难构建。

"一带一路"完全符合沿线国家人民的愿望和利益。众多国家的热烈响应表明，"一带一路"符合各国的发展愿望和利益，是被认可的。然而"一带一路"涉及多国合作，涵盖西亚和东欧等敏感地带，客观上要面对大国掣肘、地缘政治、政局动荡和恐怖主义的风险，这都不同程度为"一带一路"建设带来了有形或无形的挑战和困难。随着我国在海外投资的逐年增加，受地缘政治的影响也越来越大。特别是考虑到其经过区域有些国家的安全形势复杂多变，反恐斗争和维护稳定的任务艰巨，难免会对建设"一带一路"构成严峻挑战。此外，"一带一路"涉及60多个不同的国家，各国制度和法律差异很大，发展和开放程度不同，各方利益和诉求千差万别，目前尚缺乏有效的协调机制。如何协调与"一带一路"沿线国家的关系将直接决定"一带一路"战略的成败得失。因此"一带一路"上的政治不确定性正在增大，而这将可能对"一带一路"战略的实施提出挑战。

（2）霸权主义和强权政治依然存在。2012年，美国提出了"亚太再平衡战略"，强调与盟国和伙伴的无缝运作。不仅在日本本土、韩国、关岛、澳大利亚、菲律宾、新加坡等地进行了军事调整和部署，还与亚洲盟国频繁举行军事演习，以提高两栖作战和协同作战能力，美国还与日本、印度、澳大利亚等国一起就南海可能出现的紧急事态做准备。美国提出的"空海一体战""联合行动介入"等概念或战略，很大程度上是为了应对中国的所谓反介入和区域拒止战略。

随着中印海上力量的发展和竞争加剧，西太平洋地区和印度洋地区在能源、经济、安全方面的联系加强，以及周边国家与中国海上争端的持续升温，美国再次调整其亚太战略，提出"印亚太"地区概念。2015年3月，美军发布了"2015版海上战略"。作为美国海军、海军陆战队、海岸警卫队三大海上力量第二次联合发布的纲领性文件，该战略反映了美国海上力量未来一段时间内的战略定位、对潜在危险的定义和应对策略等。在将"印太"视为一个战略整体的前提下，加强与印度洋—亚洲—太平洋地区的长期盟国——澳大利亚、日本、新西兰、菲律宾、韩国和泰国的合作，并继续培养同孟加拉国、文莱、印度、印度尼西亚、密克罗尼西亚联邦、巴基斯坦、新加坡和越南的伙伴关系。

美国在"印太"地区的海上安全战略部署可以说是美国亚太"再平衡"战略的扩展，客观上给"一带一路"战略造成了冲击。在当前和未来相当长时期内，中美将在金融领域展开激烈的竞争，而亚太、中东和中亚将是两国在"一带一路"上展开战略协调的三大主要区域。由于金融霸权是美国世界霸权的根基，因此，中国在金融领域的种种合作举措势必引起美国的反制。同时，由于中国在亚太的竞争态势凸显，中国与东盟国家之间的"海上丝绸之路"战略合作已遇到了较大阻力，美国对中国的包围圈已由新月变成半圆形，中国的战略空间更小。这可能是中国推进"一带一路"战略过程中面临的最大挑战。

（3）东亚局势不确定性增加。在美国亚太再平衡战略背景下，日本配合美国在亚太地区建立的"毂辐模式"同盟积极向"网状模式"同盟伙伴体系转变，以提升对中国、朝鲜半岛的军事遏制能力和突发事件的应对能力。

2015年4月，日美就修改日美防卫合作指针达成一致，明确规定日本集体自卫权的适用范围和方式，将使日美同盟的牢固性达到前所未有的程度，进一步完成日美两国在亚太地区的军事合作分工体系，日本将借此机会不断扩大其军事影响力。另外，日本凭借美国利用其制华的战略意图，加强对中国周边地区的战略外交。安倍执政以来，多次出访东南亚，积极推进日本与东盟国家的经贸合作，打着政府开发援助（ODA）旗帜，加大对东南亚地区的投资。2013年9月，日本召集菲律宾、越南、印度尼西亚和马来西亚等位于海上战略要道的13个海洋国家召开研讨会，提出向与会国提供海上安全的支援措施。2014年11月，第一届日本和东盟防卫大臣会议达成加强安全领域的合作框架。最近几年，日本在蒙古国、朝鲜的战略投入和援助也开始增加，尤其是蒙古国，提供巨额的贷款，签署能源合作协议等。借助各方面援助和合作，日本迫使各国减少与中国的联系，形成对华牵制统一战线。近日，日本政府不顾民众反对，解禁自卫权。可见，日本对华牵制和警惕态势不仅对亚太地区格局产生深刻影响，也成为当前中国维护国家安全的主要外部挑战，给"一带一路"战略的实施增加了不确定因素。

国际安全的挑战凸显了现有机制的弊端。全球安全治理机制远跟不上形势发展变化，"机制赤字"问题突出。一些国家利益分化，将自身利益凌驾于共同利益之上，全球安全治理出现共识难、决策难和行动难的局面。一些国家抱守"冷战"思维和"零和博弈"的理念，相信实力至上和绝对安全，把自身的安全建立在牺牲别国安全的基础之上，致使国际安全领域合作意向下降，竞争因素上升。面对错综复杂的国际安全形势，中国展示了国际安全维护者、共同发展促进者、国际体系建设者的形象，积极倡导共同、综合、合作、可持续的安全观，愿与国际社会一道努力走出共建、共享、共赢、共护的安全新路。

中国在维护地区安全稳定上发挥着日益重要的作用，与地区国家的安全合作日见成效，上海合作组织在打击"三股极端势力"① 上大有作为，中国倡导的"新型安全观"得到越来越广泛的赞同与支持。可以预料，随着一带一路的推进，各相关国家提供安全保障的主动性和自觉性都将增大，"一带一路"战略的安全观将为地区组织、双边合作和各有关国家经济发展三个层面提供保障。

4. 国际文化背景

（1）世界文化呈现多元化格局。在全球化和区域化大背景下，文化多样性已经和经济全球化与世界多极化并列为当今世界的三大潮流。依循文化→国家（民族）→国际政治→全球化的发展规律，文明的多样性与经济增长一起推动着世界不断发展，每一种文化都有其现代化与传统性相结合的独特途径，都有自己的优势，世界文化呈现多元化格局。

目前，世界上有200多个国家和地区、2500多个民族、6000多种语言。不同的民族创造了各自独特的文化，不同国家和地区的人民共同创造了丰富多彩的世界文化。联合国教科文组织发布的《世界文化多样性宣言》，以及《保护世界文化和自然遗产公约》、《保护非物质文化遗产公约》和《保护和促进文化表现形式多样性公约》这三部公约，为尊重、保护与促进世界文化多样化提供了法理依据与制度保障。

从影响力看，其主流大体是欧洲文化和美国文化，二者可统称为西方文化，中国文化被认为是东方文化的代表。目前，在世界诸多文化中占主导地位的是西方文化，无论是其积极方面还是消极方面，都深刻地影响着东方文化。随着中国经济的崛起，东方文化越来越多地被关注和了解，成为多元文化的重要一极。

世界文化多样化是不同文化相互依存、对话、交流的产物，并在不同文化的相互依存、对话、交流中发展。具有"和而不同"的特征，表现为不同文化之间"你中有我，我中有你"。特别是随着经济全球化、政治多极化深入发展，各种思想文化交流交融交锋更加频繁。未来文化仍将呈现多元多体的繁荣景观。这些多元文化由于时代、民族、地域等的差异将长期存在，日益趋同。多元文化长期并存，相互渗透和融合，在渗透与融

---

① 2001年6月15日，上海合作组织签署《打击恐怖主义、分裂主义和极端主义上海公约》，首次对恐怖主义、分裂主义和极端主义作了明确定义。所谓三股势力是指暴力恐怖势力（如拉登就是恐怖主义组织头目）、民族分裂势力（如俄罗斯车臣非法武装组织）、宗教极端势力（如乌兹别克斯坦的伊斯兰运动组织）。

合的过程中互相认同与互为补充，这不仅是人类文化发展的轨迹，也是全球化时代下中国文化发展的背景坐标。

"丝绸之路经济带"和"21世纪海上丝绸之路"本身，就体现了文化软实力的作用。"一带一路"具有深厚的文化渊源和人文基础，直接继承了"丝绸之路"的遗产，利用古代丝绸之路沿线国家共同努力所创造出的灿烂历史，作为促成当今合作的重要情感纽带。考虑到"一带一路"所涉及国家多样的政治体制和文化背景，强调互惠和谐的传统儒家文化，在团结大多数国家、减少意识形态差异对于国家合作的干扰等方面具有突出的作用。"见利思义"与"中庸尚和"作为处理国际关系的准则，在增强凝聚力，缓和紧张局面，处理尖锐矛盾等方面有着重要的作用，即使放在当今也有着无可比拟的文化感召力。

随着"一带一路"战略的深入推进和实施，中国对外文化交流将走上一个新台阶，这将提升中国对外文化形象。"一带一路"战略提出了民心相通的理念，在经济共赢的同时，可促进文化的生态多样性。在经济与技术合作的带动下，"远亲不如近邻""国之交在于民相亲"，以"亲、诚、惠、容"的理念将促进民心相通，对于展现新文明视野的中国精神至关重要。

（2）跨文化融合中依然存在冲突。不同形态的文化或者文化要素之间相互对立、相互排斥。司汤达大学传播学研究所研究员克罗姆·多米尼克认为，不同文化的冲突和对抗大多是在文化交流和传播中引发的，文化交融过程即是引发文化冲突的直接土壤。然而，冲突的出现不仅使异质文化有机会介入本土文化并引起广泛的关注和必要的审视，更在实质上促进了文化的互相吸引、互相渗透。从这方面来说，文化冲突其实是文化交融的一个方式和途径。这个层面的文化冲突和对抗并不否认文化交融的可能性，只是更强调异质文化交融程度的区别，而非强调不同文化之间的矛盾和冲突，以及由矛盾和冲突无法合理解决造成的文化对抗。

其实，文化的融合与冲突是两个趋势。不同的文化与文明不断与异质文化接触和交流，以实现文化繁荣。国与国之间的外交在经济和政治领域比较容易存在分歧，但文化交流却是无国界的，这个过程伴随着冲突和斗争，但更多的是彼此的渗透和吸纳。在当今世界文化融合的背景下，"一带一路"建设，既是一个经济合作，也是一个文化融合的过程。比如，中国历来就与东南亚各国在文化方面有着千丝万缕的联系，在文化交流合作上具有得天独厚的条件，所以，思想观念更新快速、文化创新能力加强无一例外的是多元文化思想相互整合、相互融合的结果。

（3）区域文化合作处于新阶段。文化交流和合作不仅能消除隔阂，实现互补和进步，创造出新的文化，更能促进各国间达成相同的政治共识，强化经济合作，这也让区域文化合作逐渐成为人类文化发展的总趋势。区域文化的合作是区域文化间相互接触、彼此交流、不断创新和融会贯通的过程：通过文化寻求各方面的认同与共识；通过文化解决经济发展与政治冲突的问题；通过文化解决社会发展模式和道路问题；通过文化解决人类生存环境危机问题；通过文化沟通东西方不同社会制度、不同意识形态的不同见解问题。

近年来，中国与沿线国家的文化交流形式越来越新、内容越来越多、规模越来越大、影响越来越广。2005年中国和东盟共同签署了《文化合作谅解备忘录》，2006年开始举办中国—东盟文化产业论坛，在南宁连续举办了六届的中国—东盟博览会为促进双边交流搭建了舞台。中国与东盟之间的文化交流，已经在政府和民间全面开花。

当今世界，文化与经济融合所产生的竞争力，正在成为一个国家核心竞争力的重要组成部分。经济体系是文化生产及再生产的重要支撑，而文化繁荣也会对国民经济发展产生促进作用，将文化产业与制造业、旅游业、建筑装饰业、信息产业、包装业、工业设计等产业紧密联结在一起，通过创意设计把文化元素或符号融入国民经济各行业，可以提升产品的品牌价值。

文化资源是"一带一路"发展中极为宝贵的战略资源。在"一带一路"格局中，具有非常丰富的文化生态系统，它们基于不同的民族与文化特性，培育着不同的文化价值取向、文化传统及丰富的非物质文化遗产。

站在文化合作的视角看"一带一路"，可以说，它为欧亚地区合作与国际分工开辟了产业与人文合作的主线。"一带一路"战略的实施，率先受益的是公路、铁路等大量基础设施的投入和建设，有学者建议实行"丝路公共工程艺术计划"，挖掘丝路文化的渊源，对诸如壁画、设计、雕塑进行现代呈现，将丝绸之路的文化特点和历史底蕴赋予更多的内涵和附加值，不仅彰显了文化的社会效益，也提高了文化的经济效益。

(二) 国内背景

1. 中国综合国力不断增强，国际地位显著提升

改革开放 30 余年，中国经济取得举世瞩目的成就，中国在世界经济格局中的地位发生了历史性变化，已具备实现发展优势转换的基础和条件，具体表现如下：

2014 年，我国国内生产总值（GDP）为 636463 亿元，首次突破了 10 万亿美元大关，稳居仅次于美国的世界第二大经济体；早在 2010 年，我国 GDP 已居世界第二位，占全球 GDP 比重持续上升，2014 年达到 13.8%；我国已经成为世界最大的出口国和外汇储备国，以及世界第二大制造业大国；国家财政收入高达 14 万亿元，比上年增长 8.6%；外汇储备已达 4 万亿美元，雄踞世界第一位。作为目前全球最大的货物贸易国，我国已成为全球 2/3 以上国家和地区的最大贸易伙伴，2014 年对外贸易总额达到 297 万亿美元。特别是近 20 年来，从 1978 年到 2010 年，中国国内生产总值由 3645 亿元增长到 39.8 万亿元，增长了 100 多倍，年均增长达 10%，是同期全球经济年均增长率的 3 倍多；同时，中国有效应对国际金融危机冲击，保持经济平稳较快发展。载人航天、探月工程、超级计算机等前沿科技实现重大突破；国防和军队现代化建设取得重大成就；各项社会事业加快发展、人民生活明显改善，开放型经济水平快速提升。

伴随着中国综合国力的增强，国际地位也显著提升，正以国家实力为依托，广泛而积极地参与到国际和地区事务中，在解决各种全球性问题和地区热点问题中发挥重要作用。在朝鲜、叙利亚、伊朗、阿富汗、伊拉克等热点问题的政治解决或政治过渡中，中国都已经是重要的参与方与推动方。同时，中国开始更加主动地在国际关系中提出倡议，从 2012 年新一届政府成立至今，中国已陆续提出一系列重大外交倡议，包括"一带一路"战略、中巴经济走廊、孟中缅印经济走廊、中国—东盟自由贸易区升级版、亚洲基础设施投资银行等，总体来讲，都得到了相关国家的响应和支持。

今天的中国，发展进入到了前所未有的新阶段，中国综合国力的显著增强为复兴丝绸之路提供了基本的经济保障，初步积累了部分引领发展"丝绸之路经济带"的对外关系资源和塑造外部环境的能力。

2. 现代工业体系已经形成，基础设施等领域具备对外合作优势

当前，中国已建立起独立的、比较完整的、有相当规模和较高技术水平的现代工业体系。据统计，目前中国已拥有39个工业大类、191个中类、525个小类，包含联合国产业分类中所列的全部工业门类。据世界银行统计，2012年，中国制造业增加值为2.34万亿美元，超过美国的1.85万亿美元，位居世界第一位，在全球制造业占比达20%，如今份额已近1/4。在制造业行业分类的30多个大类中，已有半数以上行业生产规模居世界第一位，220余种工业品产量居世界第一位。钢铁、有色金属、电力、煤炭、石油加工、化工、机械、建材、轻纺、食品、医药等工业部门逐步发展壮大，一些新兴的工业部门如航空航天工业、汽车工业、电子工业等也从无到有，迅速发展起来。

在新一轮科技革命和产业变革正在兴起的背景下，科技发展已进入实现密集创新的先导期，大型企业国际化程度不断提高。"中国制造2025"明确了制造业创新和升级的阶段性目标和各项指标，这将不断促进工业化和信息化深度融合，开发利用网络化、数字化、智能化等技术，提出"工业互联网"概念，推动移动互联网、云计算、大数据、物联网等与现代制造业结合，着力突破工业机器人、轨道交通装备、高端船舶和海洋工程装备、新能源汽车、现代农业机械、高端医疗器械和药品等重点领域核心技术，力争2025年迈入制造强国行列。

现在的"一带一路"沿线国家，人口数量庞大，经济总量相对较低，大多数国家有着丰富的资源，但工业化却不发达，基础设施的互连互通是目前制约沿线国家深化合作的薄弱环节。当前，中国高速铁路已经在轨道技术、车辆装备、移动通信等各方面具备过硬的实力，可以在公路、铁路、航运等为代表的基础设施建设方面开展合作。

3. 城镇化发展快速稳步上升

近年来，经济高速增长促进了我国的大规模城镇化进程，其中外向型经济对沿海地区城镇化的推动作用巨大，特别是对大城市、特大城市、超级大都市的发展作用突出。1996年以来的大规模城镇化进程，成效显著。城镇化推动了我国经济的国际化。根据《中国统计年鉴》数据，2012年末，中国大陆总人口数135404万人，城镇人口71182万人，城镇化率达到52.57%。总体上城镇化率有了大幅度提升，由2000年的36.22%上升至2010年的49.95%，再在近两年突破50%的水平，十二年来共增长了16.35个百分点，年均增长率1.36%，高于1980—1990年0.68%的增长率和1990—2000年0.98%的增长率。城镇化总体处于快速稳步上升阶段，预计未来将大体保持每年1%的增长速度。近些年，各大中城市加大工业园区建设，注重产业发展，工业化率与城镇化率差距在逐渐缩小，最新数据显示，2011年全国城镇化率为51.27%，工业化率为46.8%，二者之差在5%以内，小于1990年10.3个百分点的差距。同时，城镇体系日益完善，初步形成了"655+20000（城市和建制镇）"的框架体系及辽中、京津冀、长三角、珠三角等几个成熟的城镇群格局。

我国已经进入城镇化发展的中期阶段。"一带一路"沿线国家，既有处于城镇化成熟阶段的经济发达地区，也有处于城镇化快速发展阶段的经济欠发达地区。"一带一路"与新型城镇化的有机结合将从要素、劳动力、产业和资本等方面全面推进新型城镇化进程。随着"一带一路"战略的逐步推进，以铁路、公路、机场为代表的基础设施在"一带一路"沿线国家的建设速度和力度将会进一步加强，将有助于相关国家基础设施建设，有利于交通壁垒的打通，各地区相关产业的发展和对外开放的局面势必会加快"一带一路"沿线国家城镇化进程。

4. 外贸竞争优势依然存在，具备参与全球合作分工的基础

根据世界贸易组织统计，2002—2012年10年间，中国出口总额年均增速达到21.3%，2012年货物出口在全球占比达到11.2%，连续四年居世界第一位；2012年货物进口在全球占比达到9.8%，连续四年居世界第二位。

国际金融危机以来，中国经济发展的内外条件和环境面临一系列深刻变化。从国际看，世界经济低速增长，国际市场需求增幅有限，目前中国的主要出口地区为美国、欧盟和日本等。除美国之外，欧洲市场出现了新的困难，出现了通缩的风险。即使2015年全球贸易量增长达到世界贸易组织预计的4%，仍远低于过去20年5.3%的平均增速。

内外环境的变化，使长期支撑中国对外贸易高速增长的比较优势正逐步弱化，随着人口红利开始消失，劳动力工资随经济的发展不断上涨，劳动密集型产业逐渐向周边低成本国家转移，传统的贸易方式不可持续、难以为继。无论是进出口产业结构、产品技术含量还是经营主体竞争力、创新能力，中国对外贸易仍然存在着速度与质量不协调、规模与效益不协调等一系列发展困境，但中国外贸竞争优势依然存在。

从宏观角度看，十八届三中全会后基本确定了4个区域发展战略，即京津冀一体化、长江经济带、丝绸之路经济带和21世纪海上丝绸之路，

并将通过推广和复制上海自贸区的成功经验来多方位打造中国对外贸易新优势。广阔的区域空间和庞大的生产链条积累是中国出口竞争力仍旧存在的根本保障。

从比较优势看，当前，外贸发展正处于加快培育竞争新优势的关键时期。在市场倒逼作用下，在国家一系列促进外贸发展的政策措施引导、支持下，产品进出口的财税和金融政策不断完善，外贸潜力将得到充分发挥。不少进出口企业加快转型升级步伐，积极优化商品结构、市场结构，探索新型贸易方式，开展对外投资拓展国际营销网络，提升在全球价值链中的地位，一批具有自主创新能力的龙头企业和新的优势产品正在涌现，成为带动外贸发展的新生力量，推动2015年中国对外贸易保持平稳增长态势。预计未来5年，中国将进口10万亿美元的商品。

再与其他新兴和欠发达经济体相比，中国基础设施完善、产业配套完整、人才素质较高，创新能力不断增强，具备比较成熟的优势技术和产能输出能力，而沿途国家正需要大量的轻工品、家电、机电、高铁等高端装备行业。据国家发改委统计的数据显示，2014年中国装备制造业出口额达2.1万亿元，占全部产品出口收入的17%，其中铁路机车出口额近40亿美元，占全球市场份额的10%。2014年，中国和巴基斯坦签署340亿美元投资协议，将建设大规模核电厂、地铁及轻轨站等；中国广核集团和法国电力公司在核电站设计领域也签署了双方相关合作协议。中国装备"走出去"持续发力，不仅出口设备，还升级中国标准，实现产品技术资本全方位"出海"，推动更多高附加值的中国制造、中国标准参与国际市场竞争，实现出口升级、产业升级，通过异地投资、兼并重组、构建企业战略联盟、国际产业技术联盟、参与全球创新等手段，实现由产品输出到技术、资本、服务的输出。从陆上丝绸之路沿线国家来看，周边国家经济发展大多不及中国，铁路基建技术也相对落后，若"一带一路"战略顺利实施，亚太各经济体加强互连互通，由于沿线发展中国家和新兴经济体存在巨大的基础设施建设投资缺口，中国的铁路基建也有望扩大"走出去"的规模。

新一轮的贸易规则正在形成，中国外贸需在主动参与新格局的机会中创造新的增长点。随着外贸发展从"出口创汇"转向"价值链升级"、从制造业为主向服务业领域拓展、从"引进来"为主转向贸易与双向投资良性互动，中国外贸的"升级版"正在形成，成为区域贸易自由化的重要推动力量。

目前，中国在建自贸区 20 个，涉及 32 个国家和地区。其中，已签署自贸协定 12 个，涉及 20 个国家和地区，分别是我国与东盟、新加坡、巴基斯坦、新西兰、智利、秘鲁、哥斯达黎加、冰岛和瑞士的自贸协定，我国内地与香港、澳门的更紧密经贸关系安排（CEPA），以及大陆与台湾的《海峡两岸经济合作框架协议》（ECFA），目前均已实施；正在谈判的自贸协定 8 个，涉及 23 个国家，分别是我国与韩国、海湾合作委员会（GCC）、澳大利亚、斯里兰卡和挪威的自贸协定，中日韩自贸协定、《区域全面经济合作伙伴关系》（RCEP）协定，以及打造中国—东盟自贸协定（"10 + 1"）升级版。未来逐步形成立足周边、辐射"一带一路"区域、面向全球的高标准自贸区网络，并最终建成"一带一路"自由贸易区（FTA）。

"一带一路"战略通过降低贸易门槛、提升贸易便利化水平促进沿线各国贸易往来，同时更大程度上提升金融、投资、人员往来等方面合作水平，加快域内经济一体化。外贸综合竞争优势将是中国在"一带一路"战略中发挥特殊的作用，扮演推动区域贸易自由化进程的重要角色的主要支持因素。

5. 对外投资规模快速增长，首次成为资本净输出国家

2002 年，中国建立了对外直接投资统计制度，当年对外直接投资规模为 27 亿美元。过去 10 年中，中国在全球的非金融投资以年均 40% 的速度上升，2013 年，我国境内投资者共对全球 156 个国家和地区的 5090 家境外企业进行了直接投资，累计实现非金融类直接投资 901.7 亿美元，同比增长 16.8%。2015 年 1 月，中国商务部的数据显示，2014 年中国的对外投资规模达到 1400 亿美元左右，同比增长 15.5%，短短 12 年时间增长了近 40 倍，较中国利用外资高出 200 亿美元，首次成为资本净输出国（见图 2 - 3）。

我国国民储蓄和外汇储备为开放型经济发展提供了资金条件。根据邓宁的投资发展路径（IDP）理论，一国经济发展到达一定阶段时（人均 GNP 为 2000—4750 美元），进行投资阶段的转变就成为必然选择。正如德意志银行全球策略师桑杰夫·桑亚尔（Sanjeev Sanyal）判断的：在庞大并且长期的经常账户盈余驱动下，未来中国将由"世界工厂"转换成

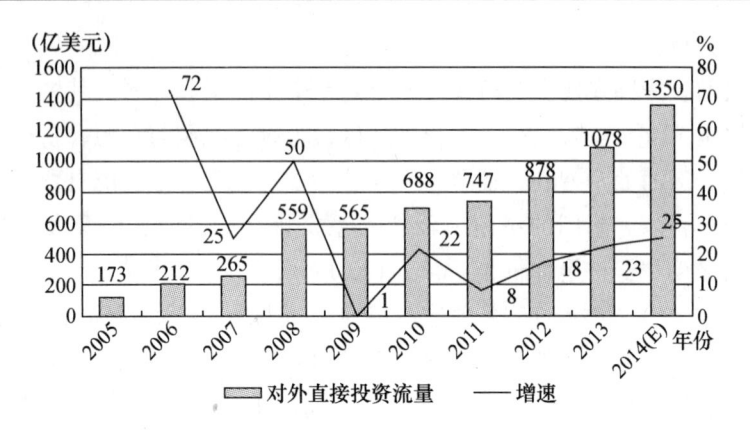

图 2-3　2005—2014 年中国对外投资

资料来源：中国统计局。

"世界投资人"。作为全球主要外汇储备国，中国能够携手各国共同应对金融风险，中国有实力投资海外，与急需资金的国家共同把握发展机遇。

到 2013 年年底，中国对外投资存量主要集中在发展中国家。2014 年，中国对全球 156 个国家和地区的 6128 家企业进行了直接投资。中国对外直接投资涉及租赁和商务服务业、采矿业、批发和零售业、建筑业、制造业、交通运输、仓储和邮政业等 15 个大类。其中，增速最快的是服务业，同比增长了 27.1%，投资额占到对外投资总量的 2/3。

在对外投资加速增长的同时，中国企业海外并购亦取得突破。2013 年，中国企业海外并购规模达到 529 亿美元。2014 年，中国企业海外并购势头强劲，据普华永道发布数据，2014 年中国大陆企业海外并购额达 569 亿美元，仅次于 2012 年 669 亿美元的历史峰值，预计 2015 年将会有更多金额较大的投资交易和控股型收购交易，私募基金也将积极参与海外并购交易，对外投资将超过 5000 亿美元。

中国资本输出不是一个孤立的存在，当前全球市场正面临着资金总需求不足的问题，富余资金不能顺利地流通到投资需求区，尤其是新兴市场基础设施需求旺盛，而投资于固定基础设施以及产业的长期资本比较缺乏，金融体系却不能很好地调节储蓄和投资的关系。我国领导人在 APEC 工商领导人峰会上表示，未来 10 年中国对外投资将达到 1.25 万亿美元，对外直接投资将增长近 3 倍，构建亚洲的基础设施建设银行和丝路基金，为"一带一路"战略实现提供融资工具和资金保证，帮助满足亚洲每年的 8000 亿美元庞大需求，用于公路、铁路、港口、电信、能源以及电力项目建设。亚投行和丝路基金将与世界银行、亚洲开发银行等区域内外现有多边开发银行共同合作，相互补充，共同促进亚洲经济的持续稳定发展，促进全球总需求的增长和资金流动的多边化。

二 "一带一路"的战略意义

"一带一路"的战略意义十分丰富，可分别从对内和对外的战略意义进行分析。

（一）对内战略意义

1. 为中国经济增长提供持久动力

中国经济正在进入新常态，下行压力较大。据世界银行预测，2017年中国GDP可能跌破7%。在这样的背景下，寻求新的增长极可能成为保持中高速经济增长的必要条件。

"一带一路"作为我国中长期统领性战略，将在中长期内为中国经济提供持续增长的新动力。

首先，从出口来看，"一带一路"区域出口增长对我国全部出口增长的贡献率达到25%，即使按照以往10年的平均增长速度计算，受该地区市场需求拉动，我国对外出口就可能净增1000亿美元以上，所带来的近万亿元的流动性能够盘活国内大宗商品的过剩产能。

其次，投资低迷的趋势可能出现逆转，我国经济的第四次投资热潮可能即将拉开序幕。从纯经济角度看，相关项目建设将直接或间接地拉动投资和经济增长。我们根据公开新闻收集的信息统计，各地方"一带一路"拟建、在建基础设施规模已经达到1.04万亿元，跨国投资规模约524亿美元，考虑到一般基础设施的建设周期一般为2—4年，2015年我国国内"一带一路"投资金额或在3000亿—4000亿元；而海外项目（合计524亿美元，每年约170亿美元）基建投资中，假设1/3在国内，2015年由"一带一路"拉动的投资规模或在4000亿元左右。考虑到基建乘数和GDP平减指数的影响，我们预计将拉动GDP增速0.2—0.3个百分点。

最后，"一带一路"战略将打破陆权和海权分立的格局，形成欧亚大陆与太平洋、印度洋连接、陆海一体的地缘战略格局。建设"一带一路"形成一批纵横交错、互相连接的沿海、沿江、沿边的战略大通道，以外部通道建设加快内部各主要经济区块联系和整合，缓解西部内陆地区区位和空间劣势，破解我国内陆地区因不靠边、不靠海导致的开放条件制约，加快我国西部地区同长三角、珠三角（含港澳）、环渤海和东南亚地区的连通。

2. 构筑全方位对外开放新格局

改革开放30多年来，中国的对外开放经历了从经济特区到沿海开放城市、再到沿江沿边开放、全面开放这样几个阶段。先后建立了包括深圳等5个经济特区，开放和开发了14个沿海港口城市和上海浦东新区，相继开放了13个沿边、6个沿江和18个内陆省会城市，建立了众多的特殊政策园区，对外开放取得了举世瞩目的伟大成就。但受地理区位、资源禀赋、发展基础等因素影响，对外开放总体呈现开放区域单一、东快西慢、海强陆弱格局。

当前，中国经济和世界经济高度关联。中国将一以贯之地坚持对外开放的基本国策，构建全方位开放新格局，深度融入世界经济体系。习近平总书记在访问哈萨克斯坦时提出"共建丝绸之路经济带"战略构想后，党的十八届三中全会就全面深化改革，构建开放性经济新体制作出重大部署，并进一步明确提出要"推进丝绸之路经济带建设，形成全方位开放新格局"。

"一带一路"战略将构筑新一轮对外开放的"一体两翼"，在助推内陆沿边地区由对外开放的边缘迈向前沿的同时，促进东部地区的转型升级和对外投资。东部省份可以寻求与东南亚国家合作的新支点，加大经贸合作力度，以点带面，形成联动发展的新局面。当前，东部地区正在通过建设连片式的"自由贸易区"深化对外开放程度。广东、天津、福建三省作为参与建设"一带一路"的新载体，三个自贸区将各有侧重点。广东自贸区功能主要是加强粤港澳合作，带动珠三角地区发展，其起点相对较高，在高端服务方面有较多投资机会；天津自贸区的功能主要是面对东北亚市场，航运、金融租赁有较强优势；福建则主要发展台海贸易，在与中国台湾企业开展深入交流、合作方面有优势，降低贸易门槛、提升贸易便利化水平，依然是我国全面对外开放的重要引擎。

"一带一路"战略进一步巩固、扩大我国与中亚、东南亚以及更广大发展中国家和地区的互利合作，有利于全方位开放新格局的形成。以全新理念推动的新一轮对外开放，有利于实现国内与国际的互动合作、对内开放与对外开放的相互促进，更好地利用两个市场、两种资源，拓展发展空间、释放发展潜力，将提升新兴经济体和发展中国家在我国对外开放格局中的地位，促进我国中西部地区和沿边地区对外开放，推动东部沿海地区开放型经济率先转型升级，进而形成海陆统筹、东西互济、面向全球的开放新格局。

3. 全面推进区域经济协调发展

"一带一路"将政策重心放在中西部地区，其规划中所涉及的省区市中有 9 个位于中西部，通过把中国的大多数中西部省份纳入进来，连成片、形成带，横向看，贯穿中国东部、中部和西部；纵向看，连接主要沿海港口城市，并且不断向中亚、东盟延伸，使很多西部省份及中部省份成为国际物流通道的节点，有利于增强中西部地区发展的动力和对人才的吸引力，促进区域经济协调发展。国家从基础设施、财政扶持、人才培养就业、对外开放等多方面予以更多扶持，有利于增强这些中西部省区市的发展潜力；同时，这些省区市由"内陆"变"前沿"，丝绸之路经济带由中西部地区作为新的牵动者承担着开发与振兴占国土面积 2/3 广大区域的重任，与东部地区一起承担着中国走出去的重任。通过承接东部产业转移、加强交通物流通达能力、设立内陆港和海关特殊监管区等多种措施将经济潜力变为实实在在的经济发展成果，不仅有利于实现东中西部的协调发展，还将引领未来中国西部大开发、打造向西开放战略的升级版。

4. 开启中国对外投资新时代

在 2000 年以前，中国的国际投资政策是以鼓励吸引外资、限制对外投资为主要特征的。随着在资产规模、国内储蓄、结构调整等方面的发展与变化，我国面临着资本过剩所带来的负面效应。2014 年 5 月，李克强总理访问肯尼亚时指出，"比较多的外汇储备已经是我们很大的负担，因为它要变成本国的基础货币，会影响通货膨胀"。事实上，伴随着美国的量化宽松政策，我国的巨额外汇储备持续面临着缩水的风险，投资美国国债的边际收益正在下降。因此，寻求更为多元化的资本流通和增值渠道，就变得非常重要而紧迫。

近年来，随着中国对外直接投资的快速增长，2013 年，按流量排名中国已跻身当年世界第三位。然而，相较于中国庞大的外汇储备和所持有的美国国债（2013 年年底达 1.27 万亿美元），中国的对外直接投资规模仍然相对较小。当前中国对外金融资产达 5 万多亿美元，但对外直接投资只有6600多亿美元,相当于中国GDP的7%—8%。截至2012年年末,全球外国直接投资存量为23.59万亿美元,中国对外直接投资存量为5319.4亿美元,位列全球按国家(地区)存量排名的第13位,在全球份额中仅占2.3%,而同期欧盟和美国则分别占41.7%和22%。在规模上,2012年年末,中国对外投资存量仅相当于同期美国的10.2%、英国的29.4%、德国的34.4%、法国的35.5%、日本的50.4%。可见,在中国所持美国国债增长接近极限的同时,中国的对外直接投资却展现出巨大的潜力,尤其是"一带一路"沿线国家,中国对其直接投资年均增长46%。根据公开新闻收集的信息统计,各地方"一带一路"拟建、在建基础设施规模已经达到1.04万亿元,跨国投资规模约524亿美元。

"一带一路"建设顺应了中国资本要素流动的新趋势,实现了资本输出的顶层设计,优化中国对外投资结构,创造推动资本要素流动的通道,中国对外投资的扩大将成为中国和推动世界经济增长的一个重要动力,满足了大量海外基建等资金需求,推进了亚太自贸区建设,提升了相邻区域的发展水平,做出中国应有的贡献。当前,中国已经成立了亚投行和丝路基金。未来,需要以这两大机构为投融资平台,搭建更加开放的多元化基础设施投融资框架。

5. 有助于构建中国产业全球价值链

改革开放初期20年间,中国企业镶嵌在跨国公司的产业链上,以微薄的利润为国际品牌代工,全球价值链驱动了中国经济增长和改革红利的释放。然而,从上游的研发到下游的营销,企业并没有主动权,在全球产业链中,研发、营销和零售环节的利润占整个产品利润的90%左右,而生产制造和贸易环节只能获得国际贸易产业链10%的利润。依赖于劳动力资源充沛的优势,通过发展劳动密集型产业和出口导向,推动国民经济高速增长。然而,随着人力资源红利下降,越来越多的跨国企业将产业链延伸到成本更低的国家和地区。另外,结构性矛盾和新一轮的产能过剩已形成了新的压力。中国改革开放几十年经济总量发生巨大变化,但是过剩产能对未来经济发展形成了"瓶颈"。随着中国跃升为"净资本输出国",企业参与全球产业链、供应链乃至价值链的重构节奏加快。

"一带一路"将有助于构建中国产业全球价值链。基于资本、投资与贸易的融合,以及产能输出趋势,贸易的形态不再单纯是出口加工或代工出口,贸易的国内国外界限以及投资贸易边界也杂糅模糊,价值链升级也并非是单一的"微笑曲线"的两端延伸,部分"边际产业转移型"企业,主要为了寻求市场;部分企业希望靠近技术、设备、管理和标准,构建要素与营销的全球网络;部分企业为了获取品牌、专利、设计、研发、信息、营销网络等稀缺要素,价值链纵横交织的全球网络化布局不仅给当地带来税收、创造就业,而且有利于中国企业在参与现有全球价值链分工的基础上构建新的全球价值链。

"一带一路"战略可形成"以周边为基础加快实施自由贸易区战略"和"面向全球的高标准自贸区网络"。我国制造业,特别是装备制造业、高铁等行业"走出去"的步伐会越来越快,未来需要进一步通过异地投资、兼并重组、国际产业技术联盟、参与全球创新网络等手段,实现由产品输出到产品、技术、资本、服务输出的转变,实现制造业产业链的整体升级。

6. 助推能源合作,保障国家能源安全

近几年来,中国能源安全形势越来越严峻,目前进口依存度高达60%,油气、矿产资源主要还是通过海洋运输渠道,与其他重要资源国的合作仍相对不深入,不够稳定和牢固,其中85%又都是通过美国驻军的马六甲海峡,供求失衡越发严重,来源区过于集中,运输线单一。

"一带一路"新增了大量有效的陆路资源进入通道,增加了资源获取的多元化通道。可望在"一带一路"经贸合作中抢占全球贸易新规则制定权。"一带一路"打通陆上能源通路:接壤新疆的中亚诸国都是重要产油国,而中缅管网则直接连接了昆明和印度洋。借力"一带一路",加快出海资源获取,可保障我国能源安全。

从保障国家经济安全角度看,"一带一路"有利于实现我国资源、能源进口渠道的多元化,同时也为保障海上资源能源运输线的安全奠定了坚实基础。中亚地区地广人稀,农业生产条件非常优越,农产品特别是畜牧业产品比较优势明显,而东南亚地区是世界重要的水稻、热带水果出口地,"一带一路"为亚洲周边地区优质农产品进入我国创造了条件,有利于满足我国日益增长的多样化食品需求,丰富普通百姓的餐桌。目前,我国石油对外依存度超过60%,天然气对外依存度超过30%,能源安全业已成为国家经济安全的最核心部分。中亚、西亚地区是全球石油、天然气最富集地区,目前中哈石油、天然气管道为中哈两国的共同繁荣奠定了良好基础,也为我国深化与周边其他国家的能源合作提供了可资借鉴的范本;"海上丝绸之路"与我国目前的海上石油运输线在很大程度上重叠在一起,保持与沿途国家良好的经贸合作关系对于保障我国海上能源运输线的安全意义重大。

(二) 对外战略意义

1. 建设睦邻外交战略通道

从促进世界和平与发展看,我国的"一带一路"倡议在恪守和平共处五项原则基础上注重平等协作、合作发展,建设睦邻友好外交战略通道。"睦邻友好带"的基本内涵包括:加强政治沟通和战略互信,尊重各成员国的不同文明、不同社会制度、不同发展模式选择,营造超越传统国际关系模式、文明属性、制度差异、发展差距的新型国家关系,成为共同发展、共同安全的"好邻居、好伙伴、好朋友",进而将我国西部大周边链接成为一个相对稳定的地缘战略板块。

在合作机制上,"一带一路"倡导充分依托上海合作组织、金砖国家机制、中国与东盟"10+1",欧亚经济联盟,包括《跨太平洋伙伴关系》、《跨大西洋贸易与投资伙伴协定》、《区域全面经济伙伴关系》等既有的行之有效的合作平台,全面加强"一带一路"下的双边、区域、多边合作框架,构建双边为主、多边为辅的政府间交流机制,注重充分发挥现有的联委会、混委会、协委会、指导委员会等双边机制作用,国内各部门应有组织地与沿线国家相关部门对接,协调推动合作项目实施,通过"一带一路"的典型示范作用,向世界表明,中国自古至今都是世界和平的坚定维护者,发展壮大后的中国依然是维持国际和平、推动世界进步的中流砥柱。通过建设新丝绸之路构建中国周边的"睦邻友好带",实现中国与周边地区的共同安全、合作安全。

2. 打造区域利益共同体和命运共同体

"一带一路"沿线各国资源禀赋各异,经济互补性强,彼此合作潜力和空间都很大。合作重点包括政策沟通、设施联通、贸易畅通、资金融通、民心相通等五方面内容。"一带一路"将是世界上最长、最具活力和最具发展潜力的一条国际经济大走廊。通过基础设施互连互通与促进贸易投资便利化,促进中国与沿线国家要素有序自由流动、资源高效配置、市场深度融合,实现利益共享均沾,切实带动相关区域经济一体化,有利于各区域间互通有无、优势互补,有助于实现中国与周边国家发展战略的对接,编织更加紧密的共同利益网络,将各方利益融合提升到更高水平。

在利益共同体的基础上打造"命运共同体"。所谓的"命运共同体"主要内涵包括五个方面，即在政治上讲信修睦、在经济上合作共赢、在安全上守望相助、在文化上心心相印、在对外关系上开放包容。未来"一带一路"需要做出总体性设计，全面打造包括东盟自贸区、南亚区域合作联盟、海湾合作委员会、南部非洲关税同盟、欧洲经济与货币联盟以及俄罗斯欧亚联盟在内的六大战略联盟框架体系。

3. 为全球经济治理输出公共产品

"一带一路"战略是中国参与全球治理和区域治理的顶层设计，对于构建开放型经济新体制有着重要意义。"一带一路"倡议把"互连互通"和融资平台的搭建作为重要议程，发起建立亚洲基础设施投资银行和设立丝路基金，顺应了国际区域经济合作发展的潮流，通过为全球治理输出公共产品也体现了中国作为负责任大国的作用与地位。

4. 搭建区域人文交流平台

实施"一带一路"战略构想，推进文化先行，进一步深化与沿线国家的文化交流与合作，是一条重要的途径。古丝绸之路既是一条通商互信之路、经济合作之路，也是一条文化交流之路、文明对话之路。古代中国许多物质文化和发明创造通过丝绸之路传到西方后，对促进西方近现代科学的发展起到了积极作用；而近代西方天文学、数学和医学等知识，也是通过海上丝绸之路传到中国的。这两条通道所展现的开放、包容的文化交流心态为我们树立了光辉典范。

"一带一路"沿线各国历史文化宗教不同，发展水平各异，未来发展需要发挥多样化优势，走多样化道路，和而不同，因此人员沟通、文化交流和文明对话至关重要。应将人文交流作为新丝绸之路建设的一项重要内容，加强各国、各领域、各阶层、各宗教信仰的人际交往，积极开展公共外交、民间外交以及旅游、科教、地方合作等友好交往，巩固和扩大我国同周边国家关系长远发展的社会和民意基础，让命运共同体意识在周边国家落地生根。"一带一路"为加强不同国家、民族、宗教间的人文交流和相互理解、消除彼此的隔阂与误解、增强尊重互信、共创人类文明繁荣局面创造了有利条件。

第三章 "一带一路"战略布局

继 2008 年经济危机之后,全球经济复苏缓慢。国际投资贸易格局和多边投资贸易规则酝酿深刻调整,各国面临的发展问题依然严峻。建设"一带一路"是顺应世界多极化、经济全球化、文化多样化、社会信息化的潮流,秉持开放的区域合作精神,致力于维护全球自由贸易体系和开放型世界经济格局。"一带一路"是我国在日益复杂多变的国际形势下做出的为高效配置区域资源、深化更大范围的区域合作,在发展自身的同时带动沿线国家经济高速发展的战略部署。这个规划不仅仅是为了丝路的再次繁荣,更是为了探索一条国际合作、和平发展的新路径。"一带一路"是我国在相继实施了西部大开发、中部崛起、振兴东北等国内发展战略之后,积极应对国际国内形势,加快中国对外开发开放的步伐,并与沿线国家建立互连互通的伙伴关系,致力于打造开放、包容、均衡、普惠的区域经济合作架构,促进中国与沿线国家多元、自主、平衡、可持续的发展,进而带动全球经济进一步复苏最重要的发展战略之一。本章将从"一带一路"的发展定位、发展目标、发展布局、发展策略四个维度对这一战略进行深层次的剖析。

一 发展定位

"一带一路"战略自提出之日起,就注定是中国对国际发展脉搏的最准确的把握,这一战略构想,承载着古代丝绸之路沿线国家实现繁荣的梦想,赋予了古丝绸之路崭新的时代内涵。这一战略构想不仅对古丝绸之路的商贸合作进行了传承与创新,更扩充了政治、文化、安全等范畴的合作项目;不仅要推进贸易、产业、投资、能源资源、金融以及生态环保的合作,培育新的经济增长点,还要深化沿线国家之间的区域合作,为古老丝绸之路文化注入新鲜的血液,从而带动亚欧协同发展新路径,构筑新型地区安全基石。

(一) 对外开放新格局

经过30多年的改革开放,中国经济发展已经进入一个新的发展阶段,面临着经济结构调整和转型升级的重大任务。此时提出的"一带一路"战略无疑是对中国全面深化改革和构建开放型经济体制的进一步深化,有望推动解决国内改革发展中面临的深层次问题,带动沿边省份开放发展,从而促进国内东西部、南北方协调发展、构建中国对外开放的新格局。习近平总书记在"和平共处五项原则发表60周年纪念大会"上的讲话中指出:"中国正在推动落实丝绸之路经济带、21世纪海上丝绸之路、孟中印缅经济走廊、中国—东盟命运共同体等重大合作倡议,中国将以此为契机全面推进新一轮对外开放,发展开放型经济体系,为亚洲和世界发展带来新的机遇和空间。"

在实行改革开放的30多年里,我国对外经济形势出现了重大转变,众多经济指标显示我国经济已进入一个全新的发展阶段。具体表现如下:中国经济总量超过日本、仅次于美国,位于世界第二位;中国进出口贸易总额位列世界第一;中国拥有世界上最多的外汇储备和世界第一位的外商投资额;中国已于2013年成为世界三大对外投资国之一……但与此相对的是,国内部分行业产能过剩,资源能源对外依存度持续攀升,依靠拼优惠、拼资源的"三来一补"(来料加工、来样加工、来件装配和补偿贸易)的加工贸易模式已经不能适应当前我国社会经济的发展,加之受地理位置、资源禀赋、发展基础等因素影响,我国对外开放总体呈现东快西慢、海强陆弱的格局。在这一格局中,属东中西部发展不平衡的问题最为突出,中西部地区占中国国土面积的80%,人口近60%,但占全国进出口贸易的比重仅有14%,只吸引了占总量17%的外资,对外投资也只占到22%,GDP也只占全国GDP总量的1/3。在这一背景下,"一带一路"战略将建构中国对外新格局,加快东部产能向中西部转移,实现中西部经济的跨越式发展,缩小东中西部发展差距,实现中国经济统筹、协调、可持续发展,进而发挥中西部与邻国互连互通、深入合作的功能,带动周边国家经济又好又快发展。

改革开放以来,中国经济的增长主要得益于东部沿海地区的率先开放,更多依靠引进外资和技术,随着国内经济快速增长,资本积累增加,现今中国需要将"引进来"和"走出去"并重,"一带一路"战略部署将助力于新一轮对外开放,加快创造我国经济在国际竞争中的新优势,实现对外开放和改革发展的良性互动。从促进国内发展的角度看,新的对外开放战略对我国经济发展来说是不可或缺的。加快资本输出的进程,将带动我国全球贸易布局、投资布局、生产布局的重新调整。国家发展与改革委员会学术委员会秘书长张燕生指出:"在'一带一路'建设中,我国将以资源型产业和劳动密集型产业为重点,在沿线国家发展能源在外、资源在外、市场在外等'三头在外'的产业,进而带动产品、设备和劳务输出。"

从国际环境变化形势来看,在新的时期我们需要一个全新的开放战略。据不完全统计,"一带一路"沿线大多是新兴经济体和发展中国家,涉及65个国家,总人口约44亿,经济总量约为21万亿美元,分别约占全球的63%和29%,是世界上最具发展潜力的经济带。对这一经济带的经济开放,可以促进中国和沿线国家互利共赢、共谋发展,有望形成世界新的经济增长极。

"一带一路"沿线国家普遍处于经济发展的上升期,开展互利合作的前景广阔。商务部部长高虎城表示,深挖我国与沿线国家合作潜力,必将提升新兴经济体和发展中国家在我国对外开放格局中的地位,促进我国中西部地区和沿边地区对外开放,推动东部沿海地区开放型经济率先转型升级,进而形成海陆统筹、东西互济、面向全球的开放新格局。①

在实施改革开放以来,中国采取了以劳动力密集型产业出口为导向的产业政策、优先发展东部沿海地区的区域政策以及以沿海开放为主的对外开放政策。这一开放格局取得了巨大的成功,创造了中国经济发展奇迹。"一带一路"战略是对改革开放战略的进一步深化,是为助力中国经济走出去而谋篇布局,将会推动以劳动力密集型产业为导向的出口向以资本密集型、技术密集型产业为导向的出口转型;构建从以东南沿海开放为主的对外开放格局向东西部协调、海陆统筹的全面对外开放格局转变的新格局。这一格局将会在提升东部对外开放水平的同时,加快向西开放的步伐,在促进西部开发的同时,加快西部沿边地区对外开放的速度,形成新

---

① 《构建对外开放新格局 推进"一带一路"战略》,中国政府网,http://www.gov.cn/xinwen/2014-12/07/content_2787810.htm。

的中国全方位对外开放的局面。

（二）经济转型发展新引擎

亚洲具有光辉灿烂的历史，是人类文明最重要的发祥地。继第一次工业革命以来，亚洲在经济发展上逐渐落后，成为欧美等国经济发展的附庸，截至1973年亚洲经济产量占世界的份额不到20%。在世界反法西斯战争取得胜利之后，亚洲各国相继取得了民族独立，经济得到了一定程度的发展。在20世纪70年代之后，亚洲经济得到了较快的发展，到2013年亚洲经济产量占世界的份额提升到33%，取得了可喜的成果。亚洲已经成为当今世界经济最具有发展潜力和活力的地区，这一地区拥有着丰富的劳动力资源，国民储蓄水平相对较高。与此同时，基本所有的国家都是新兴发展中国家，其工业化、城镇化水平推进较快，在可预见的范围内，亚洲的经济发展具有巨大的潜力和空间。但是，具有发展潜力和空间也从侧面反映了亚洲当前发展的不成熟性。迄今为止，贫困问题仍是困扰大多数亚洲国家的一个重要问题，根据亚洲开发银行2014年8月发布的报告，亚洲有15亿人口日均消费支出低于1.5美元，占全部人口的41.2%。巨大的贫富差距，将会导致严重的社会问题，威胁政治稳定。

"一带一路"战略的提出，将会为亚洲各国开辟一条合作发展经济的新路径，有助于亚洲各国共享经济发展成果，改善基础设施的连通性，扩大相互之间的贸易与投资，转变经济发展的模式，通过普及技术教育、逐步提高劳动者的技能，为贫困人口提供就业机会的同时，推动经济快速发展。

"一带一路"战略的实施有望推动亚洲经济发展方式的转型，实现在亚洲区域内经济增长由主要依靠物质资源消耗向着依靠科技进步、劳动力素质提高和管理创新转变，从而实现中国及周边国家经济强劲有力地快速发展。首先，"一带一路"战略有益于深化投资体制的改革，实现优化配置资源。其次，"一带一路"战略加强中国与周边国家的合作与交流，有益于推进亚洲地区的科技自主创新能力，自主创新能力是转变经济发展方式的基本动力。丝路基金和亚洲基础设施投资银行可以保证在亚洲区域合作中对科研的经费投入，改变各国之间长期存在的科研壁垒，从而创新区域产业研发资金的投入机制，扩大创业风险投资试点范围，促进各国合作的科技成果向现实生产力转化。再次，"一带一路"战略的实施，将会对中国落后的产能产生退出机制，加快淘汰高耗能行业的落后产能，转变当前的经济发展方式，资金的投入有利于提高科技进步对节能减排的贡献，提高能源资源的利用效率，推进经济又好又快发展，并将发展的成果惠及周边国家。最后，"一带一路"将推动中国与周边国家向经济一体化方向发展，以便中国与周边国家在更大的范围、更自由的空间内实现资源要素的流动，各国各取所需，提高资源的利用效率，实现地区经济的优势互补，实现大经济圈内的经济的共同发展、共同受益。

"一带一路"已经筹划了400亿元的基金，这一巨额基金将会为沿线各国以及我国西部、东南部相关省份提供基础设施建设、能源、金融合作等方面的融资支持。将中国优质产能和高水平技术输入到沿线经济相对落后的国家，从而带动区域贸易增长以及更广泛的区域合作，充分利用各自比较优势达到贸易成本最小化，促进区域内资源的合理配置，从而带动中国及周边国家经济快速增长。"一带一路"战略实施，将转变区域内展中国家以高耗能、高污染、高排放即"三高"产业为支撑的经济增长方式，发展节能环保、信息产业、生物产业、新能源、高端装备制造业和新材料等低耗能、低污染、低排放的产业，实现经济发展方式向要素驱动、创新驱动转变，优化市场机制在产业优化升级中重要作用，提高周边国家技术创新能力，加快经济转型和产业结构调整。可以说，"一带一路"将会带来一路的繁荣和一带的富强，成为世界经济增长的强力引擎。

（三）亚欧区域合作新路径

由中国社会科学院发布的《亚太蓝皮书：亚太地区发展报告（2015）》[1]指出，"一带一路"倡议将为亚洲提供一种新型的区域经济合作选择，有可能成为推动全球贸易投资自由化的助推器。

亚欧大陆的陆地面积占全球总面积的37%，人口占全球总人口的60.6%，自古就是人类文明的中心。自公元前139年张骞出使西域之后，贯通亚欧大陆的路线就开始为商品贸易服务。"一带一路"战略的提出为亚欧大陆重新紧密联系起来提供了可以付诸实施的行动蓝图。在互利共赢原则下，"一带一路"正把亚欧大陆连接为一个整体，引领世界重新进入"亚欧世纪"。

随着全球化不断深入，国际社会要求全球政治多极化和经济多元化呼

---

[1] 李向阳主编：《亚太蓝皮书：亚太地区发展报告（2015）》，社会科学文献出版社2015年版。

声越来越大。而美国等西方国家至今仍没有完全走出 2008 年全球金融危机的阴影，世界经济缺乏复苏的活力，美国等西方大国对继续主宰世界显示出力不从心，而其他新兴大国尚未形成对世界进行主导的实力。当今国际政治、经济发展的复杂形势客观上为中华民族的伟大复兴、亚欧深化合作创造了一定有利的条件。目前，中国经济发展进入新常态，将为包括亚洲国家在内的世界各国提供更多市场、增长、投资、合作机遇。

"一带一路"战略可为沿线国家和地区增加新的合作机遇，合作前景良好。沿线国家可以更好地分享中国经济发展的红利，营造出更加有利于中国发展的国际环境。商务部国际贸易经济合作研究院研究员刘华芹指出，很多发展中国家在基础设施建设方面有强烈的需求，而我们有外汇储备、技术水平和施工队伍的优势。我们的优势和他们的需求结合，既能带动他国经济发展、民生改善，又能帮助国内消化产能、调整结构，这是互利互惠、牢固长远的合作。

"一带一路"战略布局将会改变沿线国家之间原有的单一产品、产业的合作途径，将发展重点转向新兴产业、金融、能源等领域的合作，并促进基础设施建设合作上升到一个新的层面。通过新的合作路径，"一带一路"建设将形成世界上跨度最长的经济大走廊，也将会成为世界上最具发展潜力的经济合作带。通过"一带一路"的建设，亚欧区域合作将会寻得新路径，取得新的成就，逐步深入沿线国家之间的互利合作，推动各国之间和谐相处、共同发展、共同繁荣。

（四）丝路古老文化新繁荣

无论从历史还是现实看，丝绸之路都不仅仅是一条经济之路，更是文化之路。以公元前 139 年张骞出使西域为标志，中国和沿线国家就逐渐建立起连接亚、非、欧的大陆通道。此路向西直至北非、欧洲，向东则越过大海，通达日本，是古代世界人类主要文明之间相互交流的核心纽带，深远地影响了人类文明的面貌。

古代丝绸之路首先为佛教的传播提供了途径，佛教自两汉期间就通过丝绸之路传入中国。在长达千年的历史长河中，无数僧侣与信仰者沿着丝绸之路传播着佛法，其中既有像由西而来的鸠摩罗什这样的大师，也有像玄奘这样去西天取经的高僧。到魏晋南北朝时期，佛教开始融入中国文化，为中国传统哲学注入了新鲜的血液，形成儒、释、道三家合一的局面。佛教文化不仅融入了中国，对整个东亚文化都有着深刻的影响，成为东亚文化的有机组成部分。沿着丝绸之路,自日本奈良,至敦煌莫高佛窟,至阿富汗巴米扬大佛,形成了一条亘古至今的佛教文化带。伊斯兰教和基督教都曾通过丝绸之路传到中国,对我国文化产生了一定的影响。

通过丝绸之路,中国古代的四发明逐渐西传,带动了西域与古代欧洲的文明发展。指南针发明推动了欧洲航海业的大发展,加快了发现新大陆的步伐,改变了人类对世界以及地球的认识,并且促进了各国之间的沟通交往。火药的发明促使人类能开山架桥修路,征服自然界,极大促进了生产力的发展。印刷技术的发明,使知识和文化的传播与交流成为可能,促进了人类文化、科学、艺术的巨大进步。造纸术的发明,引起了书写材料的一场命,促进了文化的交流和教育的普及。造纸术和印刷术的发明和传播改变了当时欧洲只有僧侣才能读书的状况。而这些发明对世界的影响是从丝绸之路开始的。

在新世纪里,我们要继承发扬古老丝绸之路的文化,加强合作,共同促进丝路文化新繁荣。"一带一路"战略有助于推动区域内国家间的文化交流与合作,更好地发挥民间组织的作用,传承和弘扬丝绸之路友好合作的精神,广泛开展文化交流、学术和人才的交流合作,为和平发展、交流互鉴、合作共赢奠定坚实的民意基础、凝聚共识和智慧。"一带一路"战略将促进沿线国家之间的教育交流,尤其是高等教育的交流与合作,能够发挥高素质人才在智库建设中的作用,进一步增强沿线国家之间的互信,建立起不同文明之间非官方的平等对话交流机制,动员国际社会的高等教育机构、学术机构、媒体等各种民间力量,共同推动多样文明的平等交流,为不同信仰、不同种族的人民开拓更广阔的视野,在不同思想、观点的碰撞中产生新的内容,为解决世界共同难题做出贡献,让丝路文明的优秀传统再度繁荣,促进世界文化多样性进一步发展。

(五)区域安全的牢固基石

"一带一路"战略将会为亚洲安全铸造一块最牢固的安全基石。首先,"一带一路"战略实施有助于中国处理与相关国家之间历史和现实关系中的安全问题,发挥积极安全因素,避免消极安全因素的影响;其次,构筑"一带一路"宏伟蓝图,密切相关国家和地区之间的联系,有助于亚洲地区积极应对第三方(如美国、日本)的安全威胁。

1. 经济安全

在世界经济全球化进程中,以美国为主导的西方发达资本主义国家,意图维持其超级大国的地位，推行了"亚太再平衡"战略。美国2013年涉华军力报告称："中国宣称其崛起是和平的，没有追求霸权和扩张领土的愿望。然而，由于中国不断增长的军事力量缺乏透明度，该地区对中国意图的担忧持续加深。"出于对这种霸权主义的考虑，美国推动建立了由其主导的亚太合作，对中国与周边国家之间既有的合作机制构成竞争，制衡中国与周边经济的良性互动，指责以中国为主导的区域合作项目存在环境、古迹保护等隐患，制造各种障碍，阻碍项目的正常进展。

"一带一路"战略实施，将会加深中国与周边国家之间的经济合作程度，改善中国与周边新兴经济体的基础设施环境，为中国与周边国家开辟新的合作机制，从而为区域经济增长注入新的活力。"丝绸之路经济带"沿线贯穿35个境外经贸合作区，"21世纪海上丝绸之路"也有42个境外经贸合作区。"一带一路"建设势必会增强中国与周边新兴经济体之间的经济贸易往来和金融合作，形成合作伙伴关系，加强彼此之间的互信互助，提高抵御国际经济金融风险的能力，维护亚洲地区的经济安全。

在共建"一带一路"宏伟蓝图的规划下，有关各国将有效管控本国经济，抵御国外资本和国际市场竞争压力的冲击，从而保持本国在国际市场上的竞争优势，保障本国在参与"一带一路"的过程中经济利益不受侵害，促进国民经济发展，增强各国国际竞争力。

2. 能源安全

随着经济全球化趋势的进一步加深，国际能源供求形势日益复杂多变，我国能源安全面临着十分严峻的问题：常规油气资源储量严重不足，能源进口通道对海洋过度依赖，能源对外依存度与日俱增，2013年我国石油和天然气对外依存度分别达到58.1%和31.6%，石油消费量高达4.98亿吨，天然气消费量达到1676亿立方米。[1] 加之，我国石油能源的进口主要来源地区集中在中东、北非地区，但该地区形势复杂多变，出现持续动荡的局面。其未来局势的不确定性，使我国能源供给安全形势日益严峻。同时，中东、北非没有直通中国的陆路油气管线，我国60%以上的油气进口主要依靠海运，海运油气中的80%以上通过霍尔木兹海峡和马六甲航道，线路单一，运输存在较大的安全风险。

---

[1] 《2013年我国石油天然气对外依存度达到58.1%和31.6%》，中国政府网，http://www.gov.cn/zhuanti/2014-01/20/content_2596911.htm。

"一带一路"战略的实施，首先将为我国解决能源安全问题提供有力支撑。"一带一路"涵盖了俄罗斯、中亚、东南亚和中东、非洲等油气较为富集的国家和地区，推动"一带一路"战略实施将改变中国能源来源过于单一的局面，使能源来源更为广泛，进而分散能源供应风险，避免对某一国家或地区能源进口的过度依赖。其次"一带一路"战略的实施也将会维护沿线其他国家的能源安全，解决其自身发展问题。与中国毗邻的中亚地区是世界公认的能源供应基地，尤其是中亚里海沿岸国家石油和天然气分别占全球储量的 7.8% 和 28.5%。加快"一带一路"战略的推进，可以帮助中亚各国实现能源出口，实现双方的互利互惠。同时，"一带一路"的推进，将改善中东、北非地区的紧张局势，缓和该地区各国之间的冲突和矛盾，加深地区沟通与合作，搁置争议，共谋发展，为能源安全构建稳定、和平的外部环境。

3. 军事安全

目前，中国周边的大多数国家难以依靠自身力量保障本国的军事安全，中国虽然处于军事安全相对稳定的局势中，但是周边安全形势却日益复杂。"一带一路"沿线国家现在都存在不同程度的国家军事安全问题，当今世界上的主要大国在"一带一路"涵盖的区域内纷纷提出了各自的地缘战略，谋求对该地区的影响控制力。美国 2011 年提出的新丝绸之路构想，企图通过该计划，削弱中国在这一地区的影响力，降低上合组织的凝聚力。俄罗斯也提出了推进独联体一体化的"欧亚联盟"设想。此外，日本、印度也想加强对周边地区的控制力，加大了地区军事安全威胁。

"一带一路"战略的实施，可以形成区域开放合作新格局。加强政治互信，互不干涉内政，通过双多边切磋，积极采取和平方式解决区域问题。实施"一带一路"战略，最终将中国与沿线各国打造成为命运共同体、利益共同体，这将有助于维护沿线国家包括安全在内的国家利益，维护地区稳定和军事安全。

二　发展目标

发展目标是多维的，我们从以下几个主要方面进行分析：

(一) 深化亚欧多方面合作

"一带一路"涉及的范围之大是以往任何区域合作构想无法企及的，建成之后将会惠及44亿人口，实现亚欧更深层次领域的合作。在涉及的这些国家和地区中，各自之间不仅可以深化贸易合作，还可以实现金融合作、文化合作、生态合作以及海上合作等多方面、多层次的合作。

1. 基础设施建设合作

"一带一路"沿线国家基础设施和交通设施建设相对比较滞后，主要骨干通道均存在不同程度的缺失，很多通道等级低、路况差、安全隐患大，而且海上航道运输信息合作水平低、安全事故频发。这种滞后状态既是"一带一路"发展的桎梏，同时也为我国对外承包工程企业带来了巨大的机遇，可以利于中国先进技术"走出去"。虽然目前我国周边国家对基础设施建设的互连互通热情饱满、需求旺盛，但在这个过程中，存在很多不容忽视的问题，例如拆迁安置问题、基础设施建设基准问题，以及最重要的资金短缺问题。在资金方面，我国已经为"一带一路"筹措了400亿美元的丝路基金，为沿线国家基础设施建设、资源开发、产业合作等相关项目提供投资金支持。

据预测，到2020年，从中国西部到欧洲的铁路货运量将增长至750万个40英尺集装箱，而2013年的数字仅为2500个。[①] 伴随着"渝新欧""郑新欧""汉新欧""蓉欧"等铁路运行的加快发展，将加快中国与"一带一路"沿线国家之间的基础设施的合作，实现欧亚之间的互连互通。

2. 产业投资合作

我国经济在过去30多年的快速发展过程中，积累了大量的先进发展经验，可以向周边经济发展相对滞后的国家输出优势产能行业和装备制造业。截至2012年，中国对外直接投资所占比重最大的是租赁和商务服务业，"一带一路"战略的实施，可以加深中国与周边国家产业投资的合作，并将投资的重点由租赁和商务服务业向中国生产能力较强的产业，如风电制造、钢铁、水泥、煤化工等行业，在这些行业领域，中国拥有着丰富生产经验和先进的生产技术，而周边过大的发展中国家急需这些产品来促进自身的发展，中国可以将对外直接投资集中在该地区，发挥自身具有

---

① 邹磊：《中国"一带一路"战略的政治经济学》，上海人民出版社2015年版，第177页。

比较优势的产业，在解决自身需求市场有限问题的同时，带动周边国家经济的增长。与此同时，中外投资产业合作的重心也要向新兴的装备制造业倾斜，这些产业包括工程机械、电力设备、核电设备、交通轨道、通信设备制造等。这一部分产业出口步伐较快，但是仅处于单纯的设备出口阶段，对外投资方向也只停留在组建维修厂和配件厂的阶段，并没有形成真正的跨国公司。一直以来，对外承包工程企业的迅猛发展为我国装备制造业的"走出去"起到了拉动作用，国内优秀的设备制造商也通过齐全的产品类型、良好的产品性能和高质量水平保障着工程施工的品质和效率。"一带一路"战略的实施将推动中国与周边国家之间产业投资的深入合作，促进双多边合作的共赢（见图3-1）。

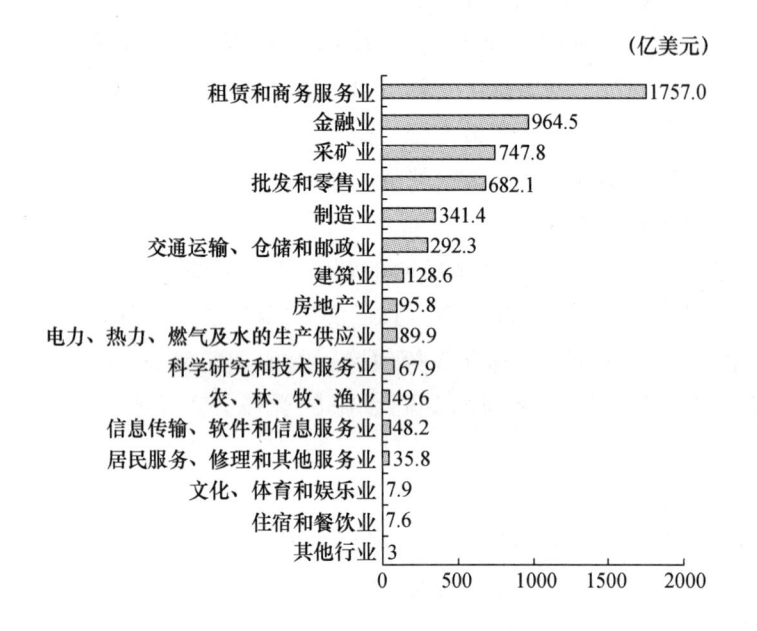

（亿美元）

租赁和商务服务业	1757.0
金融业	964.5
采矿业	747.8
批发和零售业	682.1
制造业	341.4
交通运输、仓储和邮政业	292.3
建筑业	128.6
房地产业	95.8
电力、热力、燃气及水的生产供应业	89.9
科学研究和技术服务业	67.9
农、林、牧、渔业	49.6
信息传输、软件和信息服务业	48.2
居民服务、修理和其他服务业	35.8
文化、体育和娱乐业	7.9
住宿和餐饮业	7.6
其他行业	3

图3-1 2012年年末中国对外直接投资存量行业分布

资料来源：2012年度中国对外直接投资统计公报。

3. 贸易合作

我国与"一带一路"沿线中很多国家存在较大的贸易顺差，这将不利于区域贸易可持续发展。近年来，中国不断加大对自贸区建设的推进力度，努力推动区域间贸易的便利化，努力消除对外投资和贸易的壁垒，和各国共同构建区域内良好的商务环境，激发区域内贸易合作的潜力。"一带一路"建设，将实现沿线国家之间信息共享、监管互认、执法互助的海关合作，降低通关成本、提高通关能力，从而加快健全服务贸易促进体系，在畅通贸易的同时，大力发展现代服务贸易，促进区域贸易合作的顺利进行。

4. 能源资源合作

为保障国家能源安全、深化与重要资源国的合作，扩展能源进口来源，"一带一路"将打造陆上能源输送网作为建设重点之一。今后，沿线各国企业会在延伸、深化产业链条，探寻能源合作多元化与发展清洁能源方面寻找共同发展的机会。例如，加大与沿线各国在能源融资、能源技术创新、建设能源大型基地、基础设施建设、资源勘探开采等方面的合作。能源资源上的合作，既给沿线拥有丰富能源资源的国家带来巨大的经济效益，也将缓解世界不稳定因素给中国能源安全带来的威胁。

5. 金融合作

深化金融合作，包括信用、保险、监管等方面的合作，将会推进亚洲货币体系、投融资体系和信用体系的建设，扩展沿线国家双边本币互换，减小区域经济受美元汇率的影响，维护地区金融稳定，有利于构建并完善区域性金融风险预警机制，提高应对跨境风险和危机处置的能力。

6. 人文合作

"一带一路"沿线各国都拥有与众不同的传统文化，在面临以欧美普世价值文化的强烈冲击下，迫切需要处理好继承自身传统文化与应对外来文化之间的关系问题。在"一带一路"战略实施中，各国将开展广泛的文化交流、学术论坛、互办文化年等活动，继承并弘扬丝绸之路友好合作的精神，维护自身独特文化在本国的主导性，维护世界文化的多样性。

7. 生态环保合作

中国企业要积极参与"一带一路"经济走廊沿线国家的生态与环境保护建设，主动发展节能产业和循环经济，建造绿色工程，既要注重区域经济的快速提升，也要关注与经济的可持续发展。

8. 海上合作

"21世纪海上丝绸之路"沿线各港口合作潜力巨大，各国企业在"一带一路"沿线进行海上合作时，要重点参与到各国港口及港口产业园区的建设中。海洋是国家间经济、文化交流的天然纽带，加强海洋经济和海洋资源开发合作、发展海洋产业，有效贯通海上丝路沿线各主要港口，将会实现港口与内陆腹地的联通，促进区域之间的均衡发展。

（二）推动沿线国家资源共享

"一带一路"沿线国家中，聚集着一批能源生产国，其中中亚是世界上石油和天然气资源蕴藏最丰富的地区之一，石油资源主要分布在里海东岸及湖底。此外，费尔干纳的石油以及布哈拉和希瓦的天然气的储藏比较丰富，而中东地区更是以蕴藏着丰富的石油资源闻名于世。这些重要的能源生产国亟须中国的能源技术和资本来助力其实现能源销售的多元化，搭上中国经济发展的"快车道"，加快建设本国的能源资源的基础设施，从而加快自身经济的发展。

1. 能源资源

中国能源资源对外依存度高，"一带一路"战略的实施将会加强中国与沿线国家能源资源的共享。俄罗斯和中亚拥有十分丰富的能源资源，通过"一带一路"建设，中国将加深与这些地区的能源合作。中国是这些地区中最大的同时是最具潜力的市场，"一带一路"战略可以促进亚洲组成更稳定的能源消费市场。中国需要中亚等地区的能源资源来满足自身的能源消耗，而中亚可以利用对外能源合作尽快振兴本国经济。中亚国家普遍希望中国修建通往本国的油气管道和铁路，密切贸易和经济联系。在与周边国家能源合作中，中国能够缓解能源供需矛盾，为中国工业持续平稳的发展提供长远动力。在密切能源贸易的过程中，中亚等国能够利用中国的资金，密切合作，促进能源技术进步，从而更好地为能源资源的共享而服务。"一带一路"战略的推进将会加强沿线国家经济、贸易之间联系，形成利益共同体，从而可以降低能源输入和输出的成本，完善能源战略储备和贸易体系，保障能源运输的安全，保证能源资源为各国经济发展服务，从而提高各国综合国力。

2. 技术资源

我国技术水平可为"一带一路"沿线国家技术资源共享与技术贸易提供支持。截至2008年，我国技术出口总额已达到4405.6亿美元，其中高新技术产品出口4156亿美元。由此可见，中国的技术将会在"一带一路"沿线国家之间实现良性流动。技术贸易包括许可证贸易（专利、商标、专有技术、版权、计算机软件等）、工程承包、顾问咨询、合作生产、技术服务与协助、知识产权。在"一带一路"战略推进过程中，中国可以分享西欧等发达资本主义国家的先进技术；同时，中国较先进的部分技术可以输出到沿线国家。在"一带一路"战略提出之前，中国的高铁技术已经得到美国、巴西、印度等国家的认可，该技术层次丰富，具有完全自主知识产权、运营速度全球领先，对周边国家铁路基础薄弱又迫切需要发展铁路事业的发展中国家具有巨大的吸引力。

"一带一路"战略合作重点之一是基础设施的互连互通。在这一合作进程中，沿线国家将会加强基础设施建设规划、技术标准体系的对接，在建的新亚欧大陆桥、中吉乌铁路、中巴铁路、泛亚铁路以及跨境（高速）公路运输通道都有赖于中国在技术、人员素质和建设上的优势，并与建设中所涉及的国家技术需求相结合，形成互利"双赢"的合作局面，实现"一带一路"涵盖区域技术资源更好地共享，从而使各国之间的经济联系更加密切，促进更大程度的开放合作。

3. 资金资源

中国资本经过改革发展以来，现今在规模、结构、功能以及对经济社会的影响上得到了很大的发展，已经成为全球第二大资本市场。在保持本国实体经济稳定增长的同时，可以带动周边国家社会财富的积累。区域内财富的集聚和优化将会带动该区域内经济的快速发展，并带动社会进步。

资金融通是"一带一路"战略实施的重要支撑，"一带一路"建设推进反过来也将促进区域内资金的流动。亚洲基础设施投资银行、金砖国家开发银行的筹建，将会深化地区金融合作，进一步推动国际货币基金组织和世界银行的改革，弥补亚洲发展中国家在基础设施建设投资领域存在的巨大缺口，助力与亚洲发展活力提升与经济总量的增长。资金资源共享将会推进亚洲货币稳定，扩大沿线国家双边本币互换、结算的范围和规模。

中国雄厚的资金实力将会带动周边广大发展中国家的经济发展。国务院新闻办公室发布的《中国的对外援助（2014）》白皮书指出：2010—2012年，中国共向121个国家提供了援助，对外援助金额达到了893.4亿元人民币。今后，中国对外援助将会向"一带一路"沿线国家和周边国家倾斜。亚洲基础设施投资银行、丝路基金以及中国对外援助的资金将会在主要集中在亚洲地区的发展问题上，共同参与"一带一路"重点项目（铁路、公路、桥梁、油气管线电力设备等），保障基础设施的互连互通，合理使用共筹资金，实现资金沿线国家之间的高效利用。

4. 市场资源

市场资源是指存在于市场环境中，可以被企业开发利用以发挥资源效用、建立竞争优势的资源要素。在当今经济发展中，竞争激烈，市场活动极其复杂多变，存在一些市场资源不合理竞争的现象，例如，跨国公司依靠雄厚的经济实力打破原有市场竞争格局，挤占民族企业的生存空间，对市场资源进行不正当的掠夺；不同国家的不同企业为争夺市场资源，形成激烈竞争局面，甚至采用不正当的竞争方式，不利于市场稳定，致使市场份额流失等。虽然说竞争会促使企业提高运行效率，增强市场竞争能力，也是现代市场的基本特征，但是这种竞争的本质是对市场资源的争夺，这种不正当的竞争将会对市场造成毁灭性的破坏。"一带一路"建设，将会"推动更大范围、更高水平、更深层次的大开放、大交流、大融合"，打造区域经济共同体，促进各国合理利用市场资源，形成良性竞争。

（三）构建"一带一路"大贸易圈

目前，中国已签署自贸协定12个，涉及20个国家和地区，分别是中国与东盟、新加坡、巴基斯坦、新西兰、智利、秘鲁、哥斯达黎加、冰岛和瑞士的自贸协定，内地与香港、澳门的更紧密经贸关系安排（CEPA），以及大陆与台湾的海峡两岸经济合作框架协议（ECFA）；正在谈判的自贸协定9个，涉及23个国家，分别是中国与韩国、海湾合作委员会（GCC）、澳大利亚、斯里兰卡和挪威的自贸协定，以及中日韩自贸协定（FTA）、《区域全面经济合作伙伴关系》（RCEP）协定和中国—东盟自贸协定（"10+1"）升级谈判、中国—巴基斯坦自贸协定第二阶段谈判。还加入了《亚太贸易协定》。[①] 此外，中国完成了与印度的区域贸易安排（RTA）联合研究；正与哥伦比亚等开展自贸区联合可行性研究。"一带一路"战略将会促进与现有区域经济合作组织的合作。

中国—东盟自贸区，是我国最早建立的区域合作平台。近期内建设重点是在扩大从东盟进口解决贸易逆差的同时，推进"2+7"合作进程，打造中国—东盟自贸区升级版。

南亚区域合作联盟是世界上重要的区域合作组织。未来要以建设中巴经济走廊和孟中印缅经济走廊为重要节点，辐射南亚地区。特别是中斯自贸区协定在有望今年达成，与其合作将有利于打通我国与南联盟的贸易通道。

---

① 《中国对外商谈自由贸易协定总体情况》，中国自由贸易区服务网，http://fta.mofcom.gov.cn/。

海湾合作委员会是西亚最重要的区域组织,通过海湾合作委员会辐射西亚地区是理想选择。重点推动我国与海湾国家间能源和矿产资源领域合作,加强双方在新能源、纳米技术等新兴产业合作,与阿联酋合作建设迪拜人民币境外交易中心。

未来重点深化与南部非洲关税同盟在贸易与投资领域的合作,继续推动自由贸易谈判,争取尽快达成我国在非洲第一个自贸协议。同时,争取在南非及纳米比亚设立境外经济合作区建设,加强双边投资及矿业领域合作。

我国欧盟合作的重点方向是推动中国欧盟投资协定谈判进程,争取尽快启动中欧自贸区谈判,实施以市场为导向的自贸区战略。

欧亚经济联盟是俄罗斯希望通过发展区域(主要是原苏联地区国家间)合作,发掘苏联共同经济基础的潜能,提升相互间的贸易和投资水平,并努力实现经济多样化发展长期目标的一项战略安排。欧亚联盟与丝绸之路并非是二选一,我国应采取新思维,避免战略冲突,对俄主导的欧亚联盟应顺势而为,发展与欧亚大陆的俄罗斯和中亚各方之间的互利合作。着力推进完善包括中国—中亚天然气管道C线和D线,中哈原油管道二期工程等重要能源资源通道建设,加快形成跨欧亚大陆的能源管网体系。

此外,"一带一路"在原有的区域经济合作组织之外,将会加强与沿线国家之间经济贸易合作,推动建设包括中巴经济走廊、孟中印缅经济走廊、新亚欧大陆桥、中蒙俄经济走廊在内的区域经济贸易合作走廊,开拓互连互通水平,促进共同发展,最终达到构建横跨亚欧大陆的大贸易圈。

表3-1　　"一带一路"涉及的主要区域经济贸易合作走廊

国际经济带	涉及国家	主要路线	作用
中巴经济走廊	中国、巴基斯坦	中国新疆乌鲁木齐—喀什—红其拉甫—巴基斯坦苏斯特—洪扎—吉尔吉特—白沙瓦—伊斯兰堡—卡拉奇—瓜达尔港,全长4625千米	保障边疆区域安全;有效增加中国能源进口路径;发展经济,改善民生
孟中印缅经济走廊	孟加拉、中国、印度、缅甸	中国西南、印度东部、缅甸、孟加拉	发展中国西南区域,促进中国"西进南下"策略进行

续表

国际经济带	涉及国家	主要路线	作用
新亚欧大陆桥	中国、俄罗斯、哈萨克斯坦、吉尔吉斯斯坦、乌兹别克斯坦、土库曼斯坦、伊朗、土耳其、乌克兰、波兰、德国、荷兰	亚欧大陆桥陇海—兰新城市带主要城有连云港、商丘、开封、郑州、洛阳、西安、兰州、乌鲁木齐等，从阿尔山口进入俄罗斯，途经阿克斗亚、切利诺格勒、古比雪夫、斯摩棱斯克、布列斯特、华沙、柏林达荷兰的鹿特丹港，全长10900千米	拉近中国与世界市场距离，更好地吸收国际资本、技术和管理经验，加快经济振兴
中蒙俄经济走廊	中国、俄罗斯、蒙古	把丝绸之路经济带同俄罗斯跨欧亚大铁路、蒙古国草原之路倡议进行对接	促进东北地区发展，维护地区安全

资料来源：民生证券研究院。

（四）助力中国建设海洋强国

党的十八大报告中首次提出"提高海洋资源开发能力，发展海洋经济，保护海洋生态环境，坚决维护国家海洋权益，建设海洋强国"的战略。在经济全球化的背景之下，海洋对世界经济政治秩序和国家安全与发展的影响日益增长，已经成为人类生存与发展空间拓展的主要领域，建设海洋强国是实现中华民族伟大复兴的重要步骤和必要的战略举措。

回顾历史，自东汉时期，中国就打通了通往罗马的海上航道，经济和文化交流日益繁盛。海上丝绸之路是古代中国与外国交通贸易和文化交往的海上通道，繁荣于唐宋时期，开辟了众多国际航线，海洋贸易与开放的政策极大地推动了中华海洋文明的发展。自唐至元，中国海洋事业进入了全盛时期，海军实力应当是当时世界最强大的。在此基础之上，才有了郑和七次下西洋，遍访东南亚、印度洋、红海、非洲东海岸37个国家和地区的奇迹。随着清政府海禁政策的实施，中国与外界隔绝，才导致了经济发展封闭滞后的局面。所以，想要实现中华民族的伟大复兴，首要任务就是发展海洋事业，建立海洋强国。

改革开放以来，中国沿海经济发展迅速，使我国对海外市场和海外资源高度依赖。每当海外市场发生重大波动，就会波及我国经济的发展甚至是社会的稳定。与此同时，我国对海外资源和海上通道依赖程度很高，海上运输通道已经成为我国的经济发展命脉，维持海上通道的畅通是维持我国国民经济正常运行的基本保障。

"一带一路"战略的实施，将加快海洋通道建设，发展海洋经济，不断提高海洋资源的开发能力。我国在建设海洋强国方面具有非常大的优势，如我国自然条件优越，资源丰富，大陆海岸线长1.8万千米，拥有300万平方千米的海洋国土，海洋生物、石油天然气、固体矿产、可再生能源等资源丰富，开发潜力巨大。为了发挥我国的海洋事业现有优势，首先就要确保海洋领土主权完整并维护好自身的海洋权益，利用国家综合国力解决好海洋争端问题。采取自主开发为主、合作开发和共同开发为辅的策略减小海洋问题对我国和平发展的威胁，构建利于经济发展的环境与氛围。

"21世纪海上丝绸之路"的发展，将带动沿线国家经济朝向一体化方向发展，深化并拓展双边与海洋领域的合作，推动海洋领土争端的进一步解决，维护我国的海洋领土主权和海洋权益。密切我国与南海及印度洋、太平洋周边国家在海洋环保、科技、海洋预报减灾等领域的合作，深入参与海洋环保、海底资源开发、渔业资源管理、海事与救助等海洋事务。在"21世纪海上丝绸之路"推动海洋贸易的同时，我国的海洋事业将会得到快速的发展，为建设成为海洋强国奠定良好的基础。"21世纪海上丝绸之路"将采用以点带线，以线带面的方式，增进同沿边国家和地区的交往，串起连通东盟、南亚、西亚、北非、欧洲等各大经济板块的市场链，发展面向南海、太平洋和印度洋的战略合作经济带，以亚欧非经济贸易一体化为发展的长期目标。在推动经济贸易一体化的过程中，中国将会与沿线国家共同致力于海洋资源的开发与合作，平等协作、互利共赢、提高资源开发的能力，加快发展海洋经济。

党的十八大报告指出，我国推动海洋强国建设的具体途径就是发展海洋经济，手段和措施是不断提高海洋资源的开发能力。"一带一路"中的"一路"战略，将加强沿线各国在研究海洋、利用海洋、管控海洋等方面的合作。在与周边国家经济贸易利益日渐紧密的过程中，我国要抓住机遇，淡化与这些国家之间的分歧，缓和争议、管控危机，为维护我国的海洋权益、地区海洋形势总体稳定贡献力量。"一带一路"战略的推进，将改变中国传统的"重陆轻海"的观念，培育陆海并重的文化，随着海洋经济的快速发展，与海洋相关的研究和宣传将会步入正轨，国民将会形成正确的"海洋观"，从而为建设海洋强国，在经济、军事、科技等领域促进陆海一体化建设，维护我国陆海形势总体稳定奠定思想基础。通过发展壮大海洋经济，提高海洋开发利用水平，加快建设海洋强国，为中华民族的伟大复兴做出新的更大的贡献。

(五) 加快中国经济走出去

加快中国经济与世界经济接轨的步伐，可通过如下途径实现：

1. 企业走出去

"一带一路"战略的实施，不仅有益于中国经济的持续发展，也契合沿线国家对发展的共同需求，将促进沿线国家做到优势互补、开放发展。随着经济的快速发展和综合国力的不断增强，中国已经成为拉动世界经济前行的一个强力引擎。2014年，中国经济对亚洲经济增长贡献率达到40%。经过对外实施改革开放，我国的经济总量已经超过日本，位列世界第二，在进出口贸易、外汇储备和外商投资额这三项经济指标上都位居世界第一，而在对外投资方面则处于世界第三位，预计不久将成为资本净输出国。随着资本输出的不断增加，我国需要重新调整面向全球的贸易布局、投资布局和生产布局。作为制造业大国，我国不仅可以输出物美价廉的各种产品，还应加快本国企业"走出去"的步伐。仅2013年一年，我国与丝绸之路沿线国家的贸易额就已超过1万亿美元。

"一带一路"沿线国家大多尚处在工业化初期阶段，不少国家的经济发展主要依赖能源、矿产等资源型行业；而中国的企业有能力向这些国家提供各种机械和交通运输设备。

中国企业"走出去"是构建开放型经济新体制的重要举措，"一带一路"战略的实施，为我国企业"走出去"创造了非常难得的历史机遇。"一带一路"的核心内容就是沿线国家之间的"互连互通"，包括交通、能源、通信等基础设施的联通和贸易、投资和金融便利化的联通，将带来多产业链的投资机会，成为助力中国企业"走出去"的有力抓手。这一战略的实施，将在很大程度上改善民营企业在沿线国家的经营环境，降低企业跨国经营的风险，有效利用国内外资源、开拓境内外市场，从而获得更为广阔的发展空间。

2. 装备走出去

"一带一路"沿线多数国家具有基础设施建设和推进工业化的需求，

而我国拥有大量质优价廉装备和产能，综合配套服务能力强，这一供需形势将助力中国的设备走出去。李克强指出："现在看，支持中国装备'走出去'，推进国际产能合作，在全球范围内配置产能要素、开拓产能市场，可以为中国经济中高速发展增力减负。"支持中国装备'走出去'和推进国际产能合作，在扩大产品进出口的基础上叠加产业出口，不仅注重消费品更注重投资品出口，既利当前、更惠长远，能实现各方共赢。

在丝路基金为首的"一带一路"沿线国家将筹备更多的基金用于区域合作投资。在这一过程中，周边国家将会大力发展基础设施建设，巨大的市场需求将带动中国装备制造业走出去，如具有自主知识产权并且技术水平相对较高的轨道交通、工程机械、核电、汽车等产业。

首先，从轨道交通层面来说：中国高铁技术全球领先且成本优势明显，全球范围内比较优势明显。高铁建设将是贯穿欧亚大陆的重要纽带，在"一带一路"建设中，对周边沿线国家的出口速度将加大。鉴于中国高铁具备明显的成本优势及建设效率，墨西哥事件将不会影响中国高铁装备在"一带一路"建设中对周边国家的输出。其次，中国基础设施建设的巨大成功，是对我国工程机械行业的最好的宣传，"一带一路"提及的标志性工程、基础设施建设，势必会带动工程机械行业的出口，尤其是综合性工程机械龙头的出口。最后，"一带一路"战略明确提到将加强对沿线国家电力方面投资。这将推动我国核电设备行业的出口，进一步促进形成国内国外核电建设同时推进的局面。中国与巴基斯坦、克罗地亚签订的两台华龙一号机组出口协议将会首先落实。华龙一号所依托技术相对成熟且在建造成本上具有很大优势，在国内核电审批步伐即将加快的情况下，核电产业出口将会快速增长。

"一带一路"战略的推进，我国将通过投资推动周边国家的基础设施建设，带动国内制造业发展的同时，加快中国高端设备"走出去"的步伐。中国装备制造业的出口，将会带动沿线丰富的资源高效开发利用，以及物流、资金、信息等贸易服务的合作，促进区域内的互利共赢。

3. 技术走出去

自1998年中国开始实施国家高新技术产业化发展计划——"火炬"计划以来，国内各地区纷纷结合当地特点和条件，积极创办高新技术产业开发区，这些产业开发区以智力密集和良好环境条件为依托，主要依靠我国科技和经济实力，最大限度地将科技成果转化为现实生产力。经过十多年的发展，我国高新技术产业化取得了显著的成果：在信息与空间、新材料、先进制造、能源、交通等领域涌现出一大批技术创新成果，自主创新能力进一步提高；高速铁路、无线宽带通信、高性能计算机、新能源汽车等技术已跻身于世界先进行列；许多高新技术重大成套装备及其关键零部件实现了自主设计制造；以信息网络等高新技术为主要支撑的电子商务、数字媒体等现代服务业新兴产业也取得了长足的发展。

高新技术产业现已经成为推动我国经济发展的重要增长极。在"一带一路"战略推进过程中，中国先进的技术将会给沿线广大发展中国家带来便利，提升区域发展的科技含量。如中国的高铁技术将会带动沿线国家交通设施的跨越式发展。中国在高铁经过快速发展6年之后，现今已经成为世界上高速铁路投产运营里程最长、在建规模最大的国家，高铁技术已经处于世界领先的地位，已具备"走出去"的基本条件。中国高铁在工程建造、列车控制、高速列车、系统集成、客站建设、运营管理等领域都掌握了核心技术，形成了具有自主知识产权的核心技术体系，安全性较高。目前，运营里程达1.1万千米的中国高铁安全系数大为提升，安全性已逐渐被世界认可。加之中国地缘辽阔，高速铁路的建设使中国具有了在不同的地质条件、不同气候环境下建设和运营的丰富经验，有利于在"走出去"的过程中获得潜在客户的青睐。

"一带一路"倡议自提出以来，得到沿线大部分国家的积极响应。这些国家对中国的先进技术有着强烈的需求，巨大的市场奠定了中国技术"走出去"的良好基础，中国先进技术将会在"一带一路"战略实施过程中发挥出比较优势，进一步提高自主创新的能力，提高我国的国际分工地位，带动国内经济发展方式和产业结构的调整，促进高新技术产品的对外贸易，进一步优化外贸结构。与此同时，这些高新技术的输出，将会刺激周边发展中国家科技的发展，带动周边国家提升自主创新能力。

4. 服务走出去

随着国际分工的日益精细化、国际产业结构的迅速调整以及国际经济一体化的趋势，服务贸易这一新兴产业在中国得到了迅猛的发展，其在经济活动中发挥越来越重要的作用。中国自《服务贸易总协定》签订以来，服务贸易发展迅速，规模不断扩大，服务贸易开放程度不断上升，服务贸易的结构也日趋合理。在取得可喜成果的同时，中国对外服务贸易也存在很多问题，长期以来，我国服务贸易与货物贸易发展不平衡，服务贸易长期处于逆差状态。商务部基于中国对外服务贸易的现状于2011年制定了《服务贸易发展"十二五"规划纲要》，提出我国将大力发展服务贸易，打造"中国服务"品牌。2012年我国服务进出口总额居世界第三位，位于美国和德国之后；出口居世界第五位（前四位依次为美国、英国、德国、法国）；进口居世界第三位（前两位为美国和德国）。中国在"十二五"规划实施的短短的5年之内，服务贸易增长迅猛，其中高附加值服务进出口增速显著，咨询、计算机和信息服务、广告宣传、金融服务、专有权利使用费和特许费出口快速增长。截至2012年，分别比上一年增长17.8%、18.6%、18.2%、122.5%、40.1%；专有权利使用费和特许费、金融服务、通信服务进口增势显著，增幅分别为20.7%、158.4%、38.6%。与此同时，传统服务进出口所占的比重也有所提高。2012年传统服务运输和旅游在服务进出口总额中的占比达58.8%，比上年增加2.2个百分点。旅游进出口总额首破1500亿美元，居各类服务之首，同比增长25.6%。运输服务进出口总额达1247.7亿美元，位居第二，同比增长7.5%。"一带一路"战略的实施，在促进沿线各国经济繁荣与区域经济合作的进程中，中国与周边国家将开展更大范围、更高水平、更深层次的经济贸易合作，保持贸易畅通，将建立健全服务贸易促进体系，在巩固和扩大传统服务贸易的同时，也将大力发展现代服务贸易，进一步带动中国咨询服务、保险服务、金融服务、专利权使用费和特许服务等新兴服务业大发展。

三　发展布局

"一带一路"战略建设是一项系统工程，要坚持共商、共建、共享的原则，积极推进沿线国家发展战略的相互对接，在布局上要把握国内外联动发展，以线串点、以点带面，东中西统筹、海陆统筹的原则，并构建汇集资金的大平台，合理利用亚洲基础设施投资银行、丝路基金，建立和加强沿线各国互连互通伙伴关系，带动沿线各国的共同发展与繁荣。

（一）国内外联动

"一带一路"沿线国家大多是新型经济体和发展中国家。在西方发达国家经济复苏乏力的背景下，亚洲发展中国家呈现出了良好的发展前景，中国提出的"一带一路"战略，将带动中国与周边国家之间经济的联动发展，促进新兴经济与合作模式形成。在既有的全球经济体制下，中国生产、中东提供资源、欧美国家消费之间形成了不平等的新三角贸易结构，在这个结构中，以美国为代表的西方国家凭借着对国际贸易规则、货币、定价权与主导权的掌控始终处于优势地位，中国和依靠出售资源牟利的广大发展中国家在这一体系中虽然也取得了一些发展，但处于相对劣势的地位。沿线的广大发展中国家，普遍存在着工业、交通和基础设施匮乏的情况，工业化和城镇化程度发展缓慢，形成了高度依赖资源出口的经济发展模式。同时，中国原材料、劳动力成本上升，产品价格反而下跌的"剪刀差"现象使中国的制造业陷入困境。

"一带一路"战略提出，将促进中国与广大发展中国家共同寻求南南合作的新方式，充分利用中国与沿线发展中国家在经济发展上的高度互补性，增加区域内的联动发展。沿线国家与中国将会在"一带一路"战略下实现"互连互通"：一是中国对能源资源等大宗商品有着长期、持续、不断攀升的进口需求，而沿线地区拥有丰富的资源储备，其对外贸易商品主要为原材料等。由此可见，中国与这些国家在资源领域有着高度的供需互补性。二是中国目前拥有世界上最多的资金储备，而"一带一路"沿线大多数国家都存在资金短缺或融资困难的问题。贸易双方在资金方面也存在高度的互补性。400亿美元的丝路基金以及亚洲基础设施投资银行筹措的资金将为广大发展中国家的基础设施建设和资源开发提供融资支持。三是中国的通信、高速铁路、船舶、核电等高新技术和装备制造技术已处于全球领先水平，并在国内发展中积累了丰富的建设经验，这些先进的技术都将带动沿线发展中国国家实现跨越式的发展。

中国一向秉持和平发展的理念，秉持"亲、诚、惠、容"的周边合作理念，本着互利共赢的全球视角，坚持与邻为善、以邻为伴，坚持睦邻、安邻、富邻。"一带一路"战略的实施有利于打造亚欧命运共同体，实现区域联动发展，促进世界和谐。

中国与沿线国家之间的合作日益紧密，为实现区域内联动发展奠定了良好的基础。首先，中国与沿线国家之间的交通运输通道正在打通，将从北、中、南三线全面促进整个亚欧大陆的贸易。新亚欧大陆桥实现顺利运行，中哈第二条过境铁路投入使用，中吉乌和中巴铁路正在建设，将连通中国南疆、中亚、巴基斯坦、波斯湾、中东、里海、欧洲，有"东南亚走廊"之称的泛亚铁路即将投入建设；中国西部—欧洲西部公路建设也正在加快推进，中国与丝绸之路沿线国家的交通联系日益紧密。在交通联系增进的同时，"一带一路"沿线国家的区域合作也不断加强。此前，中国与俄罗斯、哈萨克斯坦、乌兹别克斯坦、吉尔吉斯斯坦以及塔吉克斯坦成立了致力于加强成员国全方位合作的"上海合作组织"，取得了显著成效。该地域还建立了以俄罗斯、白俄罗斯、哈萨克斯坦、吉尔吉斯斯坦和塔吉克斯坦为成员国，以亚美尼亚、乌克兰、摩尔多瓦为观察员国的"欧亚经济共同体"。这两个组织为推进区域经济合作，密切亚欧国家的经济联系，进一步提升发展空间奠定了合作基础，"一带一路"战略将会在此基础上促进沿线国家进一步密切经济联系，推进沿线国家发展战略的相互对接。

西北五省区（陕西省、甘肃省、青海省、宁夏回族自治区和新疆维吾尔自治区）作为古代丝绸之路中国境内的主要地区，是中国与中亚国家开展经贸合作的桥头堡，同时也是丝绸之路经济带建设的核心区域。自西部大开发战略实施以来，通过对西北地区的大力扶持，西北基础设施建设和经济社会发展水平有了明显的进步。西部地区的年均经济增长速度均高于全国平均水平，有望成为中国经济新的增长极，缩小中国东西部地区经济发展的差距。但与此同时，受地理位置的影响，西北地区经济外向化程度长期处于较低水平，不仅阻碍了中国经济区域协调发展，而且对中国整体经济增长造成了消极影响。中亚地区的经济发展水平和我国西北五省区的发展程度相似，在"一带一路"战略推进过程中，西部地区不仅将会与中国东北、中部、东部地区继续加强经济联系，承接东部经济发展较快区域的产业转移，还将推动西部地区面向中亚及其周边国家的外向型经济，扩大对外开放程度，在更大的空间范围内促进生产要素的自由流动和优化配置。一方面，缩小中国东西部地区之间的差距，促进国内经济协调发展，改善东部地区经济增长乏力，保障我国经济持续较快的发展；另一方面，推动中国与丝绸之路沿线国家之间优势互补，朝着互利互惠、共同繁荣的方向发展。

"一带一路"沿线国家与中国国内将借鉴中国西部地区与中亚地区的合作模式，实现国内与区域内其他国家在基础设施建设上采用统一标准，携手共建安全高效的陆海空交通通道网络，推动互连互通的水平进一步发展，实现区域内联动发展，促使经济联系更加紧密，政治互信进一步深入,人文交流广泛深入,打造区域经济发展共同体、利益共同体、文化共同体、命运共同体,实现区域共同发展、共同繁荣。

(二) 以线串点、以点带面

推进"一带一路"建设,需要发挥沿线重点城市和港口的带动作用,以"丝绸之路经济带"和"21世纪海上丝绸之路"两条发展路线串联沿线主要的城市和港口,并以这些城市和港口的发展带动整个区域面内的发展。

作为"一带一路"起点的中国,在以线串点、以点带面的布局中,需要发挥国内各地区的比较优势,实行更加开放的姿态。"丝绸之路经济带"根据功能差异,可以分为中亚经济带、环中亚经济带和亚欧经济带三大层段。中亚经济带包括哈萨克斯坦、吉尔吉斯斯坦、塔吉克斯坦、乌兹别克斯坦、土库曼斯坦;环中亚经济带包括俄罗斯、巴基斯坦、印度、阿富汗、伊朗、阿塞拜疆、亚美尼亚、格鲁吉亚、土耳其、沙特、伊拉克等以及上述中亚地区;亚欧经济带包括乌克兰、德国、法国、英国、意大利等地区,北非埃及、利比亚、阿尔及利亚等地区,以及环中亚地区。这一路线的交通枢纽和重要城市从东到西分别有西安、兰州、乌鲁木齐、霍尔果斯、伊斯兰堡、阿拉木图、比什凯克、撒马尔罕、杜尚别、德黑兰、伊斯坦布尔、莫斯科、杜伊斯堡、鹿特丹等,发挥这些主要城市的辐射作用,发展丝绸之路经济带上的交通枢纽、商贸物流枢纽和文化科教中心,打造丝绸之路经济带的核心发展区,从而带动整个亚欧大陆的经济快速提升。"21世纪海上丝绸之路"的战略合作伙伴并不局限于东盟地区,而是以福州、泉州、广州、湛江、海口、北海、河内、吉隆坡、雅加达、加尔各答、科伦坡、内毕罗、雅典、威尼斯等重点城市串联出一条海上贸易线路,并以这条路线连带亚非欧相关区域连成一片,可以增进我国同沿线国家和地区的交往。"21世纪海上丝绸之路"将串起连通东南亚、西亚、北非、欧洲等各大经济板块的市场链,发展面向南海、太平洋和印度洋的战略合作经济带,促进亚欧非经济贸易一体这一长期目标的早日实现。

以线串点,以点带面的发展布局将会带动"丝绸之路经济带"和"21世纪海上丝绸之路"沿线国家之间的货物自由贸易、要素自由流通。通过沿线节点城市和港口的互连互通,逐渐形成辐射节点城市及腹地的贸易网络和经济带,从而提升沿线各国经贸合作关系和自由贸易水平。

（三）东中西统筹、海陆统筹

区域经济一体化是当今经济全球化发展的潮流和趋势，"一带一路"是顺应这一潮流的促进国际间一体化程度加深的战略规划。这一战略，既立足于国内区域的协调发展，又着眼于海陆对外开放，是集国内外发展为一体的宏伟蓝图，将会促进中国国内市场与亚欧区域全面发展。通过参与全球区域经济一体化，中国将形成全方位对外开放的新格局。在参与"一带一路"战略实施过程中，中国要对国内东部、中部、西部以及海陆进行统筹发展，在保证东部沿海地区经济继续稳步增长的同时，加速中部地区的崛起和西部地区向西开放的步伐，促进国内各地区的协调发展。

国家发改委发布的《推动共建丝绸之路经济带和21世纪海上丝绸之路的愿景与行动》对东中西部、海陆统筹发展作出了具体规划。具体内容如下：首先，东部沿海和港澳台地区需要充分利用长江三角洲、珠江三角洲、台湾海峡西岸、环渤海等经济区开放程度高、经济实力强、辐射带动作用大的优势，加快推进中国（上海）自由贸易试验区的建设，支持福建建成"21世纪海上丝绸之路"的核心区，发挥泉州、福州等港口城市的"桥头堡"作用。充分利用深圳前海、广州南沙、珠海横琴、福建平潭等开放合作区作用，深化与港澳台合作，打造粤港澳大湾区。推进浙江海洋经济发展示范区、福建海峡蓝色经济试验区和舟山群岛新区建设，加大海南国际旅游岛开发开放力度。加强上海、天津、宁波—舟山、广州、深圳、湛江、汕头、青岛、烟台、大连、福州、厦门、泉州、海口、三亚等沿海城市港口建设，强化上海、广州等国际枢纽机场功能。以扩大创新开放型经济体制机制，加大科技创新力度，形成参与和引领国际合作竞争新优势，成为"一带一路"特别是"21世纪海上丝绸之路"建设的"排头兵"和主力军。其次，西部地区要充分发挥新疆独特的区位优势和向西开放重要窗口作用，发挥陕西、甘肃综合经济文化和宁夏、青海民族人文优势，打造西安内陆型改革开放新高地，加快兰州、西宁开发开放，推进宁夏内陆开放型经济试验区建设，形成面向中亚、南亚、西亚国家的通道、商贸物流枢纽、重要产业和人文交流基地。发挥广西与东盟国家陆海相邻的独特优势，加快北部湾经济区和珠江—西江经济带开放发展，构建面向东盟区域的国际通道，打造西南、中南地区开放发展新的战略支点，形成"21世纪海上丝绸之路"与"丝绸之路经济带"有机衔接的重要门户。发挥云南区位优势，推进与周边国家的国际运输通道建设，打造大湄公河次区域经济合作新高地,建设成为面向南亚、东南亚的辐射中心。再次,内陆地区要充分利用内陆纵深广阔、人力资源丰富、产业基础较好的优势,依托长江中游城市群、成渝城市群、中原城市群、呼包鄂榆城市群、哈长城市群等重点区域,推动区域互动合作和产业集聚发展,打造重庆西部开发开放重要支撑和成都、郑州、武汉、长沙、南昌、合肥等内陆开放型经济高地。加快推动长江中上游地区和俄罗斯伏尔加河沿岸联邦区的合作。建立中欧通道铁路运输、口岸通关协调机制,打造"中欧班列"品牌,建设沟通境内外、连接东中西的运输通道。支持郑州、西安等内陆城市建设航空港、国际陆港,加强内陆口岸与沿海、沿边口岸通关合作,开展跨境贸易电子商务服务试点。优化海关特殊监管区域布局,创新加工贸易模式,深化与沿线国家的产业合作。

"一带一路"战略的实施将推动我国国内区域经济的协调发展,充分调动东中西部、沿海和内陆的发展潜力和活力,极大地拓宽我国经济发展的路径,形成汇集13亿人的统一大市场,有效扩大投资,突破区域发展的"瓶颈"。与此同时,将密切我国与周边的经济联系,促进货物、服务、人员在沿线区域内的自由流动,推动贸易投资自由化,实现亚欧各国的共同繁荣。

(四)构建资金汇集的大平台

"一带一路"战略的实施需要优先发展基础设施建设,而沿线国家的基础设施发展水平相对薄弱,实现设施联通,首先需要构建资金汇集的一个大平台,"一带一路"沿线的大多数发展中国家将有望搭乘中国经济发展的快车在"丝路基金""亚洲基础设施投资银行""金砖国家开发银行"和"上合组织开发银行"四个资金平台支持下,沿线国家将会在"一带一路"的合作中获得融资帮助,以尽早实现互连互通。在这一初始运作框架建立后,外汇储备、各类基金、银行、社会资本的融入以及人民币国际化的推进都将为"一带一路"战略输送源源不断的资金。

从丝路基金到亚洲基础设施投资银行,由中国主导的多边金融机构将在"一带一路"战略辐射的区域经济合作中发挥重要作用,支撑亚洲地区经济发展,满足基础设施建设的巨大资金需求。"金砖国家开发银行"和"上合组织开发银行",将为这一地区广大发展中国家的发展提供援助和贷款,使地区成员能够更加充分、合理地通过协商形成合力,来满足自身的资金需求。

中国投入的400亿元丝路基金只是一个先期的启动资金，未来还需要更多的国家和地区共同投入更多资金。亚洲基础设施投资银行拥有法定资本1000亿美元，意向创始国家共57个，涵盖了除美国之外的主要西方国家以及除日本之外的主要东方国家。这一投资银行的建立，将会为"一带一路"沿线国家的基础设施建设提供充足的资金支持，将提高亚洲资本的利用效率及对区域发展的贡献率。

四 发展策略

为实现"一带一路"战略，沿线国家和地区需要秉承和平、发展、合作、共赢理念，开放包容，共同参与，合力推进，群策群力，为区域建设作出贡献。可以借助优先在基础设施建设领域进行合作，搭建区域内信息共享的数据平台，构建利于投资贸易的良好区域环境，进行深入的人文交流等措施，进一步推动"一带一路"战略的顺利实施。

（一）优先发展基础设施建设

1. 立体化交通体系

"一带一路"在交通基础设施的互连互通方面已经有了一定基础。首先是铁路，早在1990年9月12日，我国兰新铁路就实现了与哈萨克斯坦铁路的接轨，贯通了亚欧大陆桥，以及基本完成泛亚铁路的东线。其次是跨境（高速）公路，中国2004年贯通的连霍高速公路，横贯我国东中西部，东起江苏连云港，西至新疆的霍尔果斯，将为连通中亚、欧洲奠定基础；还有中巴喀喇昆仑公路、中越之间的南（宁）友（谊关）高速公路、南宁—河内高速公路、昆明—河口高速公路、河（内）老（街）高速公路的首条路段的贯通，都将会为"一带一路"中公路沿线地域陆路贸易提供便利。虽然"一带一路"沿线交通基础设施建设有了一定的发展基础，但是不可否认的是，沿线国家现今交通基础设施互连互通建设还是比较滞后的，这种滞后状态一方面是"一带一路"发展的"瓶颈"，另一方面却是"一带一路"建设的机遇和重要内容。要优先发展交通建设，发展建设适应贸易畅通的经济活动往来需要的现代综合交通体系，坚持以互连互通建设为重点，不断提升沿线国家之间的通达程度。

"一带一路"战略推进，首先要加快交通设施的发展，着力于大力发展通道经济，构筑骨干运输大动脉，打造国际运输大通道，着力于构建海陆空联运、无缝衔接的交通网络和立体综合交通运输体系；坚持以加快转型升级为重点，不断促进沿线交通运输业的优化升级，促进经济平稳快速增长，进一步优化生产力布局，更好地促进"一带一路"涵盖地区的经济社会持续健康发展，提升交通运输基本公共服务均等化水平。

2. 能源基础设施

"一带一路"沿线的中亚、中东、俄罗斯等地区富有原油天然气资源，为配合我国推进能源进口多元化的战略部署，加快各国国家之间能源贸易，能源基础设施建设需要加快推进。在此过程中，首先加快区域内油气管道的建设和连通，在现有的中哈原油管道、中国—中亚五国天然气管道的A、B、C三线、东西伯利亚—太平洋石油管道中国支线、中缅天然气管道以及中国境内西气东输系统的基础之上，加快石油天然气等能源管道的建设与联通，实现"丝绸之路经济带"沿线国家能源管道的互连互通，通过油气管道连接沙特、叙利亚、伊拉克、伊朗、中亚五国、俄罗斯，改变铁路等陆上运输的运量小、费用高、风险大的问题，实现沿线区域内的各方面资源共享、共促发展；在"21世纪海上丝绸之路"涵盖的陆路区域内建设油气管道，例如中缅之间的管道建设可以缩短我国从中东、非洲海上进口石油、天然气的路线，避免马六甲海峡周边安全对我国经济的影响。在管道基础设施建设的同时，还应该加强能源开发的能力，在产能建设上，增强开发钻井和相应的地面设施建设的能力，完善油气开采方案的设计和施工投产，提高油气开发的科学性，提高油气开采的效率。

3. 通信设施

"一带一路"建设内容应包括加快区域内国家通信设施建设，打造数字化、信息化新型丝绸之路。加快中国与沿线国家通信光缆对接的速度，逐步完善国际通信大通道的功能。例如，建设中国新疆阿拉山口和霍尔果斯口岸与哈萨克斯坦、喀纳斯口岸到俄罗斯、红其拉甫口岸到巴基斯坦的光缆对接，并向西延伸到西亚非洲、欧洲等国，促使"一带一路"区域内通信大通道的形成，规划并建设亚欧大陆区域的国际通信业务中心、国际通信转接中心、国际信息高速通道，建立多个信息运输大动脉的枢纽节点，密切沿线国家之间的信息沟通交流，为构建覆盖全区域的移动通信网络奠定基础。以区域内信息资源综合开发利用为抓手，各国之间加强统筹协调，全面推进信息通信公共服务平台建设、数据共享、平台交互，从而促使周边地区经济发展方式的转变和提升，实现沿线各国的共同繁荣发展。

(二) 搭建"一带一路"大数据平台

"一带一路"沿线国家应合力搭建区域"大数据"平台，实现区域内信息共享、资源共享、成果共享。沿线国家行政部门应建立高层协商、定期互访机制，加强信息沟通，实现区域发展相关政策文件及时交换，并将各国的政府网站相互链接，搭建区域内的大数据平台，建立信息网络和信息交流平台，实现信息联网，加速信息高速公路的建设。在建设过程中，要加强相关国家政府的组织和领导，吸取发达国家的优秀经验，加快区域一体化发展各方面的数据库建设，实现区域内信息资源的共享。

这一数据平台将会在"一带一路"投资合作项目、政策简介、文化旅游等方面实现信息共享。应用先进的计算机网络技术增强区域联系，提高政府管理决策水平，为企业转变经济发展方式提供参考数据，增强"一带一路"战略实施的透明度，使广大民众进一步了解将会影响自身生活方方面面的大政方针。这一区域大数据平台建设需要本着安全性、先进性、通用性、可靠性、稳定性、统一性、可维护性原则建设，实现区域数据信息共享。可涵盖基础设施建设项目信息管理系统、地理信息数据平台、文化旅游信息平台、生态环境保护信息平台，为促进沿线各国经济繁荣与区域经济合作，加强不同文明交流互鉴，促进世界和平发展提供科学准确的参考数据，提高区域合作的科学水准。

(三) 构建贸易投资便利大环境

在"一带一路"建设过程中，最重要的是经贸合作，需要进一步推动贸易投资便利化，积极消除现存的贸易投资障碍。中国需要加快推动建立与沿线国家各种灵活性贸易投资便利化安排，采取多方面、多层次的措施保障双多边贸易的深入合作，沿线部分地区和国家可以首先实现货物贸易"零关税"，从而进一步推广到其他国家和地区；扩展贸易范围，在进行实物贸易之外，可以加大服务贸易范围，扩大服务贸易市场准入，促进包括建筑及房地产、管理咨询服务、广告服务、会展服务、会计服务、物流、分销服务、医疗等部分在内的服务贸易之间的投资与合作。建立人民币结算中心、提升大通关的合作程度、开展地区博览会等是促进"一带一路"区域贸易投资便利化的主要举措，下面将逐一介绍。

首先，建立人民币结算中心，将采用人民币作为"一带一路"沿线国家之间贸易交易的通用货币。这样就能实现中国在与周边国家进行贸易合作时，贸易双方能够直接进行货币互换，有助于规避汇率风险，减小美元汇率对"一带一路"沿线国家经济发展的影响。与此同时，也将降低汇兑费用，促进地区贸易与投资的增长。

其次，加强"一带一路"沿线国家之间在海关、检验检疫、认证认可、标准计量等方面的密切合作与政策交流。改善口岸通关的设施条件，深化"一带一路"沿线区域通关一体化合作，增强技术性贸易措施的透明度，降低关税以及非关税壁垒，为贸易便利化创设良好环境。

再次，需要积极开展贸易投资促进活动，发挥好中国—东盟博览会、中国—亚欧博览会、中国—南亚博览会、中国进出口商品交易会等综合性展会的作用，为"一带一路"沿线各国企业参展提供更多便利，促进更多沿线国家企业参展。鼓励各国企业积极参与在沿线国家举办的区域性展会，不断优化贸易结构，提升货物贸易档次，并大力发展服务贸易，从而加快区域经济一体化进程，推进区域全面经济伙伴关系协定和自贸区的设立，在沿线国家和地区进一步发展自由贸易关系，逐步形成面向全球的高标准自贸区网络。

（四）建设"一带一路"特色合作示范区

在推进"一带一路"战略实施的进程中，可以依据周边国家现有优势、产业基础和文化基础优先建立中国与周边国家之间的特色合作示范区，并以这些示范区为抓手，推动沿线国家之间的深入合作。

1. 构建中缅、中巴农业合作示范区

缅甸、巴基斯坦及东南亚其他国家大多都是以农业为基础的国家，土壤、阳光、温度、雨量都适宜农作物的生长。而中国在农业生产上已经积累了很多高新技术，且具有先进的农业机械、现代农业示范区，双方可以分享农业发展经验，加强农业技术（农产品加工、农药、滴灌等方面）的交流与合作，推动中国农业类企业对外投资。中缅、中巴建立的农业合作示范区，将会示范带动"一带一路"沿线地区农业合作，推动农业产业结构调整，促进现代农业的快速发展。

2. 构建中俄科技合作示范区

中国和俄罗斯在科技上均有很大优势，建立科技合作示范园，优先发展创新型产业，发展中俄两国具有互补优势的航空航天、信息技术、电子商务、服务外包、金融服务等产业,将会加快中俄两国对外开放的步伐,推动两国科技资源共享,着力打造"一带一路"科技园合作示范区。

3. 构建中哈经贸合作示范区

中国与哈萨克斯坦之间的经济贸易规模在中亚五国中位居首位,建立中哈经贸合作示范区,将最大限度地发挥中国西部地区向西开放前沿阵地的功能,构建延边开放的贸易合作先导区,从而促进合作双方的贸易发展,进一步密切经济联系。

4. 构建中欧城镇化合作示范区

欧洲国家基本已经完成了城镇化进程,而中国城镇化水平相对较低,刚刚进入以提高质量为核心的快速发展期。欧洲在城镇化过程中积累的丰富经验,将会为中欧城镇化合作带来广阔的空间。城镇化进程将会对拉动经济产生重大影响,在合作中,彼此可以为对方城市建设投资,中欧双方都将在中国城镇化建设中受益。

在"一带一路"建设中,上述这些特色合作示范园区将会带动相关国家和地区优先发展,为沿线其他国家和地区之间的合作提供范例,从而促进沿线国家之间优势互补、资源共享,携手走向繁荣富强。

(五)建立规划和协调机制

在"一带一路"发展中,需要突破传统地区空间概念的束缚,注重整体的战略规划与空间布局规划。在经贸合作、基础设施建设、能源开发、人文交流、环境保护等主要方面开展跨国家行政区域整体规划的协调工作,是实现"一带一路"区域整体协调发展的有效途径。

1. 发挥整体规划协调作用

首先是跨国家行政区域的规划协调。"一带一路"战略推进将会面临着具体建设项目界定困难的问题,沿线国家之间空间的连续性与国家主权的相互分隔交织在一起。以各国政府为主体的规划行为难以在更高层次上考虑区域内的整体协调一致。空间层次上的整体性就需要在协调现有各国原有发展规划的基础上,开展跨国家和地区的规划,在"一带一路"整体规划指导下,需要引导和协调国家层面的规划,指导具体的开发项目布局。

其次是跨部门、跨行业的规划协调。目标是致力于亚欧非大陆及附近海洋的互连互通,建立沿线各国互连互通伙伴关系,构建全方位、多层次、复合型的互连互通网络,实现沿线各国多元、可持续发展。实现基础设施的完善、海陆空立体化交通网络的形成、自由贸易区网络的构建，这些不同层面的规划之间相互交叉、相互影响，但却分属于不同的行政部门或者企业，如果缺少相互合作与整体规划，将严重影响"一带一路"战略的顺利推进。因此，区域整体规划的制定需要建立在不同行政部门或企业规划相互之间联系、沟通和协商的基础上。在此基础之上，还要协调近远期目标的连续性以及整体规划时间的连续性，解决远景发展目标与现实条件的关系，发挥好整体规划协调的作用。

2. 建立区域协调的保障机制

整体规划作用的有效发挥有赖于实施层面的保障，所以需要建立区域协调保障机制，建立跨行政区域的协调管理机构，例如区域建设委员会、都市同盟、城市联合委员会等，并赋予这一管理机构明确的职能和权限，统筹规划、管理、协调"一带一路"沿线区域，在实现区域经济联系更加紧密、政治互信更加深入、人文交流更加广泛深入过程中，难免出现种种问题，为此需要协调机构。此外，还需建立政府、部门、行业、企业和学术界等各个层面的合作与协调组织，建立多层次的协调机构，特别需要建立学术性研究机构，例如区域发展国际研讨会、区域发展国际合作咨询研究机构等，从理论和实践相结合的角度，对"一带一路"沿线区域的经济、政治、社会、文化、生态环境等各个层面进行深入研究，为各国政府和区域管理机构的决策提供科学基础，促进"一带一路"战略向更好的方向发展。

（六）增强自主创新能力

1. 建设区域创新体系

在"一带一路"发展进程中，要坚持以企业为主体的自主创新体系建设，加大沿线国家之间的联系和对创新的支持力度，增加产业研发投入资金，开展自主创新产品的联合认定，支持创新型跨国企业发展；创新产学研合作模式，建立产业、学校、科研机构相互配合、发挥各自优势的产学研一体化系统。重点围绕船舶、石化、风电、太阳能光伏、软件等产业建设先进的产业技术研究机构，推动科研成果转化为生产力；建立区域性重点科技园区，构建高效开放的区域创新资源共享机制，加强区域创新合作的建设，促进科技资源开放共享。

2. 提高技术创新能力

"一带一路"沿线大多都是发展中国家，经济发展依靠科技的成分相对较少，主要发展依赖本地区的能源资源和廉价的劳动力资源。加快关键领域和核心技术创新将会显著增强这一区域的科技竞争力，带动区域经济更好地发展。

在这一过程中，各国要积极承载电子信息、新能源、石化、冶金、生物医药、重大装备等重要战略性产业，推动建立产业技术联盟，通力合作突破核心技术难关，全面提高创新能力。

3. 营造利于创新的政策环境

在"一带一路"推进过程中，要保证沿线国家鼓励自主创新，加大各国财政对科技创新的支持力度，形成以政府为主导，企业、社会投入为主体的市场化科技创新体系，推动成立一批创业投资机构，支持高科技初创企业的快速发展；完善创新服务体系，推动专业性和面向整个区域产业技术创新的服务体系建设，强化对专利、商标、著作版权等知识产权的保护，切实保护自主产权；加强国家之间的交流与合作，建立创新型人才培养基地，培育适应"一带一路"战略推进创新需要的专业性人才。

（七）加强区域环境联防联控联治

可持续发展是一切区域发展的根本要求，是人类维护自身长远发展的前提。"一带一路"战略在实现政策沟通、设施联通、贸易畅通、资金融通、民心相通的同时，尤其要侧重可持续发展，因为"一带一路"沿线国家的生态环境相对脆弱。"丝绸之路经济带"涵盖区域主要是内陆亚洲地区，这些地区气候是温带大陆性气候，异常干燥，降雨量极少，主要的地理面貌是广阔无垠的沙漠和戈壁，如塔克拉玛干大沙漠、卡拉库姆沙漠、卡维尔沙漠等。因为这一区域生态环境的异常脆弱，"一带一路"沿线区域整体上对于经济活动和开发活动的承载能力很弱。共建"一带一路"，需要各国共同应对生态环境的挑战，共同推动技术进步，以高新技术改造传统生产方式，从源头上解决生产污染排放问题；把高新技术应用于环境治理和生态保护之中；推动更加平衡和更具公平性的发展模式；优化分工格局，通过"一带一路"建设，带动当地产业结构升级。加强区域生态环境的联防联控联治，建立区域生态环境保护合作中心，进行绿色投资，改善生态环境。积极推进"一带一路"国际环保合作新格局的形成，减少并避免企业在境外生产与开发对生态环境的破坏，将生态环保、防沙治沙、清洁能源、生态农牧业等列为重点发展产业，积极承担环境保护责任，与当地政府合力保护其脆弱的生态环境，建立可持续发展的区域生态网络。

（八）广泛深入人文交流

在"一带一路"战略推进的过程中，要积极发挥文化的桥梁及引领作用，加强沿线各国和地区文化的交流交往，从而实现"一带一路"沿线的全方位交流与合作。

"一带一路"不仅是一条通商互信、经济合作之路，更是一条文化交流、文明对话之路。要充分发掘沿线国家深厚的文化底蕴，继承和弘扬古代丝绸之路的亲和力和感召力，积极发挥人文交流的作用，促进不同文明之间的吸收、融合，促进共同发展；要立足现有文化基础，打造人文交流新模式，深入开展沿线国家之间的文化艺术、科学教育、人才交流、体育、旅游、媒体合作等友好交往，密切沿线各国人民之间的友好感情，夯实沿线国家合作的民意基础。

首先，需要加强顶层设计和战略部署，推动政府间文化交流与合作深入发展。合理利用"一带一路"沿线国家之间原有的官方文化交流平台，例如中国与上海合作组织、东南亚国家联盟、阿拉伯国家联盟及欧洲地区建立的人文合作委员会、文化联委会机制，制定政府文化交流的中长期战略规划，落实好政府间文化合作协定和年度执行计划，丰富现有区域合作机制框架下的人文合作内容。

其次，利用现有人文工作成果，精心打造新的文化交流品牌。近年来，以"丝绸之路"为主题的文化交流合作项目取得了丰硕的成果。接下来，沿线国家之间可以深入开展"丝绸之路文化之旅"活动，促进沿线国家联合举办"丝绸之路文化艺术节"，举办文化论坛、展览、演出等活动；继续深挖古代丝绸之路的文化内涵和人文精神，围绕"文化新丝路"的主题，联合翻译、出版丝路文化相关书籍，拍摄有关影视片；合理利用网络平台和新媒体等交互手段，通过音乐、舞蹈、动漫、网游等文化产品，传承古代丝绸之路精神，进而提升文化影响力，加大对文物修复、文博设施建设、艺术人才培训的资金投入。

最后，整合各国文化资源，形成建设"一带一路"的文化合力。发挥我国广大中西部省区在建设"一带一路"进程中的历史和人文优势，向沿线国家传播和推介中国优秀传统文化；发挥中西部节点城市文化桥头堡的作用，主动融入"一带一路"战略格局；积极发挥市场主体作用，调动文化企业的积极性，推动沿线国家之间的文化产业合作；充分挖掘"一带一路"的历史文化遗产,带动沿线有关国家联合申请世界文化遗产。

"一带一路"沿线国家之间的人文交流,将会促进沿线各国之间不同文明相互吸收、借鉴、取长补短,维护世界文化的多样性,促进世界文化的繁荣与发展,巩固沿线国家人民之间的传统友谊,促进相互了解、和平共处,共建和谐世界。

第四章 "一带一路"与国际协同发展

"一带一路"战略涉及65个国家，44亿人口，经济总量约21万亿美元，分别约占全球的63%和29%，涵盖中亚、南亚、西亚、东南亚和中东欧地区，是目前全球贸易和跨境投资增长最快的地区之一，并且其经济增长对跨境贸易和投资增长的依赖性较强。这些地区大部分国家正处于经济上升期，对开展国家间的互利合作有着独特的优势和条件，而如何充分利用这一优势和条件，国与国之间、区域与区域之间的协同发展是关键。通常来讲，国际协同发展重点在于着眼国际、国内两个市场，打破各种壁垒以使生产要素全面自由流通，实现优势互补。置于"一带一路"发展的战略大背景下，真正实现国际协同发展，既离不开各国政府在合作领域、政策、机制和共识方面的共商共建，也离不开区域性、功能性国际组织对整个战略体系的协调与支持，同时还应重视跨国公司以及金融机构合作对于"一带一路"战略的重要推动作用，即从不同主体、不同层面、不同领域展开合作以实现真正的"合作共赢"。

一 各国政府引导国际协同发展

为促进"一带一路"战略带动沿线各国协同发展，各国政府应注重多个领域的充分协调与合作，并注意发展的阶段性重点，以"建设—发展—提升—深度合作"为模式，错位发展。在战略实施初始阶段，交通基础设施的互连互通，以及能源、电信、港口等基础设施的共建是发展的优先重点，以提高贸易和投资便利化程度；在战略中期，更加注重贸易合作，在条件成熟的国家和地区朝自由贸易区迈进，深化投资合作和产业升级，并关注各国在生态、旅游、教育及国际安全领域的合作；到战略实施的后期，在基建、贸易发展逐渐成熟的基础上，积极开展各国在生态、旅游、教育及国际安全领域的合作,最终形成区域一体化的发展模式。

(一)拓宽合作领域

1. 基础设施建设

加强基础设施建设以实现互连互通,是"一带一路"战略带动国际协同发展的空间载体和先决条件。基础设施如果不连不通、连而不通、通而不畅,就必将对深化区域合作构成一定障碍。为加强沿线各国的互连互通,各国应注重在铁路、公路、能源、通信以及港口等基础且关键领域的建设合作。

积极与丝绸之路沿线国家一起打通欧亚交通网、泛亚铁路网、东南亚走廊和泛亚能源网,构建横贯东西、连接南北的欧亚海陆立体大通道。海上互连互通的重点在于港口基础设施建设、海陆联运建设和港口间的合作。

依托现有基础,充分利用现有设施资源,避免大量新建和新增投资,明确国家、地方、城市之间不同层次的分工,确定不同类型地区的重点任务;对关系全局的重大项目优先部署,比如干线通道、基础网络、互连互通关键环节等;对国家间关系相对稳定、合作意愿强烈、容易达成共识的项目优先考虑,对那些尽管有合作意愿,但达成共识难、前景不明朗的项目,要缓期开展,严格控制风险。

合作建设的关键在于统一技术标准。由于经济发展水平的差异,各个国家国内现有的基础设施现状各异,因此,合作建设的关键在于统一基础设施的硬件建设标准和建造技术的对接。中国企业在基础设施建设方面有较强实力和丰富经验,在政府的引导下,中国企业可以以工程承包、公私合营(PPP)、建设—经营—转让(BOT)等多种方式参与到欠发达地区的项目合作建设中来。

由政府主导的互连互通融资合作是亚洲基础设施一体化的必由之路。据世界银行研究报告,发展中国家基础设施投资每年的需求在1万亿美元左右,而亚洲开发银行预测,到2020年,亚洲在能源、电信与交通基础设施方面的投资需求将达到8万亿美元。① 如此巨大的资金需求缺口,仅靠各国政府的公共部门难以支撑。中国有必要以构建"一带一路"为契

---

① 章利新:《"一带一路"战略为沿线国家创造新的发展机遇》,2015年1月11日,http://xm.ifeng.com/jinriredian/xiamen_ 2015_ 01/11/3409113_ 0.shtml。

机,以亚洲基础设施投资银行和丝路基金为平台,为战略实施提供可靠的资金支持。

同时,可通过联合国亚太经社理事会、上海合作组织、中国与东盟、中国与中东欧国家、中国与欧盟等各种合作框架达成国际道路运输便利化协定,尽可能减少或取消多次性地通过过境检查手续,切实降低陆上运输成本。

2. 能源开发合作

安全、长期、稳定的能源合作将为中国与"一带一路"沿线国家合作发展带来新的机遇和保障。2012年,中国已经成为全球最大的能源消费国,原油进口量达2.7亿吨,对外依存度突破60%。[①] 作为世界上最大的能源消费国,中国需要多元化的能源进口战略来解决国内的能源紧张局面以维持经济的可持续发展。同时,中国目前处于全面深化改革时期,经济结构调整优化阶段,又处在产业区域转移的国家区域协调发展的战略背景下,中亚五国及俄罗斯也处于产业经济调整优化阶段。在此大背景下,中国可发挥能源产业需求的优势,推动和带动丝绸之路经济带提升能源合作的质量与层次,走能源合作可持续发展道路。中国还应与印度、韩国及东南亚国家在中亚五国及俄罗斯积极展开能源合作,共同开发利用油气资源,尊重相互的能源需求,共同维护能源安全。

与沿线国家能源合作的关键在于树立新能源合作的观念,深化能源资源生产、运输和加工等多环节合作,加强能效和新能源开发等领域的合作,提升能源资源深加工能力。以巩固能源合作成果、推进现有合作项目为前提,以区域能源合作优势互补、协同发展为基础,以提高能源合作的质量及层次为发展重点和发展方向,形成区域能源产业一体化,共筑能源安全网络体系。

3. 贸易拓展

促进"一带一路"沿线国家间的贸易合作是推动"一带一路"建设的重要切入点。该战略连接亚太与欧洲两大世界经济圈,市场规模和贸易潜力空前,据海关初步测算,2014年我国与"一带一路"国家或地区进出口双边贸易值接近7万亿元人民币,增长7%左右,占同期我国外贸进出口总值的1/4,其中,我国对"一带一路"沿线国家的出口增长超过了

---

① 《"一带一路":经贸合作奠定基石》,《环球市场信息导报》2014年第38期。

10%，进口增长为1.5%左右。随着战略的推进，中国与各国的贸易量将会进一步上升。为促进各国贸易，沿线各国应着力积极推动贸易和投资便利化，尽快消除贸易壁垒、降低贸易和投资成本，具体可从自由贸易区的构建与贸易协定的签订着手。

积极构建自由贸易区进一步深化贸易合作。与沿线更多国家和地区发展自由贸易关系，需要加快一系列自贸区谈判，形成辐射"一带一路"的高标准自贸区网络。中国东盟自由贸易区是区域贸易合作发展的成功示范，目前，中国已是东盟最大的贸易伙伴，东盟则是中国第三大贸易伙伴，中国与东盟的绝大多数产品实现了"零关税"，大幅削减了贸易壁垒，降低了贸易成本，极大地促进了中国和东盟的贸易增长，接下来可继续深化双方贸易合作的广度与深度；中国与中亚地区的经贸关系非常密切，中亚各国在能源资源上具有优势，而中国在制成品等行业上具有很大的比较优势，因此，双方的贸易互补性较强，存在很大的贸易提升空间，贸易潜力巨大，积极构建中国—中亚自由贸易区，将有助于推进双方经贸往来的纵深化发展此外，应积极拓展贸易区域，通过中国—中亚的贸易合作，提升中亚地区的经济发展水平，促进中国与中亚、环中亚经济带上各国的经济贸易往来，并以环中亚经济带为媒介，打通中国与欧洲的陆路贸易通道，深化中国与欧洲的经贸合作。

积极签订贸易协议，为深化多边贸易合作提供保障。政府应积极推进签订区域全面经济伙伴关系协定，落实好中国与各国避免双重征税的协定，促使贸易合作国家放宽市场准入、技术标准等方面的限制，为双方企业提供投资便利化支持，同时也为投资项目提供共同的法律保护和争议解决依据。

拓宽贸易合作领域，进一步创新贸易方式。我国与各国可积极拓宽贸易合作范围，包括机械设备、机电产品、高科技产品、能源资源产品等，加大与沿线各国和地区开展投资与贸易领域的广泛合作，并不断创新贸易合作方式，以提高贸易便利化水平。具体来讲，可通过制定海关、质检、电子商务、过境运输等方面政策来促进经贸对接，提高沿线国家贸易便利化水平；积极开展面向沿线国家的贸易促进活动，搭建更多更有效的贸易促进平台；稳定劳动密集型产品等优势产品对沿线国家出口，扩大机电产品和高新技术产品出口，通过对外投资和工程承包带动大型成套设备出口；在增加沿线国家能源资源和农产品进口的同时，加大非资源类产品进口力度，促进贸易平衡发展；大力发展国际营销和跨境电子商务，推动企业在沿线交通枢纽和节点建立仓储物流基地和分拨中心，完善区域营销网络；坚持货物贸易和服务贸易协同发展，扩大运输、建筑等传统服务贸易，培育具有丝绸之路特色的国际精品旅游线路和旅游产品，积极推进特色服务贸易，发展现代服务贸易。

4. 深化投资合作

一是以政府为主导，加强中国与"丝绸之路经济带"及"海上丝绸之路"沿线各国的投资合作。深化中国与各国的合作关系，带动"一带一路"建设，促进中国的能源与经济安全，推动沿线国家的工业化进程。

二是分阶段投资合作。合作过程中，关注沿线经济节点的建设发展步骤，实施分步走投资战略，先是扩大内陆地区的开放广度和深度，以"丝绸之路经济带"建设推动中国长期西向战略拓展，为中东地区、欧洲地区的投资合作奠定良好基础，以"海上丝绸之路"连接沿海合作国家，共同发展经贸经济，以实现海陆并进。

三是坚持互利共赢，优势互补。在投资合作过程中，政府间应该坚持互利共赢，各自发挥优势，弥补劣势，加强国际投资合作。鼓励和引导企业到沿线国家投资兴业，合作建设产业园区，设立研发中心，提升产业层次，增加当地就业，壮大企业实力；注重完善投资合作保障服务体系，可共同设立政策性保险机构，对企业的风险予以充分保障；建立多元化的金融机构服务平台，健全信息搜集网络和信息评估体系，通过多渠道的投资融资方式，更好地保护外资企业合法权益；改革经济体制，完善行政管理，规范法律法规，健全监督体系，营造一个稳定、公平、安全的投资合作环境。

四是优化投资方式，塑造良好的企业形象。坚持以合资经营为主要方式，有选择地进行援助投资。切实提高投资合作的灵活性和主动性，积极参与投资合作项目商讨，增强中国在多边合作的话语权和主导权，维护中国国家利益时，要突出重点，兼顾全面，不断开拓新的合作领域，打造新的合作亮点。应注重服务、效益、质量的提升，塑造良好的企业形象，打造国际品牌。并鼓励民间交流，以文化交流带动经贸合作共同发展，有助于拓宽民间投资合作的渠道。

五是优选投资的重点领域，建立能源资源共同体，开发新能源。注重生态环境保护，建造新型绿色城市，转变农业生产经营合作方式，发展绿色农业。推动轻工业发展，调整产业结构。建立科技共享平台，实现优势互补。

5. 产业分工合作

立足产业分工大布局，通力推进区域合作。当今，双边性、区域性自由贸易安排过剩，靠贸易投资自由化促进各国经济发展的空间已被大大压缩。为了更好地发挥各国自身的资源禀赋优势，积极加入到地区乃至全球的生产网络和价值链中，已成为各国经济发展的重要手段。产业园区的建设则有利于将区域合作提升至新的层面，真正形成单一产业基地，促进区域一体化水平迈向纵深。这不仅有助于建立各国的内在经济联系平台，同时也是共同增长体系形成的核心基础。[①]

积极调整产业发展战略。促进从装备制造业、电子产业、材料产业、精密仪器等产业，并积极拓展互联网新业态，如互联网金融、电子商务；同时促进绿色环保、新能源等产业发展；通过产业合作帮助沿线发展中国家促进产业发展，实现产业升级，以企业为载体搭建产业合作平台，促进产业链对接整合，提高区域经济深度融合。例如，中国社会科学院研究员叶海林认为，中越可以继续推进农业贸易和农业生产领域合作，帮助越南发展临海型初级重工业，可通过成立中越产业对接投资促进机构的方式促进合作。

6. 物流合作

以一带一路为契机促进各国物流业的发展与合作。物流业的发展依托于交通运输效率的提升，而"一带一路"的战略重点首先在于各国交通基础设施之间的互连互通，这无疑为物流业带来了良好的发展契机，着眼长期，将利于中国构筑全球物流一体化的国家物流战略体系。

沿海港口可依靠天然水陆衔接优势，以大型集运港口为中心，向外辐射。"丝绸之路经济带"物流系统建设，则需要培育物流园区枢纽节点并在不同枢纽之间合理分工，以便形成具有规模效应的物流产业和具有通道效应的辐射服务系统；加强"丝绸之路经济带""海上丝绸之路"多个中心城市合作，实现内陆与海上相互连通辐射，降低物流成本，以便开辟具有竞争力的物流通道，支撑其他产业发展。

协调制定物流园区规划。制定定位准确、功能明确的物流园区枢纽节

---

① 李向阳：《亚太地区发展报告（2015）》，社会科学文献出版社2015年版。

点发展规划，打造资源整合力强、服务效率高和成本低的国家级国际物流枢纽。同时，加强对各地区开辟国际货运班列和跨境物流的管理。目前，我国至少已有8个城市开通了直达中亚和欧洲的国际货运班列，还有很多城市正在计划开辟新的铁路货运线路。这些班列对于我国商品更快地进入国际市场发挥了积极作用，也是丝路经济带建设的重要内容。需要注意的是，随着班列的增多，跨境电商、跨境物流发展加快，各地争夺货源的竞争也日趋激烈，政府部门、行业协会等有关部门需做好管控，防止恶性竞争损害国家整体利益。

7. 生态环境建设

关注发展战略的生态环境建设，注重促进区域可持续发展。丝绸之路涉及的国家中绝大多数为发展中国家，仍然存在区域和城乡发展不协调的难题，要和平、要安全、要发展、要就业、要一个良好的生态环境，已成为绝大多数国家的共识，建设"一带一路"需要加强生态环境合作，发展绿色经济。"丝绸之路经济带"主要经过我国中西部地区，沿线土地荒漠化问题严峻，其中新疆维吾尔自治区沙化率达64%，宁夏回族自治区达56%，内蒙古自治区达52%，甘肃省达45%，而沿线国家的等荒漠化也日益加剧，如哈萨克斯坦已有66%的土地在退化。因此，各国应通力合作，加强在沙漠化治理等方面的合作；在"海上丝绸之路"沿线国家之间，要更加注重海洋生态环境的保护，加快海洋基础设施建设，合理开发利用保护海洋资源和生态环境，在发展的同时，保护好海礁、海岛，实行严格的岸线保护措施。

8. 教育文化交流

以文化交流促进区域合作与共同发展。在建设"一带一路"的进程中，我们应当坚持文化先行，要积极发挥文化的桥梁作用和引领作用。通过进一步深化与沿线国家的文化交流，促进区域合作，实现共同发展，让命运共同体意识在沿线国家落地生根。

文化交流有助于夯实我国同沿线国家合作的民意基础，同时也有助于提升我国的国际话语权和影响力。"一带一路"沿线各国历史文化、宗教信仰不同，只有通过文化交流，才能让各国人民产生共同语言、增强相互信任、加深彼此感情。中国与沿线大部分国家都签署了政府间文化交流合作协定及执行计划，高层交往密切，民间交流频繁，合作内容丰富。今后我们可立足现有基础，打造新模式、探索新机制，加强与沿线国家的文化艺术、科学教育、体育旅游、地方政府合作等友好交往活动，密切中国人民同沿线各国人民的友好感情，夯实我国同这些国家合作的民意基础。

加强顶层设计和战略部署，推动政府间文化交流与合作深入发展。我们与"一带一路"沿线国家有稳定和牢固的官方文化交流平台，与上合组织、东盟、阿拉伯国家联盟等多个组织成员国及中东欧地区建立了人文合作委员会、文化联委会机制，这是我们今后各国之间密切合作的重要基础。未来，我们要加强顶层设计和战略部署，制定政府文化交流的中长期战略规划，落实好与"一带一路"沿线国家的政府间文化合作协定和年度执行计划，视情况在相关计划中纳入共建"丝绸之路经济带""二十一世纪海上丝绸之路"建设的内容，为中国与沿线国家开展文化交流与合作提供法律保障；充分挖掘"一带一路"的历史文化遗产，引导和动员民间力量开展丰富多样的文化交流活动，支持沿线有关国家联合申请世界文化遗产；此外，还要充分发挥专家学者和智库的作用，群策群力，通过定期召开研讨会、分专题开展调研等形式，为"一带一路"建设提供智力支持。

9. 旅游合作开发

"一带一路"的重大战略构想，是旅游业发展的新机遇。"丝绸之路"是世界精华旅游资源的汇集之路，汇集了80%的世界文化遗产；"丝绸之路"也是世界最具活力和潜力的黄金旅游之路，涉及60多个国家，44亿人口。据国家旅游局预计，"十三五"时期，中国将为"一带一路"沿线国家输送1.5亿人次中国游客、2000亿美元中国游客旅游消费，同时我们还将吸引沿线国家8500万人次游客来华旅游，拉动旅游消费约1100亿美元[①]，旅游业的这一积极增长态势，将为国际旅游产业带来新的发展动力。我国可与沿线国家和地区联合打造国际精品旅游线路和旅游产品、共同开辟市场、加强国际合作、完善旅游基础设施，打出"丝绸之路经济带"旅游发展的强势品牌，以获得更高的美誉度、知名度、游客忠诚度；树立品牌意识，加大"丝绸之路"品牌建设；推动跨境旅游业发展，做好《中国居民团队旅游目的地谅解备忘录》的签署工作，以促进各国人员的相互走动。

---

① 《旅游局："一带一路"的旅游愿景如何实现》，中国政府门户网站，http：//www.gov.cn/xinwen/2015－04/01/content_ 2841172. htm。

目前的发展重点应放在与各国共同来打造旅游产品，联合对外推广，吸引其他旅游客源地的客源上。打造产品时，要将自身的历史、文化与丝绸之路联系起来，更好地了解旅游动机，明确和利用丝绸之路沿线国的独特卖点，保持旅游目的地独一无二的特点；改进基础设施，化解阻碍丝路连通的因素，加强基础设施投资，提高接待能力；在国际合作方面，可通过简化签证等措施，以提高人员的流动性和游客的积极性。

10. 构建安全合作网络

"一带一路"区域内的传统安全与非传统安全相互交织，涉及的主权国家众多，任何国家都无法独自面对并加以解决。中国只有树立更加开放的合作理念，才能调动区域内各方积极参与到这一合作战略中来，最终实现互利共赢。

在国家安全战略方面，"丝绸之路经济带"的建设要考虑地缘政治平衡、反恐战略需要和国家能源安全三个方面，为区域发展构建安全的战略环境；航道安全则是"海上丝绸之路"持续稳定发展的关键，建设保障航道安全的"海上驿站"则是重中之重。政府之间应对这些安全领域进行充分交流合作，重视提供公共安全产品。

重视沿线各国的利益关切。中国"一带一路"战略面临的安全议题主要源于相关国家，领土、岛屿争端多基于历史原因，政局动荡多基于现实问题。对此，中国应重视区域内相关国家的利益关切，具体而言，中国作为领土、岛屿争端当事国，应继续坚持主权归我、搁置争议、共同开发的原则，照顾其他争端当事国的经济利益，积极通过争取双边磋商来加以解决；中国在面对区域内相关国家政治动荡时，应积极发挥建设性作用，推动相关各方以和平方式解决，维护区域稳定。具体可加强与各国在深化防灾救灾、网络安全、打击跨国犯罪、联合执法，合力打击暴力恐怖势力、宗教极端势力、民族分裂势力，打击贩毒、跨国有组织犯罪等方面的通力合作。

（二）政策协调

各国间政策的沟通与协调，是"一带一路"建设的重要保障。本着"求同存异，和而不同"的原则，应加强与各国政府间合作与政策协调，积极构建多层次政府间宏观政策沟通交流机制，并达成广泛共识，共同制定推进区域合作的规划和实施措施，协商解决合作中的问题，共同为务实合作及大型项目实施提供政策支持。

1. 贸易政策

加大各国间贸易政策的协调与对接,为深化沿线各国经贸合作创造条件。"一带一路"沿线国家贸易市场规模和潜力独一无二,各国在贸易和投资领域合作潜力巨大。但由于各自的制度安排、贸易政策、法律体系等都存在差异,要实现互利共赢的贸易局面,首先应进行充分的政策沟通与协调。

首先,各国间贸易政策协调应着力于扩大双方贸易范围、减少贸易壁垒。通过积极的探讨、协商与适当的制度安排,以消除贸易双方的贸易壁垒,降低贸易、投资成本,提高区域经济发展速度。

其次,各国之间应协调和制定有利于扩大双向投资合作的政策,以推动沿线国家经贸合作由简单商品贸易转向更高级的相互投资,形成贸易与投资良性互动、齐头并进的良好局面。各国政府应大力推动与"一带一路"国家签署地区多边投资保护协定,放宽市场准入,扩大开放合作领域,并为双、多边投资项目提供共同的法律保护。

2. 产业政策

政策协调立足促进产业合作与结构优化,以提升合作与发展效率。在进行产业政策协调时,在优化资源配置、发挥各国产业优势的基础上,以"鼓励"和"限制"为主要手段,一方面致力于积极推动我国产业转型,另一方面帮助沿线发展中国家实现产业发展和产业升级。

沿线各国产业政策协调的基础是基于各区域间的资源与市场差异,因此,在与沿线国家进行政策协调时,首先,应充分研究各国资源禀赋、产业优势及发展需求,按照产业关联性,以企业为载体搭建产业合作平台,促进产业链对接整合,提高区域之间的深度融合;其次,科学制定市场准入标准、竞争规则,并通过选择高效益的、资源合理配置、有效使用的产业组织参与,促进产业发展;再次,注重发挥产业政策在区域产业结构和产业布局的整合作用,包括加强各区域现有支柱产业的跨地区企业联合和重组。例如,可重点加强建设区域性高新技术产业群落,通过产业区域转移实现区域结构和布局优化;引导我国轻工、纺织、建材等传统优势产业和装备制造业走出去投资设厂,在更加贴近市场地区加工制造,带动沿线国家产业升级,提升工业化水平;深化与农业资源丰富的沿线国家种植业和畜牧业的合作;在"一带一路"主要交通节点和港口共建一批经贸合作产业园区,吸引各国企业入园投资,形成产业示范区和特色产业园;此外，应安排好产业发展序列并制定相关的各项政策，要妥善处理好各国重点产业与一般产业协调发展的关系，并视各自经济发展情况，定期交流与磋商产业政策，使政策发挥最佳引导作用。

3. 税收政策

充分发挥税收政策的激励与调节作用，以税收政策促进国家和区域间顺畅合作。积极研究制定支持"一带一路"建设的税收政策，积极进行各国之间税收协定谈判、签订和执行，通过双边磋商解决中国对外投资者的境外税务纠纷，明晰企业跨国经营税率，消除双重征税；同时，还应加强我国在税收协作、税收征管、税收分析、税收执法等方面的水平和能力，以减少国际协作成本，提升合作效率。例如，可以通过削减关税壁垒等政策来扩大与"一带一路"沿线各国的合作范围与层次；通过低税或免税的税收优惠政策来鼓励低耗能产业发展；建立完善跨境税收管理体制，国家间积极制定避免双重征税和偷漏税的具体协定，为企业合法经营和获取合法收益奠定重要的法律基础；此外，降低海洋行业相关税率，我国海运税率较高，是海运行业发展速度减缓的重要原因。除了企业的经营税以外，还有一些增值税和附加税，而欧洲、日本税率较低，即使在税率较高的美国也能以不同形式得到政府的补贴。因此，为了更好地推进"海上丝绸之路"发展战略，可以适当降低与海运行业相关的税种税率，如船舶税等。通过税收政策的深度协调，为我国企业"走出去"以及为更多跨国企业保驾护航。

4. 海运政策

重视海运政策在贸易促进与深化方面的作用，为区域合作注入新动力。海运政策是一项极具综合性的政策，与之相联系的产业可多达两百多个门类，因此，海运政策对于产业的发展和区域合作具有重要意义。我国有着天然发展海运的地理优势，然而，我国的海运政策支持并不到位，优惠的海运政策可以激发海运行业的潜在活力，增加我国海运业的国际比较优势。

在制定海运政策时，应顺应国际环境，把握航运政策，以多元化、差异化的发展模式支持我国海运事业发展。同时，为促进海运政策与国际接轨，还应加强我国海运法律体系与大国海运法律体系的对接。目前，国际海运大国的法律可谓高度成熟，相比之下，我国的海运法律法规有待完善。经过我国立法机构的审议并且通过的法律只有《海商法》《海上交通安全法》等少数几部法律法规。不仅法律力度不足，而且法规之间的联系比较少，无法以法律形式管理并促进海运行业的发展，没有能够渗透整个海运行业产业链完善的法律法规。要学习先进海运大国的海运政策经验，以营造公平、良好的竞争环境。例如，欧盟国家积极提高政府资助港口的力度，港口在经营、管理等方面信息的透明度较高，行政程序简化。日本通过海运集约化有效地支持了中小型海运企业的发展。因此，我国可积极效仿海运强国的先进经验，促进海运业发展。

5. 金融政策

加强沿线各国之间金融政策协调，创造更加开放、多元化的国际金融合作环境。在货币政策方面，积极推进人民币国际化，为"一带一路"战略实施推进提供保障。促进双边本币互换协议的签订，建立人民币离岸中心或人民币清算场所，提升各国之间的经贸合作效率。此外，金融政策在推动实体经济，发展和服务业"走出去"时至关重要。金融业将面临前所未有的发展机遇，可通过出台具体金融政策，扶持产业发展，促进转型升级，通过金融服务业带动国内设备、技术、服务出口贸易。

6. 科技政策

科技政策可以促进各国在科技领域的创新与合作，真正提升国际科技合作的含金量与附加值。在技术研发方面，可通过政策设计支持建立国家实验室与企业实验室，保证各国先进科技成果充分转化；按照优势互补、互利共赢的原则，促进沿线国家加强在新一代信息技术、生物、新能源、新材料等新兴产业领域的深入合作；实现科技产业化，重点培育和扶持科技型中小企业；推动建立创业投资合作机制，调整财政科技资金投入方向，加大科技平台资源载体建设，创新投入方式，鼓励各类天使投资基金发展，撬动各类社会资本支持科技创新与技术成果转化。

7. 环境政策

与沿线国家合作制定相关环境保护政策，最大限度地实现国家间的"环保"合作。环境政策协调的重点在于共同研究制定统一的产业发展的环境标准、设备标准及相关配套要求，对高污染、高排放行业进行限制。可以通过帮助沿线国家提高能效，加强资源循环利用，共同保护生态环境。

(三) 完善合作机制

当前，世界经济融合加速发展，区域合作方兴未艾。建设"一带一路"，需要在经贸往来、文化交流、资源共享等多个领域形成广泛持久的合作机制。在2015年博鳌亚洲论坛开幕式上，国家领导人表示，"一带一路"建设不是要替代现有地区合作机制和倡议，而是要在已有基础上，推动沿线各国实现经济战略相互对接、优势互补。"一带一路"战略实施，中国应积极利用现有双、多边合作机制，充分依托上海合作组织、中国—东盟（"10+1"）峰会、欧亚经济联盟等目前已有的合作平台，推动"一带一路"建设，促进区域合作蓬勃发展。

利用现有的多边合作机制，促进多边合作。在"一带一路"实施进程中，应充分利用、整合和对接现有多边合作机制和平台，如亚太经合组织、上海合作组织、亚信会议、亚欧会议等。继续发挥沿线各国区域、次区域相关论坛、展会以及博鳌亚洲论坛、中国—东盟博览会、中国国际投资贸易洽谈会等平台的建设性作用。

完善双边合作机制，促进重大规划对接。与沿线国家建立和完善双边联合工作机制，充分发挥现有的联委会、混委会、协委会、指导委员会等双边机制作用，与沿线国家共同推动合作项目实施。对合作意愿较强的国家，双方可共同编制"一带一路"建设合作规划，推动签署合作备忘录和协议，确定双方合作的领域、项目、投资主体等内容，及时建设一批取得积极成效的典型合作项目。

建立"一带一路"沿线国家大通关机制，推进贸易投资自由化、便利化。消除投资和贸易壁垒，积极同沿线各国共同商建自由贸易区。与沿线国家加强信息互换、监管互认、执法互助的海关合作，以及检验检疫、认证认可、标准计量、统计信息等方面的双多边合作。推进建立统一的全程运输协调机制，达到"一次通关、一次查验、一次放行"的便捷通关目标。推动与沿线国家海关监管和检验检疫标准互认，实现检验检疫证书国际联网核查，推进海关监管制度创新，支持跨境电子商务、边境贸易、市场采购贸易等新型贸易形式发展。

完善政府间合作交流机制，多方推进"一带一路"建设的积极性。"一带一路"战略能否实现并持续健康运行，取决于各国参与的内在积极性。由于"一带一路"沿线国家发展水平参差不齐、利益诉求各异、国家间关系错综复杂，对沿线国家应一国一策，突出重点，全面推进，做实政府间合作工作。同时，应注重发挥我国驻外使领馆和国内外智库的作用，有分工地加大国别研究，密切关注各国对"一带一路"建设的反应，收集各国的合作意向、项目建议，跟踪反馈项目执行中的问题，提出改进措施。

在建立与完善各种合作机制时，应注重不同级别、不同区域、不同功能机制所发挥的不同作用。同时，应建设一批双边合作示范项目，推动合作备忘录或合作规划的签署，研究推进"一带一路"建设的实施方案、行动路线图，带动各国、各区域蓬勃发展。

积极搭建不同功能的合作机制。在经贸领域，继续发挥相关经济论坛，如欧亚经济论坛、中国国际投资贸易洽谈会的作用，并建立在跨区域物流服务、国际货物贸易、服务商贸、过境物流组织等方面的协调机制；在金融领域，可积极建立货币互换基金等合作机制，当一国货币受到冲击时，可据此机制从其他国家获取所需货币以稳定市场。因此，可以尽可能地吸纳合作国家参与，扩大现有货币基金互换额；在文化方面，应充分挖掘民间"一带一路"历史文化遗产，联合举办专项投资、贸易、文化交流活动，办好丝绸之路（敦煌）国际文化博览会、丝绸之路国际电影节和图书展等；在旅游开发领域，可在游客出入境签证、旅游交通、旅游突发事件处理和人力资源开发等合作机制上加以完善，创新合作模式，促使成员国家旅游业健康、持续发展。此外，还可在其他领域，如征信系统、社会福利、科技、新闻、打击跨国犯罪等，建立起广泛的对话机制。

总体而言，"一带一路"战略的合作方式因其多元和合作对象开放性的特征决定了合作机制建立时应做到兼容并蓄，在对接现有区域合作机制基础上，多层次、多方位地构建区域合作框架体系。

（四）形成合作共识

区域、国家间合作共识的形成是展开广泛、深度合作的前提。在形成合作共识的过程中，应善用恰当的话语体系，阐释倡议内涵。尤其需要突出"一带一路"和平、包容、共赢的发展理念，而非"中国经济扩张"或"谋求海洋霸权"。巴基斯坦前总理肖卡特·阿齐兹曾表示："新丝绸之路经济带是一个非常好的战略构想，能够促成国家和地区之间的经济合作，使不同的国家和地区之间建立联系，共享不同的货物和产品，达到共赢。""一带一路"这一宏伟的战略构想，将开启一个共创共享的国际合作新时代，并为泛亚和亚欧区域合作提供前所未有的机遇。然而，合作共识的形成并非一蹴而就，须各国携手努力，朝着互利互惠、合作共赢的目标相向而行。

建设"一带一路"是中国的倡议，也是中国与沿线国家的共同愿望。站在新的起点上，中国愿与沿线国家一道，以共建"一带一路"为契机，平等协商，兼顾各方利益，反映各方诉求，携手推动更大范围、更高水平、更深层次的大开放、大交流、大融合。"一带一路"建设是开放的、包容的，欢迎世界各国和国际、地区组织积极参与。

积极努力达成广泛共识。建设"一带一路"的途径是以目标协调、政策沟通为主，不刻意追求一致性，可高度灵活，富有弹性，是多元开放性的合作进程。中国愿与沿线国家一道，不断充实完善"一带一路"的合作内容和方式，共同制定时间表、路线图，积极对接沿线国家发展，形成区域合作规划。

多方达成愿景共识。中国愿与沿线国家一道，在既有双边、多边和区域、次区域合作机制框架下，通过合作研究、论坛展会、人员培训、交流访问等多种形式，促进沿线国家对共建"一带一路"的内涵、目标、任务等方面的进一步理解和认同。

"一带一路"建设应有助于以下一些重大战略目标的实现：安全高效的陆海空战略通道网络全面形成；"政策沟通、设施联通、贸易畅通、资金流通和民心相通"目标全面实现；在产业投资、经贸合作、能源金融、人文交流等领域取得突破性进展和重大收获；构建一批全面开放的国际经济合作走廊和海上战略合作平台；在全球治理结构中占据主导优势，把中华民族伟大复兴的中国梦与周边各国人民过上美好生活的愿望，以及与地区发展前景对接起来，建立面向亚非欧大陆和链接三大洋（太平洋、大西洋、印度洋）的均衡战略布局，将"一带一路"发展成为同时连接亚太经济圈、欧洲经济圈和非洲经济圈的世界上最长、最大、最具活力和最具发展潜力的国际政治、经济、外交、人文、安全大走廊。[①]

（五）政府间合作未来展望

随着"一带一路"战略不断推进，各国政府之间合作的关键领域，如基建、能源、贸易等将可能成为沿线国家之间合作的基础和纽带，而这些领域也将随着政府合作的加强而不断深化的合作关系，甚至达到产业之间的相互依存关系。沿线国政府不但需要巩固和优化彼此在这些关键领域的合作，以形成牢固的战略伙伴关系，同时也需要积极拓展各国在其他领

---

① 《"一带一路"战略的多重目标》，《上海证券报》2012年2月5日。

域的合作，如物流、科技、新兴服务业等，充分发挥各自国家的资源要素优势，拓宽未来新兴增长领域的合作，通过政府引导逐步形成区域性、永久性的新型经济合作共同体。

二 国际组织推动国际协同发展

"一带一路"是21世纪我国提出的宏伟战略，也是亚欧大陆国家的重要发展战略。在此战略背景下，我国将与沿线各国人民"共商、共建、共享"人类文明新成果。在建设"一带一路"过程中，除了需要各国政府积极参与通力合作外，也离不开发挥国际组织的重要作用。为建立良好的合作关系，应充分发挥区域国际性组织、功能性国际组织的协调作用，从而更好地推动"一带一路"沿线国家协同发展。

（一）与区域性组织共谋发展

区域性国际组织往往对一个区域的政治稳定、经济发展、军事安全等起着重要作用。综观"一带一路"沿线，在不同区域间，已存在或建立了不同发展目的的区域性国际组织，如东南亚国家联盟、上海合作组织等。"一带一路"建设不仅不会产生合作机制组织的重叠或竞争，反而还会为这些机制注入新的内涵和活力，并进一步增强区域内部以及区域之间的联系，这有利于创造一个"共赢发展"的局面，从而形成真正意义上的"命运共同体"。

1. 与东盟合作的经验及启示

中国与东盟合作在过去十年实现跨越式发展，取得了许多成就，例如，泛亚铁路建设积极推进，通向东盟国家主要口岸的公路也已基本实现高等级化，中缅石油天然气管道全线贯通，大湄公河次区域便利货物及人员跨境运输的法律文件进入逐步实施阶段；互相构筑海上互通网络，开拓港口、海运、物流和临港产业等领域合作，并设立中国—东盟海上合作基金，用于海洋科研与环保、航行安全与搜救、打击跨国犯罪等，形成多层次、全方位的海上合作格局；此外，还与周边现有通用机场共同形成空港群体，以促进与东盟国家航空运输快速协同发展。①

同时，也积累了如下一些成功经验：

第一，与东盟的良好合作离不开多边领导人的不断倡议和推动。在所举行的历届领导人会议上，交通上的互相连通始终是被各国领导人强调的重点领域，始终就建设的目标、规划、内容、机制、资金等提出倡议、进行磋商并不断推动。

第二，与东盟合作，区域与次区域互连互通相互促进。中国与东盟区域合作、东盟一体化、大湄公河次区域经济合作（GMS）三个区域和次区域经济合作于东盟区域重叠交叉，相互支撑，相互促进，共同推动着东盟一体化的进程，双方经贸合作成果显著，确定了包含交通等 11 大重点合作领域，并在 20 多个领域开展务实合作，成果丰硕。②

第三，中国—东盟合作以经贸合作为重要支撑，借助边境地区优越的区位优势加上资源等产业互补优势，积极构建自由贸易区，加大经贸合作，为中国与东盟的互连互通、共同繁荣提供了坚实的经济基础。

第四，中国—东盟的合作拥有着较为完善的制度保证。双方已建立起各个层级的部长会议机制、磋商机制、委员会等，先后签署了一系列协定

---

① 赵壮天、雷小华：《中国与东盟互连互通建设及对南亚合作的启示》，《学术论坛》2013年第 7 期。东盟建设具体成就：（1）泛亚铁路建设积极推进。2009 年 6 月，包括中国在内的 18 个亚太经社委员会成员国签署的《泛亚铁路网政府协定》正式实施。虽然泛亚铁路东盟段越南、缅甸境内进展缓慢，但老挝、泰国、马来西亚境内取得积极进展。与泛亚铁路东、中、西三个方案相对应的中国境内段项目均列入了中国的《中长期铁路网规划》和《铁路"十二五"规划》并稳步实施。（2）中国通向东盟国家主要口岸的公路基本实现高等级化。至 2011 年，广西通往越南所有一类口岸的公路全部实现高等级化。目前，广西与越南间已实现客货运输车辆直达运输和公务车辆相互驶入，出入境口岸达到 4 个，客货运输线路达到 29 条。（3）中缅石油、天然气管道全线贯通。（4）大湄公河次区域便利货物及人员跨境运输的法律文件进入逐步实施阶段。2012 年 5 月 30 日，中国和越南签署了《关于建立中越国际汽车运输行车许可证制度的协议》，放宽限制的货车和客车可以穿行于越南河内和中国深圳之间 1300 千米长的公路。（5）海上通道成新亮点。2007 年，中国与东盟共同签署《中国—东盟海运协定》，将中国—东盟海事磋商机制升格为各国海事安全主管部门领导进行定期磋商的机制。（6）中国分别于 2004 年、2006 年与泰国、缅甸实现双边航空运输市场准入相互放开；2007 年，中国与东盟共同签署《中国与东盟航空合作框架》。

② 10 年来，中国—东盟自贸区全面建成，区域全面经济伙伴关系（RCEP）谈判正式启动。双方贸易额从 782 亿美元增长到 4000 亿美元，相互投资从 332 亿美元增加到 1000 亿美元。双方每年人员往来从 387 万增加到 1500 万。GMS 合作以来，在 ADB 的支持下，倡议发起了三大经济走廊建设，即南北经济走廊、东西经济走廊和南部经济走廊，其中与中国相连的是由东、中、西三线组成的南北经济走廊。目前，各走廊城市间的铁路、公路、水运等基础设施建设已初具规模。

和文件，使得之间合作更为顺畅和高效。

第五，积极寻求资金支持，为合作保驾护航。双方建立了中国—东盟海上合作基金和投资合作基金，并通过灵活的融资方式，积极调动国际金融机构的资源，为双方建设发展提供持久稳定的资金支持。

第六，双方达成与东亚合作的共识，共同打造了符合地区实际的东亚合作理念，共同推进以东盟为主导的东亚合作，推动东亚一体化进程不断迈进。

中国—东盟的合作对"一带一路"有着重要启示。在"海上丝绸之路"的建设方面，中国及东盟各国在海洋资源方面有着得天独厚的优势，未来的合作应主要扩大在海洋方面的合作，借助海上互连互通、在投资、海上油气资源勘探开发领域进行深度合作，加大港口建设、船舶制造领域的建设合作，促成渔业资源、服务业开放，加强环保、科研、搜救以及渔业合作。

2. 与南盟合作发展思路

南亚地区占有超过1/5的全球人口，经济增长势头强劲，在地区发展中占有重要地位，通过在该区域合作，提升区域内各国经济实力。在该区域，大型国际区域经济合作如孟中印缅经济走廊、中巴经济走廊等正在积极构建，这些经济走廊的建成将促进该区域的经济体充分发挥优势，联系更加紧密。借鉴东盟合作经验，与南盟合作发展，可从以下几方面积极建设：

第一，积极参与南盟框架下各领域的务实合作。南亚区域、次区域合作程度较东盟而言，层次单一、进程缓慢，南盟是南亚地区唯一正式大型区域合作机制。随着南亚区域经济一体化逐步深入，中国有必要抓住时机，参与到南盟区域经济一体化建设中来，为繁荣亚洲经济打好基础。目前，已经建立的有南亚关税同盟和南亚经济联盟，南盟成员国对与中国合作发展抱有十分积极的态度，同时，也将互连互通作为合作的首要目标。中国可借鉴与 GMS 合作的经验，选择孟中印缅经济走廊和中巴经济走廊等经济合作组织作为合作的突破口和示范案例来进行参与，逐步参与和推进与南盟的合作。

第二，与南盟建立全面、官方合作机制。相较与东盟的合作机制而言，南盟方面的合作机制还比较缺乏，通过全方位、多层次的合作机制，制定地区发展战略规划，推进重点项目建设，积极参与南亚各国家内部的基础设施建设，制定利于贸易和投资化的政策，促进现代物流系统发展。定期沟通和协调，落实中国和南亚国家领导人的合作共识，充分整合和利用中国—南亚博览会、中国西部国际博览会、欧亚博览会等不同方向的有效平台，夯实中国与南亚合作。同时，在海事领域，双方虽然都已将海事安全这一个问题视为威胁各自国家安全的首要问题，却几乎没有任何实质性的进展，中印双方组织了联合搜寻和营救行动，但在中国南海、马六甲海峡和印度洋的打击海盗行动中却几乎从未合作过。两大崛起中的亚洲国家和区域急需建立战略对话与合作机制。

第三，设立中国—南盟发展合作基金，推动重点合作项目建设。亚洲经济的迅速增长带动了基建投资需求。据估算，2010—2020年亚洲每年需要7500亿美元用于国家和地区间基础设施建设，估计未来10年的投资总需求约为8万亿美元。中国与南亚互连互通建设遇到的最大障碍之一就是资金短缺。[①] 建议中国与南亚互连互通建设参照中国—东盟互连互通的做法，以设立中国—南亚合作基金为先导，同时有效利用亚行、世行等国际发展机构的资金和技术，积极利用亚洲债券市场和私人投资，推动基础设施和重大项目的合作。

加强与南盟的发展合作，不但有利于促进中国与南亚国家的经济发展，也有利于促进地区的和平与稳定。以与南盟合作为突破，促进中国与南亚各国的睦邻友好合作关系深入持久地发展。

3. 与上海合作组织携手发展

共建"丝绸之路经济带"，离不开充分发挥上海合作组织的平台作

[①] 赵壮天、雷小华：《中国与东盟互连互通建设及对南亚合作的启示》，《学术论坛》2013年第7期。中国与东盟区域合作、东盟一体化、大湄公河次区域经济合作（GMS）三个共同存在于此区域的区域和次区域经济合作在该地区重叠发展并相互支持，互连互通建设相互衔接、交融，共同发展。GMS作为中国与东盟的次区域合作率先发展，成为中国与东盟区域合作的示范。中国与东盟为GMS发展提供了指导性框架和精神。东盟一体化在中国与东盟、GMS合作中稳步推进。1991年，中国—东盟开启对话，22年来，双方政治互信不断增强，从对话伙伴提升到战略伙伴。双方经贸合作成果显著：如期建成了自由贸易区，贸易和相互投资快速增长。互连互通方面，2010年10月，第17届东盟首脑会议通过《东盟互连互通总体规划》，《规划》囊括700多项工程和计划，投资规模约达3800万美元，"规划"实施后将促进东盟地区全方位互连互通。GMS合作以来，在ADB的支持下，倡议发起了三大经济走廊建设，即南北经济走廊、东西经济走廊和南部经济走廊，其中与中国相连的是由东、中、西三线组成的南北经济走廊。目前，各走廊城市间的铁路、公路、水运等基础设施建设已初具规模，交通状况等得到明显改善。除此之外，GMS建设的跨境运输便利化措施处在逐步实施当中。

用。上合组织的战略伙伴国家是"一带一路"在亚欧大陆上的重点合作国家，通过各国之间的相互合作，形成以点带面，辐射至整个中亚、西亚、东欧地区的良好局面，具有重要的战略意义。

在与上合组织成员国合作时，遵循循序渐进、先易后难的原则；由于各国发展状况各异，可优先选择重点产业、优势产业、重点地区、双边自贸区等开始合作；首先将核心区和始发区作为重点建设好，再逐步辐射拓展区和延伸区；以推进经贸投资便利化为突破口，带动区域内经济、社会、安全等多领域的合作；以文化交流与合作为纽带，充分发挥历史文化的交会作用。

与中亚、西亚国家重点寻求能源、资源合作。例如，塔吉克斯坦国家为了减少对石油天然气能源的依赖，大力发展煤炭工业，然而其煤炭储藏量远远超过本国需求，这就为中国企业进入塔吉克斯坦煤炭产业领域提供了良好契机；又如，中国随着新一轮城镇化建设和"绿色经济"发展，可以预见我国对天然气的巨大需求，这为与中亚国家在天然气领域的合作提供了契机，同时这也有利于俄罗斯、中亚将能源优势转化为经济优势；而俄罗斯、中亚国家也正步入工业设备的更新换代时期，为中国出口相关设备，进行技术改造，开展经济合作带来了新机遇。双方进行纵向的产业整合，从而为未来的经济一体化发展创造了条件。

重视金融基础设施建设。目前，中国和上合组织内各国达成的一些协议，仅为一些关于优惠贸易方面的初级安排，未来应该提升贸易合作的广度和深度，并通过金融建设为自由贸易注入动力，具体可在货币结算、资金供应、金融机构设置、金融中介服务、金融市场建设等多方面提供全方位支持，充分发挥金融的资源配置、产业引导和融资服务功能。我国可以以基础设施工程建设资本、技术输出为契机，通过支持中亚等地区基础设施、民生工程等来促进人民币跨境使用。

以上合组织为平台率先打造"绿色物流"产业。"绿色物流"发展前景广阔，加强协作有着重要发展意义。中国与哈萨克斯坦正积极构建打造亚欧大陆上的"运输中转走廊"，而发展"绿色物流"，减少物流运输沿线对环境的破坏，是这条物流大通道持续发展的保障。目前，国内物流也蓬勃发展，生态环境因素在中国物流运输业中的作用将会越来越重要，未来物流将朝向更加低碳、生态环保方向发展，并且这一物流发展理念，可望推动新运输形式产生。

（二）借力功能性组织驱动发展

在"一带一路"的发展建设中，除了充分利用区域性国际组织"以线带面"拉动全局发展以外，同时也需要借力于一些具有全球影响力的专业性国际组织，充分发挥其专项支持功能，促进"一带一路"战略持久发展。

1. 依托亚洲基础设施投资银行、世界银行等组织获取资金支持

"一带一路"沿线国家可借助亚洲基础设施投资银行为沿线基础设施建设提供可靠的资金来源。沿线国家在基础设施投资上存在巨大资金缺口，随着这些发展中国家工业化和城市化进程加快，基础设施投资需求十分巨大，据亚洲开发银行测算，2020年前亚洲地区每年基础设施投资需求将高达7300亿美元。亚洲基础设施投资银行是一个政府间的金融开发合作机构，按照多边开发银行的模式和原则运营，其设立的目的正是为发展中国家的基础设施建设提供强大资金支持。建议在初期首先推进与我国基本没有领土纠纷、没有历史问题的传统友好国家的基建合作项目，给予资金支持；在中长期，随着亚洲基础设施投资银行牵头提供融资方案逐渐被更多国家接受，可建立起更具普遍适用性的融资模式。

重视世界银行对发展中国家其他领域的贷款支持作用。世界银行的目标在于向发展中国家提供长期贷款和技术协助来帮助这些国家走向富裕，其贷款被用在非常广泛的领域中，如涵盖医疗、教育、公共设施建设等关乎民生的领域。此外，世行还在经济发展方面提供顾问和技术协助，近年来，还开始重视支持小型企业发展。中方及沿线国家可充分利用世行的贷款，完善本国在一些关乎民生领域的发展，从而为"一带一路"战略不断向前推进解除后顾之忧。

2. 通过国际货币基金组织优化国际金融秩序

积极借助国际货币基金组织（IMF）的力量助力发展经济。国际货币基金组织旨在为陷入严重经济困境的国家提供协助，通过制定成员国间的汇率政策和经常项目的支付以及货币兑换性方面的规则来确保监督功能，确保全球金融制度运作正常；对发生国际收支困难的成员国在必要时提供紧急资金融通；为成员国提供国际金融合作。可以说，IMF在促进国际经济一体化过程中发挥着重要作用。"一带一路"沿线发展中国家居多，许多成员国家经济发展水平以及宏观调控能力十分有限，IMF可提供资金支持。具体而言，我国与其他战略伙伴可共同寻求IMF的支持。例如，各

区域国家在进行国内重大财政、银行、外汇体制改革时，可向 IMF 积极咨询、寻求建议；积极派出人员到 IMF 进行进修、研讨、培训，加深对全球宏观经济、区域经济、金融等领域的认识，为本国经济发展提供智力支持。

3. 借助联合国、国际性非营利组织等力量促进可持续发展

借助联合国及其他非营利性组织支持"一带一路"可持续发展。联合在缓和国际紧张局势，解决地区冲突，协调国际经济关系以及促进世界各国经济、科学、文化的合作与交流方面，都发挥着积极的作用。在促进可持续发展方面，联合国始终朝着加强国际合作的方向发展，并从各个层面消除贫困、消除饥饿，实现可持续、包容性经济增长。在与"一带一路"沿线国家共谋共建时，可将本国或区域内诸如贫困、污染等问题置于联合国的议程或框架下，通过联合国系统来支持区域和次区域组织有效推进可持续发展。

民间非营利组织力量不容忽视。非营利组织是政府功能的重要补充，尤其在艺术、慈善、教育、学术、环保等领域扮演着重要角色，可重点发挥这些组织在协助政府做好宣传、指导、监督等方面的工作。在学术研究方面，目前我国各类研究机构和高校在周边国家研究方面力量相对薄弱，急需深化对"一带一路"周边国家的研究，并与有关国家智库、机构合作，加大援外培训、学术交流、政策研究、人才培养力度，储备"一带一路"建设的人才资源。此外，还可培育一些新兴产业组织，为企业提供投资评估咨询、法律咨询等服务，促进区域经济发展。

三 跨国公司带动国际协同发展

跨国公司既是国际分工合作的主要物质载体和推动力量，也是国际经济联系的主体。在落实"一带一路"战略中，除了充分发挥政府力量和国际组织的功能外，还应重视大型跨国集团在发展规模、资金实力、产业带动等方面的影响力，在市场经济充分发展和全球经济一体化趋势下，跨国公司带动地区经济发展的作用将越来越强。

（一）跨国公司合作的特点与意义

大型跨国公司之间的合作通常具有如下特点：一是从全球战略角度出

发安排企业生产经营活动，在世界范围内寻求合理生产布局、定点专业生产、定向销售商品、以获取最大利润；二是以强大的经济和技术为支持，有信息传递、资金跨国汇兑等方面的优势；三是许多大的跨国公司由于经济、技术实力或在某些产品生产上的优势，或对某些产品，或在某些地区，带有不同程度的垄断性。

跨国公司对世界国际经济与贸易发挥着深刻的作用：一是跨国界的投资导致资源配置的全球化，使世界生产在最合理的区位布局下进行；二是资本的流动引导了技术的流动、管理的流动和市场的重新划分；三是跨国投资导致了市场经营方式的全球化，使投资流入国采用市场经济的生产方式和经营方式；四是跨国投资的强大经济效益加速了不发达国家的经济开放，使之融入世界经济体系中；五是大大推动了国际贸易发展，贸易也更为自由。

大型跨国集团的这些鲜明特点及在推动区域经济一体化过程中的地位，决定了其在"一带一路"国际性宏伟战略中将发挥举足轻重的作用。

（二）跨国公司的合作路径

跨国公司的积极投资、并购与合作，可以促进资本、技术、人才等生产要素的跨国流动，推动国际分工的深化和规模经济的实现，并有利于推动生产要素价格在全球范围内的均等化和世界经济一体化发展。

首先，跨国公司通过对外直接投资，将资本、技术和管理经验合成为整体资源，并结合不同国家或地区的生产要素禀赋，进行有效整合，形成更强大的生产能力，将国家间的生产分工和协作在一定程度上转变为企业内部的分工与协作，通过跨国公司的全球性经营活动，促使世界各国生产、交换、分配等各方面经济联系不断加强和国际分工不断深化。

其次，跨国公司通过对区域内的直接投资，促进区域内外资源的合理有效配置。由于国内市场的狭小制约了规模经济效益的发挥，随着企业跨越国界的经营活动，区域内相互投资增加，贸易量也会随之增加。以欧盟为例，20世纪60年代开始，欧盟内部贸易额随着跨国公司在欧盟内相互投资的增加而持续增长。根据数据显示，欧盟内部贸易额占当年贸易总量的比重逐年扩大，从20世纪60年代的34.5%上升到2000年的64%，几乎翻了一番。[1]

---

[1] 周迎春：《跨国公司：国际区域经济一体化的推动者》，《理论研究》2009年第5期。

最后，跨国公司通过投资方式深化区内市场。跨国公司在区内扩张，将传统的国家产业间分工，转化为企业之间的产业内分工，这种分工形成的规模经济使该区内跨国公司的竞争优势更加明显。在这个过程中，区内各国根据自身的资源禀赋来重新定位自己的竞争优势，这为跨国公司以本地区为出发点重构企业的区位优势、技术垄断优势和经济资源优势大有裨益，还可以使那些本来不具备比较优势的或者优势并不明显的国家增加国际比较优势，增加了其促进区域经济一体化的可能性。

（三）大力推动跨国集团协作发展

基于跨国集团对于"一带一路"建设的作用和意义，有必要进一步充分发挥跨国集团的重要协作功能。借助运用不同的协作方式，将"一带一路"规划向纵深推进。

依托不同规模跨国企业推动国际协同发展。从企业类型看，一些大型的、具有国际影响力的跨国公司，由于他们承载了较为雄厚的资金，把握着产业发展的主要技术，在国际合作时，这些大型跨国公司拥有重要的发言权，因此，可充分利用它们引导产业的发展方向；而一些小型的跨国公司则应注重其功能性，从微观角度密切国家或区域之间在某个领域或产业的协作。

以投资合作、企业兼并、海外并购推动国际协作与发展。以各国跨国公司为合作对象，针对不同区域发展特点，展开不同层次、不同类型的投资合作，制订不同的并购计划。例如，面向中亚国家，可与这些国家的大型知名能源公司在能源开发、贸易方面展开深刻、稳定地投资合作；在东南亚、南亚地区，借助临海的地理优势，与大型海洋企业合作，投资于港口、海运、渔业等产业。

通过跨国公司之间广泛而深刻的协作，增加区域经济间的协调性，从而更好地与"一带一路"沿线国家构建战略伙伴关系，互相支持，共同发展。

四　金融合作促进国际协同发展

金融合作是"一带一路"发展战略的重要组成部分，发挥金融的引领作用，不仅可以助力沿线地区发展，还可减轻国家色彩，打消政治疑虑，换取更多认同。同时，有利于建设命运共同体，实现更大范围、更深层次的合作共赢。

在进行金融合作过程中，应重点把握以下几个原则：一是坚持与战略合作伙伴的共赢，在制定规则、选取合作模式的过程中，充分考虑发展中国家的利益，选择符合国家整体利益的发展模式；二是以"安全"为底线，树立经济、金融的"大安全观"，对任何可能损害国家利益的言行保有警惕，在寻求最大化利益的同时守住不发生区域性、系统性危机的底线；三是创新思维，不断创新金融合作模式，全面加强与沿线国家的金融合作互惠，以最大限度激发合作潜力促进互利互惠发展。

（一）拓展金融服务

以金融合作助力"一带一路"发展，离不开建立良好的金融秩序和提供便捷的金融服务。可以人民币国际化为重点发展战略进行推进，并不断拓宽金融服务的范围，如在保险、咨询等领域，以形成合力。

1. 推进人民币国际化

（1）人民币国际化是前提和保障。人民币国际化便于我国与"一带一路"相关的国家国际贸易。2009—2013年，我国与"一带一路"沿线国家的平均贸易量占我国总贸易量的24.55%，预计双边贸易规模还将继续扩大。2015年3月16日，北京招商证券发布研究报告指出，近年来，我国加快了人民币国际化的布局，为"一带一路"战略的铺开提供了良好的基础设施。对于我国来说，以人民币的形式对外输出可以最大限度地锁定项目建设过程中资金和产品的流动方向；对于"一带一路"沿线国家来说，在参与合作建设中采用人民币作为结算货币将会使得国家间开展贸易更加便捷，保障贸易的公平性和收益，并进一步提高贸易效率和资金安全性。

人民币国际化能更好地保障我国资本输出。币种计价的选取对于资本输出而言至关重要，美元币值的变动会进一步加大我国资本输出的不确定性。在"一带一路"战略实施过程中，若采用美元计价，势必受到美国货币政策的制约，直接影响到资本对外输出效率。采用人民币计价，既保障了我国免受美国货币政策的影响，也提高了中国在沿线国家的资本输出效率。

人民币结算利于规避大宗商品美元价格下跌的汇率风险。"一带一路"沿线国家多为资源出口国，大宗商品出口在其出口中占较大比重。

目前看，大宗商品市场供大于求的局面短期内难以破解，美元持续走强对商品价格更是雪上加霜。因此，绕开美元、日元、欧元等国际货币，使用人民币交易，可以使双方企业避免因美元币值的波动所产生的汇率风险，规避全球货币政策分化引起的潜在风险。

（2）人民币国际化的推进战略。中国推进人民币国际化的进程，可从两个层次着眼，采用"三步走"的推进思路。首先，从地域扩张层面来看，采取"三步走"，采取"人民币周边化—人民币区域化—人民币国际化"的发展取向：人民币周边化，即推进人民币在我国港、澳、台及越南、缅甸、老挝、蒙古、尼泊尔等周边国家的流通；再进行人民币区域化，不断提升人民币在其他亚洲国家的影响力，使之逐步成为区域性主导货币；最后逐步使人民币实现国际化。其次，从货币职能上看，也需要采取"三步走"战略：坚持"人民币结算货币—人民币投资货币—人民币储备货币"的取向：先以人民币为货币进行结算，逐步增加人民币在全球国际贸易结算中的比重；再扩大以人民币为货币的投资，逐步使人民币成为国际金融市场上的主要投资币种；最后逐步使人民币成为储备货币。各个层次的"三步走"中，各步骤、相互衔接、错综复杂、循序渐进，要逐步有序、适时适度地促进人民币国际化进程。①

着力培育和完善金融市场。现阶段我国在人民币区域化的过程中应逐步推进金融市场的改革和开放，并以"中华经济圈"为核心区域创立"盯住共同货币篮子制度"，以逐步积累与美元等主要国际货币抗衡的能力，从而提升我国人民币国际化过程中应对风险和冲击的能力，为人民币国际化做好准备。

构建境外人民币回流机制。人民币回流机制对于提升国际社会的认可度十分必要。可以扩大人民币债券的海外发行规模，允许海外人民币债权向我国进口支付，并对我国直接投资，扩大境外投资者对中国资本市场的进入渠道。

打造国际金融中心。人民币如果没有一个强大的国际金融中心作为支撑，那么与各国的货币兑换、流转、交易就难以通畅。国内可加大上海作为国际金融中心的建设力度：一是加大上海国内银行的国际化，同时放宽市场准入，使上海外资金融机构数量增加；二是加强上海金融中心的信息

---

① 王思程：《对人民币国际化问题的若干思考》，《现代国际关系》2008年第8期。

化建设，从而更好地在全球范围内配置金融资源；三是在上海率先开展资本项目开放试点，以此助推人民币交易需求。

推进人民币跨境清算网络和离岸市场建设。离岸金融市场的建立，可以为非居民提供在中国进行人民币投资或筹资的场所和手段。在贸易结算层面，首先，针对东盟和欧盟这两个"一带一路"沿线最重要的贸易伙伴，中国在进一步加强双边本币互换、结算的同时，应积极推进人民币跨境清算网络和离岸市场建设，采取"贸易+离岸金融中心"的模式来推进人民币国际化；其次，针对上海合作组织成员国，我国主要致力于继续推动双边本币互换，并以俄罗斯为突破口，加强成员国之间的本币结算；再次，针对中东和中东欧国家，中国促进货币流通的重点在于继续加强货币互换和本币结算的沟通；可把东盟、中亚、俄罗斯、蒙古、伊朗等作为优先突破口，在资源、能源、粮食等大宗交易中采取人民币计价结算；在中国承担所在国资源开发与基础设施建设时，推动重大装备出口人民币结算；提升人民币在中国对外投资、贷款、援助中的比重；着力拓展以人民币进行直接投资的渠道；考虑人民币专项基金，专门用于投资沿线国家的基建和资源开发等项目。

2. 以保险业发展护航"一带一路"战略

依托风险管理功能为"一带一路"战略护航。2015 年《政府工作报告》强调，要扩大出口信用保险规模，对大型成套设备出口融资应保尽保。这为保险业服务"一带一路"战略提供了重要机遇。2014 年 1—8 月，作为我国政策性保险公司，中国出口信用保险公司累计承保企业向"一带一路"沿线国家出口和投资 637 亿美元，同比增长 12.8%。随着"一带一路"战略的实施，出口信用保险领域前景更加广阔。除了中国出口信用保险公司以外，其他保险公司也将破冰开展进出口信用保险业务，携手为"一带一路"战略保驾护航。

依托资金融通功能支持"一带一路"战略发展。保险资金业务是承保业务的必要补充，特别是在承保能力出现过剩的背景下，保险资金运用业务不仅成为保险业的重要利润来源，而且是支持国家经济建设、提升保险业竞争力的重要手段，在重大基础设施等国家重大工程领域大有可为。基础设施互连互通是"一带一路"建设的优先领域，而基础设施建设需要大量资金作保障。截至 2014 年年底，我国保险资金运用余额 9.3 万亿元，其中 2.2 万亿元投资于基础设施债权、股权投资和信托投资等其他非传统领域。未来，我国保险业有望在"一带一路"沿线港口、物流、航空、园区建设、公路、环保、水利等基础建设领域提供重要资金支持。

努力实现我国境外投资保险制度与国际投资保险制度的对接。综观美国、日本和德国的境外投资保险制度，境外投资政治风险发生后赔偿的复杂性使各国都选择由政府机构或其控制的国营公司作为承保机构，美国更是以国家信用作为担保。我国境外投资保险制度尚不完善，应加强国际间的交流，实现我国境外投资保险制度与国际投资保险制度的融合。

3. 以其他新兴金融服务提升金融合作质量

在分步走的推进路径上，我国金融业还可提供投资、租赁、风险管理等综合化服务，并且可适时推出离岸证券交易中心，加快培育一流金融企业，增进利益互利共享，完善各类配套政策等；在金融咨询方面，突出服务功能，并充分发挥作为金融机构识别、预警的底线作用，为"一带一路"沿线国家在金融机构战略、管控模式与组织设计、人力资源管理、财务管理、投资运营风险管理、并购重组、企业改制、业务流程重组、新产品与服务的开发等方面提供针对性、科学性、战略性建议，以满足日渐复杂的客户需求。

（二）搭建融资平台

1. 以"丝路基金"为建设启动器

"丝路基金"的设立可以更快地运作和更好地推进项目建设。丝路基金相关负责人称，将依照《中华人民共和国公司法》，按照市场化、国际化、专业化原则设立中长期开发投资基金，重点是在"一带一路"发展进程中寻找投资机会并提供相应的投融资服务。丝路基金秉承商业化运作、互利共赢、开放包容的理念，尊重国际经济金融规则，通过以股权为主的多种市场化方式，投资于基础设施、资源开发、产业合作、金融合作等领域，促进共同发展、共同繁荣，实现合理的财务收益和中长期可持续发展。[1]

对各国持开放态度，形成多边协作的金融平台。我国国家领导人在宣布我国将出资400亿美元成立丝路基金时就表示，丝路基金是开放的，欢迎亚洲区内外的投资者积极参与。就像"一带一路"战略勾勒出的长远

---

[1] 张建平、刘景睿：《丝路基金："一带一路"建设的启动器》，《经济与贸易》2015年第3期。

构想，丝路基金也不是简单五年、十年的计划，而是作为一个长期开放的合作平台，欢迎亚洲区内外的投资者积极参与。既要向合作国开放，让当地社会和老百姓分享发展成果，也要向其他国家开放，让有能力的外国公司都能参与到这个合作体系中来，共同把这项工作做好。

2. 设立国有大型担保公司

专门设立国有大型担保公司支持"一带一路"建设。大型国有担保公司具有政府信用支撑，资本充足，人才齐聚，信息充沛，合作广泛，也是地方政府和中小企业缓解融资难的主要依靠，客观上具备起点高、发展快的优势。"一带一路"是新世纪的国际性大战略，政府为主要参与者，将政府的信用与资本结合起来，为"一带一路"沿线项目建设、地方政府、中小型企业的资金需求提供担保，是积极构建融资平台的一项重要内容。

3. 积极搭建其他专项性基金满足特定发展需求

除了从亚洲基础设施开发投资银行、丝路基金等大型融资平台获得资金支持以外，还应积极搭建次区域性、专项功能性发展基金作为补充融资平台，以满足特定区域或产业发展的需求。一方面，建立区域性、次区域性发展基金，促进区域间协调、平衡发展。例如，可在"中国—东盟"框架下设立专门针对我国与东盟10国贸易便利化建设的发展基金，还可在上海合作组织框架内设立专门的基金，积极用于与中亚五国的合作。另一方面，建立功能性基金支持产业发展或国际性事务。例如，可设立海上合作基金，用于海上货运互连互通、海上安全营救打击跨国犯罪等；启动国家科技成果转化基金支持科技创新；设立专项信贷服务于农业、教育、医疗等关乎民生的领域，通过这些专项基金的设立，以拓展融资平台，弥补发展资金的不足。

（三）创新金融模式

随着社会主义市场经济体制的确立，金融发展将主要依靠社会经济的内部力量——金融创新来推动。积极探究现有金融创新模式与"一带一路"发展战略的融合性，以国家之间在更广阔的空间合作，持续注入源源不断的发展动力。

1. 积极发挥政府和社会资本合作PPP模式

PPP模式是一种新型的项目融资模式。项目PPP融资是以项目为主体的融资活动，是项目融资的一种实现形式，主要根据项目的预期收益以及政府扶持措施的力度，而不是项目投资人或发起人的资信来安排融资。项目经营的直接收益和通过政府扶持所转化的效益是偿还贷款的资金来源，项目公司的资产和政府给予的有限承诺是贷款的安全保障。PPP 模式是政府和社会资本在基础设施及公共服务领域建立的一种长期合作关系，通常模式是由社会资本承担设计、建设、运营、维护基础设施的大部分工作，并通过"使用者付费"及必要的"政府付费"获得合理投资回报，而政府部门负责基础设施及公共服务价格和质量监管，以保证公共利益最大化。

在"一带一路"投融资创新上，政府可以借鉴企业 PPP 模式的成功经验，积极探索适合与各国合作开发的新模式。

2. 建立能源金融中心

推动建立能源金融中心，提高能源话语权，促进产融结合。"丝绸之路经济带"沿线国家拥有着丰富的能源资源。能源贸易是主要合作模式，将能源与金融结合起来发展，有利于各自的发展空间。

首先，应将各国能源资源、金融资源充分整合，实现能源资本与金融资本的不断优化融合，从而促进互利发展；其次，利用经济带上的油气公司与我国石油公司合作，使用人民币结算，尝试在我国构建全球金融衍生品交易中心，将油气话语权通过金融市场建设逐步转移到我国；再次，中亚与我国西部接壤，油气丰富，在交通、贸易、物流硬件设施逐步完善后，可以建立区域能源中心；最后，以完备的能源物流为依托，以投资基金为支撑，带动其他产业发展，发挥区域增长极功能，支持在上海自贸区或西部地区建立以能源产品为主的石油期货交易所，并因地制宜设置商品期货交割仓库，尝试能源期权交易，规范发展能源交易市场。

3. 开拓"互联网 +"的金融支持

面向互联网金融新兴领域寻找发展新动力。互联网讲求平等、开放、协作与分享，这与"一带一路"的理念高度契合。中国互联网金融领域一系列创新机制的提出，不仅给社会提供了新的融资渠道，同样也开启了未来合作的新模式。继习近平总书记制定"一带一路"战略后，国务院总理李克强在 2015 年两会报告中又提出了"互联网 +"行动计划，这一国家战略计划快速开创了"互连互通 + 全民参与 + 盟国互动"的跨境电商经济时代。"互联网 +"作为一种新兴经济形态，旨在充分发挥互联网在生产要素配置中的优化和集成作用。将互联网的创新成果深度融合于经济社会各领域之中，提升实体经济的创新力和生产力，形成更广泛的、以互联网为基础设施和实现工具的经济发展新形态。随着互联网技术的进步及认可度的提高，再加上"余额宝"这一导火索的引燃，长期被压制的投融资需求就被快速释放，以网上信贷业为例，2013年P2P行业成交额为1058亿元，2014年突破2500亿元，2015年1月和2月共成交693亿元，对比去年同期的223亿元，增幅约为311%。[①] 以前中国的互联网金融集中在消费领域、网上购物、第三方支付，现在可逐步进入生产领域。中国银联和支付宝已经成为互联网金融走出去的两大典型企业，这两大企业可以凭借现有的国际布局优势，助力"一带一路"建设。

五 总结与展望

"一带一路"战略以共赢为最终目标，共同建设"命运共同体"。"一带一路"建设，离不开国际之间协同发展，这不但需要中国牵头与各国政府在基建、能源、贸易、物流、文化、科技等领域广泛深刻地合作，而且也需要各国进行积极的政策协调，切实建立起与各国之间合作机制，以保障合作顺利实施，同时还需要加深理解与交流，最终达成合作共识；国际组织在促进国际协同发展中同样也发挥着重要作用，区域性国际组织的建立可以更有针对性地解决本地区的发展问题，加强区域内部联系，同时也可借助功能性组织为国际协同发展提供智力、资金和技术等方面的支持；跨国集团是国家间能够影响国际协同发展的另一重要力量，可以通过大型跨国公司之间的合作引导产业发展方向；充分重视金融对于项目建设的助力作用，通过拓展金融服务和搭建融资平台，加大金融创新方式，为沿线国家协同发展保驾护航。

在未来，随着与沿线国家合作的逐步加深，利益将进一步在沿线国家之间共享，可望形成许多良好的示范项目，形成良好的发展模式，这将会吸引更多国家参与到战略协同中来。因此，我们应秉承积极、友好、包容的心态，欢迎更多伙伴参与发展建设，共享发展成果，同时也应根据战略实施的情况，不断调整、完善发展战略，共同开启区域发展的全新时代。

---

① 胡世龙：《互联网金融应纳入"一带一路"规划》，《国际金融报》2015年3月31日。

第五章 "一带一路"与中国未来政治

"我们所处的时代，国际格局正在发生前所未有的深刻调整，其中一个重要趋势就是亚洲在全球格局中的地位不断上升。中印两国作为世界多极化进程中的两支重要力量，作为拉动亚洲乃至世界经济增长的有生力量，又一次被推向时代前沿。"这是国家领导人2014年9月18日在印度访问时所讲的话。它表明在国际经济政治旧秩序瓦解、新秩序发展的过程中，我国的国际话语权在逐步提升。"一带一路"建设，为成员国国家提供了一个内部沟通和相互协调的平台，基于共同的利益推动改革，促进国际政治体系向更平衡和多边方向发展。

与我国地缘关系密切的东亚地区，人口众多，地域辽阔，自然资源十分丰富，而且在语言和文化等方面与我国也有许多的共同点。通常来说，应该能够和欧盟国家一样形成一个高度的一体化的组织。但由于东亚国家在政治认同上存在这样那样的差异，而且有历史遗留问题及领土争端等问题，所以，只有东盟这一政治性的区域组织。但是东亚的联系性也在不断地增强，1997年的经济危机更是使各国意识到了经济合作的重要性，在世界经济低迷的情况下，区域的稳定性可以有力地抗衡经济的波动。

"一带一路"战略连通中国与东南亚、中亚、南亚、西亚、北非和欧洲等各大经济板块，因此发展面向印度洋和太平洋的新经济板块，符合各方的利益诉求。我国的"一带一路"战略是多边联合的互利共赢、互连互通战略，我国应积极地推动同南亚等国家的战略合作。"一带一路"是一个包容和开放的战略，重建"21世纪海上丝绸之路"，就是基于航行自由、海上安全、海洋资源开发而提出的，目的是通过合作发展形成沿海经济带，成为新的经济增长极。在建设过程中谋求各方利益的会合点，从而通过务实合作达到互利共赢。

一 国际政治影响力构成及影响因素

（一）国际政治影响力的构成

当今世界是一超多强的世界，全球化和多极化发展趋势日益明显，国际话语权取决于综合国力，国际政治影响力在全球化时代日显其重要性。国际政治影响力是该国综合国力的体现、国际地位的体现。我国是世界上最大的发展中大国，截至2015年，改革开放30多年来，中国已经适应了全球化的浪潮，顺利地融入其中，成为国际社会中不可忽视的一支重要力量，国际政治影响力越来越大，国际话语权也更有分量。但是，根据当前的错综复杂的国际环境，我国在国际上的政治影响力还有待加强，提升国际政治影响力已成为一项重要的战略任务。丝绸之路建设无疑在一定程度上可提升我国的政治话语权。

国际政治影响力是一个或多个国际关系行为主体基于自身所拥有的政治资源（即综合国力或国家实力），通过非物质性手段，在国际交往中以其需要和意图影响其他国际行为主体的行动倾向和行动能力。国际政治影响力包括硬权力和软权力，前者主要包括军事冲突，后者包括经济、政治、文化、外交等影响力，在和平与发展的国际主题下软权力逐步上升到主导的地位，而同时硬权力也受到了越来越多的限制，军事威胁成为外交策略中最不合时宜的一种方式，而在现在的国际关系中，我们更加强调的是社会沟通和文化交流。世界已成为一个"地球村"，各国的孤立发展已经不可能，各国相互依存的程度日益加深，传统社会的强权政治不能完全保护国家利益。

每个国家都重视本国经济发展，经济发展离不开政治话语权。国际政治影响力在国际社会的作用越来越重要，国际政治影响力更强调各国之间的协商与合作，是一种通过利用政治影响力和话语权来间接地影响其他国家的策略。

（二）国际政治影响力的因素分析

影响一国国际政治影响力的因素有很多，对一个国家而言，国家主权是一国存在和发展的前提。从外部层面来看，影响一国国际政治影响力的因素主要有国防、外交等，它们是保障国家安全、独立、生存及根本利益的基础，一方面可以抵御外部国家的入侵，另一方面可以拓展主权国家的生存空间，共同构筑国际政治影响力的框架。从中间层面来说，影响一国国际政治影响力的因素则有政治、经济、资源和科技等，没有这些因素就没有主权国家的实体存在。经济是核心，为其他部分提供保障，政治引领方向，资源提供支持，科技引领未来。从内部层面看，主要是文化的存在，它为国家政治影响力提供智力支持及精神动力，文化对国际政治影响力的作用是潜移默化的，是一种间接的作用，是"渗透力"。一定时期的文化是当时经济和政治的体现，文化使人类总结的经验和积累的知识得以世代相传，这种继承功能，成为引领国际政治影响力的重要动力，文化处于国际政治影响力的内部，发挥着核心作用。

1. 国际政治影响力受军事实力的影响

国家安全是国际政治影响力的基础，是国家实现现代化的保障。一国的军事实力不论何时都是国家稳定以及增强国际影响力的决定性因素，这尤其体现在战争时期，战争的胜败主要取决于军事的较量。正如保罗·肯尼迪（Paul Kennedy）所言："缺乏武装的和平国家和军事压倒一切的军国主义国家都不可能成为大国力量。"俄罗斯经济衰退，轻工业不发达，但正是因为军事力量强大，所以维持了政治大国的地位。正所谓，战争是政治的特殊手段，政治是不流血的战争，而战争则是流血的政治。军事是为政治服务的，军事是不能超越政治而独立实现的，我们的"新型亚洲安全观"要求以人民的安全为宗旨，以政治的安全为根本，经济的安全为基础，而军事力量是政治发展的保障。

2. 国际政治影响力受科技水平高低的影响

一国的政治影响力受科技发展水平的影响，科技程度高的国家在国际上政治影响力强于科技水平落后的国家，科技发展水平也反映了一国的现代化水平。科技发展程度是整个国家综合国力的重要因素之一，没有科技创新，一国很难在激烈的国际竞争中立足。

国防科技是国家政治影响力的重要方面内涵之一，保持领先的科技是国际政治影响力的必然要求。我国的科技进步，如云计算机、保密性的光纤通信、微晶钢的生产、常温超导材料、车载固体推进四级运载火箭等，都在世界上占有重要的地位，为提升我国的国际政治影响力做出了重要贡献。

3. 国际政治影响力受文化的影响

文化是国家和社会进步的先导，文化的力量已深深地融入一国的创造力及凝聚力中，文化和经济的相互交融和促进，文化已经成为一国国际竞争力的重要指标，各国都意识到了文化是国际竞争力的核心，注重以文化软实力对全球渗透普遍采用文化的手段来宣传国家形象，传播自己的价值观，扩大本国的政治影响力。如美国媒体控制了全球 75% 的电视节目的生产和制作，其电影生产占世界的 5%，单播放量却达到了 50%，票房收入更是高达 80%；世界 60% 以上的动漫来自日本；韩国提出"文化立国"的方针，文化产业占世界的 3.5% 等。[1] 先进文化对经济发展具有导向作用，并对一国经济的效率产生潜移默化的影响，生产力的发展依赖科技的进步，而科技的发展需要文化的推动，文化在增强民族凝聚力、提升民族精神、推动社会发展等方面发挥着不可替代的作用，是推动一国的政治影响力提升的重要因素。

二　我国的国际政治影响力

中国是拥有 5000 多年悠久历史的文明古国，在唐宋等封建社会曾经创造了令世人瞩目的成绩，不仅拥有当时世界上最大的经济量，而且拥有先进的文化和强大的政治影响力。但是，随着工业化浪潮的推进，西欧等资本主义国家纷纷走在了世界的前列，而固守封建思想的我国封建王朝却依旧故步自封，到清王朝后期，中国的综合国力日渐衰微，自给自足的小农经济在西方坚船利炮的狂轰滥炸下迅速土崩瓦解，不仅经济遭到了严重的重创，综合国力日落西山，国际影响力也微乎其微，中国逐步沦为西方资本主义国家的殖民地半殖民地。新中国成立后，在中国共产党的领导下，经历了万隆会议、日内瓦会议等国际会议以及中国重新加入联合国并成为联合国五大常任理事国之一后，我国才重新走上了世界政治舞台。但是，刚刚成立的新中国，面临着内忧外患的局面，在相当长的时间内也只是与第三世界国家有外交往来，其国际影响力也仅限于第三世界国家中，还没有真正走上国际化的政治舞台。美苏争霸期间，世界几乎被其控制，

---

[1]　郭万牛、杨蓉：《文化软实力与综合国力》，《学术界》2009 年第 6 期。

中国的国际影响力也非常有限。苏联解体后，与中国建交的国家与日俱增，随着经济发展，政治影响力逐步提升。

(一) 综合国力是政治影响力的根本

综合国力是指一个主权国家赖以生存与发展所拥有的全部实力及国际影响力的合力，包括软实力和硬实力。"软实力"主要包括政治、文化等要素，"硬实力"则以经济、军事、科技、自然资源等硬性条件为主。硬实力是一国综合国力的基础，软实力则是一国综合国力的外在表现形式。政治影响力是综合国力中软实力的典型代表，它直接体现了一国综合国力的强弱和该国在国际社会中的地位和作用。一般来说，一国综合国力主要以经济总量和军事实力为衡量标准，虽然目前我国已经是世界第二大经济体，但综合国力仍有待提升，主要有以下几方面原因：我国人口占世界总人口的1/4，农村人口多，人口素质相对较低；经济总量虽然跃居世界第二，但人均占有量偏低，产品科技含量偏低，附加值较低，在国际社会中缺乏竞争力；中国不搞军事竞赛，但因我国边疆地区"三股势力"仍然严峻，国防现代化的任务艰巨。我国仍是世界上最大的发展中国家，和西方发达国家之间还存在一定差距，提高综合国力仍是重中之重。

(二) 国家战略和外交政策影响一国国际政治影响力

一国处理本国的外交事务主要是根据本国的国家战略和外交政策。新中国刚成立时，面临内忧外困的局面，只能依靠"老大哥"苏联，因此，外交上实施"一边倒"政策。但随着中苏关系的恶化，从我国"文化大革命"开始，又转变了外交路线，开始实行"世界革命"的路线，即暴力推翻各国资本主义的思想，中国的这一错误外交策略，不但与美苏关系恶化，而且也影响了中国与其他民主国家的外交关系，导致我国在国际政治上陷入了被动的局面，使许多国家对我国保持警惕的态度，把中国描述为"不可理喻的红色共产主义国家"。这也是现如今西方国家仍然宣称"中国威胁论"的原因之一。

1978年改革开放以后，我国发展战略中心转移到经济建设上来，国内的主要矛盾也转变为人民日益增长的物质文化需要同落后的社会生产力之间的矛盾。因此，经济发展是第一要务，以经济建设为中心这一策略的实施为我国赢得了一个相对良好的国际环境，但当时"韬光养晦"的政策导致使我国国际政治眼光不足，虽然逐步地融入到国际社会，但对国际事务的参与度和关注度远远不够，所以在处理一些国际问题上心有余而力不足，这在一定程度上降低了我国的国际政治影响力。

(三) 国际环境影响一国国际政治影响力

第二次世界大战后，美苏争霸，北约和华约两大集团针锋相对，国际形势严峻，苏联解体后，华约随之解散，美国霸权主义和强权政治又威胁世界的和平与安全。国际上很多国家和国际集团受大国的威胁，孤立和遏制中国，使我国难以正常参与国际事务，被排斥在国际政治舞台之外。改革开放以来我国经济实力、综合国力不断提升，在一定程度上影响到了西方资本主义国家的利益格局。西方国家抛出了"中国威胁论"，认为中国强大后对世界的和平安全是潜在的威胁，通过各种途径来打压中国，因此我国在国际舞台上的影响力被削弱。一些西方资本主义国家的遏制手段和敌视态度严重阻碍了中国国际政治影响力的发挥。

三 我国政治受"一带一路"建设的挑战

"一带一路"战略的实施，将形成一个连接欧亚大陆，横跨亚洲、欧洲、非洲等多国的经济体，使我国与其他国家的联系更为密切，国内市场也会更加开放，各国之间相互依赖程度也日益增加。在建设欧亚大陆桥基础设施的同时，更多的外国企业和资金也会随之流入我国，成为影响我国政治稳定性的重要因素。现在全球经济一体化的程度很高，"一带一路"战略的实施，将使各国经济联系更为密切。同时，"一带一路"战略会带来我国18个省市经济结构的调整，进一步促进社会分工。这种新变化主要体现为跨国活动，跨国主体和各种新的交往规则不断地吞食着国家的传统领地，以及地方主义、族群、个人和国内政治社团不断地从下掏空国家。[1]

"一带一路"政策的实施，连接了我国东南沿海到西北内陆以及西南诸省，外加中亚、南亚、欧洲、非洲等各国文化的交融，打破了民族的藩篱，每个国家、每个民族都有自己五彩缤纷的文化，在"一带一路"发展过程中，能够让我们更加深入地了解和体验这些文化盛宴。

亚欧大陆桥的建设，增加了各国之间的经贸往来，深化了各国家之间

---

[1] 郑慧主编：《经济全球化与中国政治发展战略》，世界知识出版社2003年版，第14页。

的相互依存关系。原本是一国范围内的事情现在受到国际社会的广泛关注，原本是主权国家处理的事务却通过种种机制与渠道，反映了国际社会不同程度的介入。这样一来，国家的政治决断与政策选择无形中受到国际社会的牵制，政治压力与政治困惑由此而生。[①] 国际经济的合作与发展，使国际政治日益打破了国内和国际的界限，将我们传统的国内政治事务越来越多地纳入国际事务中。同时，超国家的政治力量可能随之产生，给主权国家造成了政治压力与困惑。

四 我国未来政治的新格局

"一带一路"战略是我国全方位对外开放新格局的要求，也是推动亚欧地区实现共同发展的必然选择，得到了沿线大部分国家的支持和参与。这一战略的实施，对推动经贸发展、基础设施建设、提高政治话语权都有巨大的作用，必将重构与我国密切相关的特定区域内的国际秩序，从而改善我国的国家安全大环境，为我国和平崛起打开新局面。

（一）增强中国特色社会主义政治影响力

改革开放以来，中国发生了翻天覆地的变化，从一穷二白的年代经过30多年的努力，一跃成为世界第二大经济体，GDP总量位居世界第二，成为世界上影响力巨大的国家。在此期间，我国经济增长速度大部分维持在10%左右，1984年曾达到了15.2%，虽然近几年有所趋缓，但仍保持较高的发展势头。在我国经济发展的过程中，全国4亿多人口摆脱了贫困，全社会都享受了改革开放的成果，中国为世界的经济发展、为和平稳定做出了重要贡献。我国综合国力不断增强，国际地位不断提高。而与此同时，西方资本主义国家经济疲软、经济增长缓慢，与我国构成了鲜明的对比，中国的成功模式吸引了全球的目光。中国的成功与政治制度的优越紧密相关。"一带一路"战略，得到了沿线大多数国家的支持，进一步提升了我国在沿线地区的政治影响力。

1．"一带一路"需要稳定的政治环境

政治稳定是经济持续发展的前提，发展经济需要稳定，深化改革需要

---

① 郑慧主编：《经济全球化与中国政治发展战略》，世界知识出版社2003年版，第91页。

稳定，扩大开放需要稳定，完善民主、健全法制需要稳定，加强社会主义精神文明建设需要稳定。总之，我们一切事业的顺利发展都需要稳定。[①]中国周边国家在西方国家主导下政治不稳定，对"一带一路"建设产生了不良影响。国家利益是国家一切行动的出发点和最终落脚点。我国周边部分国家政局不稳，"一带一路"战略是改变这一状况的良好契机。在建设"一带一路"的过程中，要分化敌对势力，除了要认识到共同利益外，还应看清以美国为主导的其他国家的外交实质。美国外交发展策略的实质是：捍卫其价值观，掩盖对外扩张的实质，追逐全球范围内的国家利益，成为世界的领袖和全球霸主。

新中国自成立以来，国内政治持续稳定，没有发生过剧烈的动荡，稳定的政治能够适应外界环境的变化和各种要素关系的变动。政治的稳定是各国发展的目标和价值选择，是整个社会发展的前提和保障。保持整个社会的长治久安是社会健康发展的重要前提。现阶段，我国实行稳定压倒一切的政策，实行经济、政治、文化、社会、生态文明五位一体、协同发展，政治稳定极为重要。"一带一路"战略处于一个复杂多变的国际环境中，我国要打破国际贸易壁垒，开拓新市场，就需要国家有强有力的领导集体，形成强大的政治合力，为社会的稳定发展提供根本保障。

2. "一带一路"缩小经济发展差距

我国各地区经济发展不平衡，东西部差距较大。改革开放是从东部沿海地区开始的，经过了几十年的发展，东部沿海地区获得了长足的发展，经济总量迅速增长，成为我国经济发展的重心，其GDP已超过全国GDP总量的60%；与此同时，西部地区虽然和周边国家相邻，但贸易往来落后于东部地区。"一带一路"是为了实现地区间发展平衡的战略，"一带一路"战略打通了我国和周边国家的陆海路大动脉，方便了经济、人文交流，为东西部地区带来了新的发展空间，我国西部地区自然资源丰富，与我国相邻的中亚国家是世界第三大石油储备区，仅次于中东及俄罗斯，而且皮毛、矿场和化肥资源等充足。"一带一路"战略有利于促进我国西部地区的繁荣和稳定，缩小东西部地区收入差距。

中南西亚国家基础设施相对落后，可在"一带一路"框架下设立合

---

① 伍建文：《全力为经济发展打造一个稳定的政治环境》，《中南民族学院学报》（人文社会科学版）2002年第51期。

作性的金融机构，或者其他的融资平台，解决融资困难的问题，金砖国家银行、丝路基金、亚投行等类似的金融机构。可通过和周边国家的深化合作，推动合作项目建设。

3. "一带一路"有利于政策的制定

欧洲国家基本都实行多党制，左派和右派通过选民选举实行轮流执政，政党更替后一般会实行新的国家政策。如在经济政策方面，美国民主党主张进行经济刺激计划，而共和党则主张终止使用经济刺激计划，结束"不良资产的救助计划"；在移民改革方面，民主党主张全面改革，解决非法移民的身份问题，而共和党则主张保证边境的安全；在思想取向上，民主党坚持自由主义，主张推崇社会改革和平等，要求政治制度和法律法规随着社会环境的变化而变化，而共和党则是保守主义，强调的是文化的延续性，主张传统价值和社会的稳定等。两党的改革都会对国民经济产生不同的影响，而且每个政党一般执政期是四年或八年的时间，只在乎本党执政期的政绩。在对外关系上，多党制表现出不同的立场，不仅对国内产生影响而且会影响国际关系，从而影响国家利益。如在希拉克时代，中法关系表现良好，共同举办中法交流年，中法贸易额逐年上升，而到了萨科齐时代，对华政策趋冷，两国关系急速逆转，这种南辕北辙的领导方式，只顾及党派利益而置国家整体利益于不顾的多党制，与我国共产党领导的多党合作制差距明显。

"一路一带"战略实施，是出台各种政策、扩大对外交往、增强政治稳定性的有利时机，如增加对外开放的程度、鼓励基建和投资等行业走出去、制定更加优惠的税收政策、进一步扩大内陆口岸的对外开放等。财政部提出要结合实施"一带一路"战略规划，加快推进基础设施互连互通。国税总局表示，将积极研究和认真落实服务"一带一路"等三大战略的税收措施。除了财税政策的出台，还会有产业政策、信贷政策、招商政策等一系列优惠政策出台，如在支持并鼓励战略性的新兴产业发展；放宽银行系统、风险投资基金和产业基金等的进入门槛，扶持朝阳产业；大力引进行业巨头和国际知名企业参与项目开发等方面。

4. "一带一路"体现政党办事效率，能迅速应对各种突发事件

"一带一路"战略是"丝绸之路经济带"及"21世界海上丝绸之路"的简称，习近平总书记在2013年9月7日访问哈萨克斯坦时首次提出了"五通"、共建"丝绸之路经济带"的倡议，2013年10月3日在印度尼西

亚的国会发表演讲时提出了和东盟各国建立海洋伙伴关系，建设"21世纪海上丝绸之路"。2014年5月21日，在亚峰会议上提出尽早启动亚洲基础设施投资银行的建立，推动"一带一路"战略；2014年6月5日习近平总书记出席了中阿合作论坛第六届部长级会议，提出牢固"利益共同体"和"命运共同体"，以"一带一路"战略为新机遇和新起点，不断推动全会战略合作伙伴关系。2015年3月28日，发改委、商务部和外交部联合发布《推动共建丝绸之路经济带和21世纪海上丝绸之路的愿景与行动》，为"一带一路"战略的实施提供了指南。"一带一路"战略从提出到卓有成效，时间短、效率高，体现了中国共产党的办事效率。

中国共产党领导的多党合作和政治协商制度，办事效率高，而多党制遇事反复论证，有问题则相互扯皮。如"非典"期间，7天内建造了小汤山医院；为北京奥运会的顺利召开而建造的北京三号航站楼，仅耗时3年，而如果在西方国家，连论证的时间或许都不够。2003年法国发生了几十年一遇的酷暑，在灾害严重的情况下，希拉克却在度假后才返回指挥救灾；2005年美国遭遇卡琳娜飓风，小布什也是在3天假期后才返回指挥救灾，而3天后的灾区已经成了人间地狱。

西方国家普遍实行多党制，每项决策的实行都要经过各种利益集团的博弈和冗长的讨论，这种低效率一直是所谓的民主制度的诟病。这种民主制度，在表面上看来是"头脑风暴"，能够聚集大多数人的智慧参与讨论，避免失误的发生，但是这种低效率的最终结果却是不同利益集团的妥协，它的负面影响是主要的，而优点则微乎其微。美国人的政治是有钱人的政治，穷人则被排斥在了政治之外，各种利益集团投巨资支持不同政党参加选举，选举成功的政党必然要代表他们的利益。在当今能源危机的时代，美国加州一家公司生产制造太阳能公交车，想依新能源太阳能来缓解能源危机，但这种想法却遭到了传统的汽车行业和能源公司的极力反对，各种利益集团大肆游说，最终使得这种想法流产。

5. "一带一路"为沿线地区谋取经济社会利益

在西方多党制下，每个政党代表的利益方是不同的，如美国民主党的群众基础主要包括劳工、少数民族、黑人和公务员，代表中产阶级和贫民，在城市中力量较大，主要的支持者是工会和知识分子等；而共和党则代表保守的势力和资产阶级，在乡村支持者占多数，主要有宗教组织、退伍军人和大企业等。不管哪个政党，在上台后总会倾向于出台有利于自己利益的政策，而不能代表所有人的利益，甚至不能代表一般民众的利益。

在选举方面，多党制也不能代表所有选民的利益。在西方的议会中，选举都是有钱人、有权人的游戏，是烧钱的游戏，人民没有选举权，垄断资本家在垄断金钱的同时也垄断了选举。"占领华尔街"恰恰是人们对这种无权状态下的诉求。在议会中，只有大资产阶级、军火商、金融资本家、政客家族等，如布什家族、克林顿家族，而那些工人阶级、小资产阶级、少数族群阶级等，则没有利益的代表。以印度为例，印度虽然整体的经济发展水平很快，高新技术产业发达，但那只是占少数，大部分印度人都是居住在乡村，没有接受过正规的教育甚至没有上过学，这些文盲的存在对选举没有任何影响，文盲的政治诉求和利益集团的政治诉求有时恰好相反，而且文盲越多，政府对选民的控制也就越容易，地方政客也就越容易获得更多的选票。

中国改革开放以来，实行"一部分先富，再带动其他地区、其他的人，逐步达到共同富裕"的政策，现在，工业"反哺"农业、城市支持乡村，最近几年中央一号文件都是关于"三农"问题，废除农业税，建立农村新型医疗合作制和城镇居民医疗制度，实现全民医保，这些政策都表明共产党代表的是全国人民的利益，尤其是广大劳动人民的根本利益。"一带一路"的两端是发达的欧洲经济圈和活跃的东亚经济圈，其互连互通功能能够将沿线各地区和国家相对接，可以深挖区域的市场潜力，推动消费与投资增长，努力发展优势特色产业，推动经济结构的升级转型，形成新的的经济增长点，促进沿线地区城镇化、信息化、工业化和农业现代化的发展，促进新兴产业和服务业的发展，创新合作模式，开拓发展空间，维护沿线共同利益。

6. "一带一路"协调法律关系，减少贸易壁垒

"一带一路"沿线国家有着不同的贸易壁垒和投资障碍，有些国家，如阿富汗、叙利亚等，不是世界贸易组织的成员国，其国内法不受世界贸易组织相关法律法规的制约，国内法与双边和多边条约之间、双边条约之间、多边条约之间、双边条约和多边条约之间亦存在冲突。在建设"一带一路"过程中，应利用现有的法律规定，合理地规划沿线各国的权利及义务，使各国的行为服从于一般的规则，综合运用各国都能接受的国际法规则，通过相互协商的方式，以双边或多边约定的方式，促进贸易投资的便利化，减少贸易壁垒。

（二）中国将在"一带一路"建设中承担更多的国际责任

我国有960万平方千米的领土，陆地的边境线为2.2万千米，周边国家众多，与朝鲜、俄罗斯、巴基斯坦、印度、老挝、越南等14个国家相邻，中国与中亚地区在地理上有紧密的联系，共享了3000多千米的国境线，仅和哈萨克斯坦一国的国境线就相连1700多千米。我国新疆和中亚毗邻，在经贸、安全和宗教等方面，受到中亚及周边地区的影响较大。我国有1.8万千米的海岸线，与日本、韩国、菲律宾、马来西亚等6个国家隔海相望。从地区稳定的结构来看，各种国际力量都在影响着中亚。美国为了构建以自己为中心的安全体系，拉拢中亚，给予了大量的经济和军事的援助，使其在中亚的影响持续增强。正是因为我国领土面积广阔同时周边相邻国家众多，导致包括领土纠纷在内的矛盾较多。

在世界经济蓬勃发展的过程中，中国崛起的身影日益引起世界尤其是美国的注目。

1. 不安定因素仍然存在

中国崛起的道路不是一帆风顺的。钓鱼岛问题迟迟未能解决，成为中日关系正常化的障碍；美国加强了在菲律宾、澳大利亚等国的军事力量，经常介入南海问题；等等。

亚太地区作为世界各国利益汇集点、大国角逐的重点，在世界格局中的地位也正日益上升。亚太历史的发展有自身的规律，"天行有常，不以尧存，不以桀亡"。自20世纪70年代始世界的经济政治中心逐步向亚太地区转移。从第二次世界大战后日本经济飞速发展，到亚洲"四小龙"的腾飞，再到中国改革开放后经济的飞跃，亚太地区的发展在逐渐改变世界经济政治格局，这也使得亚太地区成为世界的热点地区。

2014年以来，虽然美国总体的国防预算在减少，但在亚太地区的军事投入却不受国防预算减少的影响，反而有增加的态势，并且加强了军事部署以威慑中国，在陆军官兵方面，美军陆军官兵总数由6万增到10万多，根据美国海军作战计划，到2020年前，美国海军部署潜艇由97艘增加到120艘，其中，仅在亚太地区就由50艘增加到65艘，占全部海军潜艇的一半多。

北美与亚洲毕竟有一定的距离，为了进一步遏制中国，美国深化同传统盟国以及中国周围国家的合作。日美同盟、美澳同盟是传统制约亚太平衡的支柱。2014年，美国为加强同盟国的军事合作，与菲律宾签订了

《加强防务合作协议》、宣布解除对越南的武器禁运、允许对越南转让海上武器装备、加强同印度的军事合作，加强战略和防务合作。同时，菲律宾和越南等南亚小国也频频向我国发难，积极推进南海问题"国际化"，意欲威慑中国，中印边境冲突，朝韩关系紧张间接影响中国政治稳定，中日因钓鱼岛争端、历史问题、慰安妇等问题矛盾重重，所以，我国周边地区局势并不太稳定，政治风险仍然存在。

2. 反对霸权主义，承担更多的和平发展责任

霸权主义是世界不稳定的重要因素。1776 年美利坚民族反对英国殖民统治，经过几年的浴血奋战 1783 年取得了独立。在国家独立后为了发展资本主义和满足种植园主的要求，开始了迫不及待的领土扩张之路。1803 年美国从拿破仑手里获得路易斯安那州时，付出的代价是每英亩不到 2 分钱，而其面积比原有的 13 个州所有领土之和还要大一倍多；1810—1819 年又从西班牙获得了佛罗里达州及其附近的领土；美国获得得克萨斯州的方式是先支持其从墨西哥独立而后予以吞并的方式；而后又通过同墨西哥的战争，获得了新墨西哥州西南、亚利桑那州南部等领土；1867 年美国花费了 720 万美元从沙俄获得了阿拉斯加和阿留申岛；1898 年通过与西班牙战争，又获得了波多黎各、菲律宾、夏威夷和关岛等。现在美国的领土面积为 936 万平方千米，而其刚成立时的 13 个州的面积大约为 95 万平方千米，在短短的不 200 百年的时间里增加了 9 倍多。

在完成了领土扩张之后，美国又将触角延伸到了亚洲、太平洋地区和拉美洲等。在一个多世纪的时间里，美国对西半球进行了赤裸裸的干涉，推翻了国家原有的执政政府，建立了亲美政权，进而奴役当地人民。美国曾用武力进攻墨西哥 14 次、古巴 13 次、巴拿马 11 次、尼加拉瓜 10 次、多米尼加 9 次、哥伦比亚和洪都拉斯各 7 次、海地 5 次、波多黎各 3 次、危地马拉 2 次、格林拉达 3 次。[①]

第二次世界大战后，美国又以保护人权、维护世界和平等名义，不断对其他国家发动战争。在其外交行动中无疑显示出国内法高于国际法的标准。发动了 1950—1953 年的朝鲜战争、1955—1957 年的越南战争、1983 年美军入侵格林纳达、1989—1990 年美军入侵巴拿马、1991 年发动了海湾战争、1993—1995 年美国出兵索马里、1999 年发动科索沃战争、2001

---

① 周柏林：《美国新霸权主义》，天津人民出版社 2002 年版，第 6 页。

年发动了阿富汗战争和伊拉克战争、2011年出兵利比亚等,半个世纪以来,美国平均每年发动战争一次,它越过联合国,将联合国的决议视为一纸空文,打着冠冕堂皇的旗号,牺牲了无辜百姓,并对当地经济、政治、文化、社会等各个方面造成了不可弥补的破坏。最惨无人寰的是,在越南战争中美军制造了令人震惊的美莱村大屠杀,将美莱村567名平民驱赶到一小沟旁,机枪扫射,进行屠杀,而且大部分都是妇女、老人和儿童。1999年,以美国为首的北约组织对南联盟实施了狂轰滥炸,美国再次以坚船利炮的政策来称霸世界,并且打出了"人权高于主权"的口号来为自己的罪行开脱。

2001年,布什提出了这样一种世界观:你们要么和我们站在一起,要么和恐怖分子站在一起。美国是第二次世界大战的最大受益者,壮大后对外扩张的野心日益膨胀。从威尔逊的"十四点计划"到富兰克林·罗斯福的"四大自由",从布什"世界新秩序"构想到克林顿的"三大支柱",从小布什的"新保守主义"和"单边主义外交路线"到奥巴马的"多边主义的全球合作",都可以看出美国是以在全世界宣扬和扩散自由民主等价值观和信念为旗号,为自己干涉他国内政披上了神圣外衣。[①] 表面上的自由民主和人权,实质上是通过文化的演进来推行其经济和政治制度。

以美国为首的资本主义国家的性质决定了其对外扩张的必然性,自然资源不是取之不尽用之不竭的,美国外交中暗含着寻求海外市场和能源供应地的要求。通过扩张,在保障能源等经济利益的情况下最大化地实现国家安全。

3. 美国霸权主义的实质

美国的霸权主义是以其国家利益为出发点,是为维护和巩固其全球霸主的地位而实行的一系列政策。从形式上看,其实要建立一个新的世界秩序,这个秩序是以美国为主导,从"北约"到"普世价值",从各种军事联盟、军备竞赛到孤立政策,从军事援助到经济制裁,都体现了其霸权主义。美国一方面要求他国不能干涉其内政,另一方面却又在极力地推广其自己的价值理论。文化渗透是无形的,却有着比武力震慑更严重的后果,"要消灭一个国家,首先要消灭它的文化",美国的霸权主义不仅仅体现

---

① 田九霞:《论美国的"价值观外交"及其实质》,《江淮论坛》2012年第5期。

在其硬实力上，更体现在其软实力方面。随着国际传媒的发展，"可口可乐、好莱坞、麦当劳"等已经成为美国向其他国家输出文化的标志，美国的好莱坞大片中总是在刻意地强调美国"救世主"的伟大形象，阐释着美好的"美国梦"，这种无形的霸权主义是潜移默化的，也是试图实现世界范围内的"美国化"。

4. 我国承担和平发展的重任

我国一向走的是和平发展的道路，如果中国有一天采取了扩张型的外交战略，和美国等争夺国际影响力，那么整个世界就会陷到"修昔底德陷阱"中，从而像第一次世界大战和第二次世界大战一样发生大的争端或战争。中国不走传统大国崛起的老路，即通过对外扩张、武力威胁的方式来实现自身的发展，而是提出了新型的大国关系，即不对抗、和平友好的方式，中国通过提出和倡导"一带一路"发展战略，消除了外界对中国走侵略扩张道路的疑虑。中国的"一带一路"战略首先强调的是应该弘扬和平友好和开放包容的精神，不针对第三方，是合作开放的倡议，在充分尊重相关国家主权的原则下，综合运用投资、贸易和援助等手段，解决沿线相对落后国家的发展问题，实现互利共赢。

和平是发展的前提，虽然世界经济持续低迷，但发展中国家特别是金砖国家保持了良好的发展势头，维护世界的和平推动共同的发展，是我们共同的心愿。经济基础决定上层建筑，无论什么时候，经济发展总是第一位的，虽然我国经济总量位居世界第二，外汇储备居世界第一，但我国仍然是一个典型的发展中国家，所以也应该将发展放在首位，用中国的发展推动世界的发展。"一带一路"战略，可以说是推动世界发展合作的平台，将我国的经济发展与其他周边国家经济发展紧密地结合在一起，中国通过投入一定的要素资源，带动各方参与的积极性，从而打造新的发展平台，形成新的经济发展引擎。

5. "一带一路"打造大国形象

改革开放以来，中国的综合实力不断提升，国际地位和国际影响力也在日益增强，国家形象作为综合国力和国家软实力的重要组成部分，显得格外重要。"一带一路"战略的实施，为中国企业更快地"走出去"提供了契机。从陆地和海洋的关系来看，世界上的国家可以分为三类：第一类是大陆型国家，如哈萨克斯坦、吉尔吉斯斯坦等；第二类是环形国家，如英国、新西兰等；第三类是兼具大陆海洋型的国家，如中国、印度等。在我国以前的发展过程中,重视大陆发展而对海洋重视不足,最近几年出现的钓鱼岛事件、南海风波等都体现了海洋的重要性。"一路"是"21世纪海上丝绸之路",就是要倡导和建立新的海洋秩序。中国不仅是内陆型大国也是海洋大国,要推动建立基于海上航行开放自由、海上共同安全和海洋资源共同开发的新秩序,合作发展的沿海经济带。① 海洋经济带的建设,需要和平友好的国际环境,只有这样才能推动经济持续发展,这需要各国的深化合作,实现互连互通。互连互通是"一带一路"战略的基础,互连互通的前提是有四通八达的交通基础设施网络,习近平总书记在加强互连互通伙伴关系对话会上指出:"我们要建设的互连互通,应该是基础设施、制度规章、人员交流三位一体,应该是政策沟通、设施联通、贸易畅通、资金融通、民心相通五大领域齐头并进。这是全方位、立体化、网络状的大联通,是生机勃勃、群策群力的开放系统。""五通"的构建,体现了我国突破自我中心的利益观强调各国之间的共同开发建设,这些建设不是一个国家、一个政府可以承担的,需要各国的睦邻合作,共同推动发展。

"一带一路"战略需要我国企业更全面地走向国际化。虽然最近几年我国企业走出去的不少,但也面临了一系列的困扰和矛盾,包括公关意识不强、对所在国国家意识形态、相关法律法规政策等没有深入的了解等,使我国的国家形象不能够全面而深刻地展现在世界人民面前。

中国历来坚持把中国人民的利益和世界各国人民的利益结合起来,我国承担的国际责任是为中国人民和世界人民服务,而不是为特定国家服务的,也不是以别国的标准来衡量的。我国力所能及地为南南合作国家提供援助,帮助发展中国家特别是那些最不发达国家改善民生、减少贫困状况。即使是在新中国成立初期,人均收入仅100元,也对外援助了108亿元人民币。截至2009年年底,中国累计对外提供援助金额达2562.9亿元人民币,其中无偿援助1062亿元,无息贷款765.4亿元,优惠贷款735.5亿元人民币;共与全世界50个国家签署免债议定书,免除380笔债务共255.8亿元人民币;共向76个国家的325个项目提供优惠贷款支持。2010—2012年,中国对外援助金额893.4亿元人民币,向121个国家提供支持,仅非洲就有51个国家,还包括亚洲30个国家,主要包括援建成套

---

① 张蕴岭:《如何认识"一带一路"的大战略设计》,《世界知识》2015年第2期。

的项目、提供药品等物资、开展文化教育等合作、开展人力资源开发合作、派遣医疗队伍、提供人道主义援助、减免受援助国家的债务等。但对于忘恩负义的国家，可逐步减少援助。

我国注重在区域性合作机制下进行援助，利用各种论坛等机制和平台，数次提出过"一揽子"的援助措施，对各地区的需要做出了积极的回应，彰显了一个负责任的国家应有的形象。2000年，中非合作论坛设立以来，我国在论坛的框架下积极地同非洲国家开展广泛的合作，增加了对非洲国家的援助，显著促进了中非友好发展；2003年，我国和东盟宣布建立战略性的合作伙伴关系，积极地和东盟国家在各个领域开展了合作，对低收入国家进行技术和经济的支持，努力缩小东盟内部的差距。

在交通设施方面，中国援建了70多个交通项目，其中有机场、港口、公路和桥梁等。援建的肯尼亚西卡高速第三标段，连通了首都内罗毕到肯尼亚经济重镇西卡的线路，为埃塞俄比亚、肯尼亚和坦桑尼亚等网络连通做出了突出贡献，在当地受到了一致好评；援建了斯里兰卡的汉班托塔机场，完善了斯里兰卡的立体化交通，为该国和周边地区的交往和联系发挥了积极作用。

中国通过援助相对落后国家和地区的经济发展，扩大了在这些国家的影响力，推动了相对落后国家经济的发展和政治稳定，促进了中国与这些国家的文化交流。"一带一路"战略的实施，正是要沿着古丝绸之路，开发新的连接欧亚两大洲的大陆桥。大陆桥的建设，离不开铁路、桥梁、机场等基础设施的建设，落后国家没有足够的资金和技术来完成，援助和支持这些国家完成建设，不仅体现了大国的责任，而且也增加了在该国的政治影响力及至在全球的影响力。

（三）提升中国文化软实力和国民自信力

文化是人类在社会发展中所创造的精神财富和物质财富的总和，文化软实力是一国基于文化而拥有的创新力、传播力和凝聚力，以及由此产生的影响力和感召力。面向21世纪，文化软实力越来越成为衡量一个国家或者地区发展的重要指标。"一带一路"建设，并不仅仅限于基础设施建设、促进贸易往来，推动沿线经济发展等方面，它将促进各国文化的交流与融合，丝绸之路是传播文明之路，是传播友谊之路，是繁荣经贸之路。

1. "一带一路"推动文化产业建设

推动"一带一路"文化产业合作，要求沿线国家文化资源共享，实现优势互补，通过加强顶层设计及统筹规划，推动区域合作，出台有效政策，将文化产业合作推向深入，取得实质性成果。但是，"一带一路"文化产业的发展，应该服从并服务于国家发展战略规划，尤其是应该和对外文化交易相衔接，在对外文化贸易中，提高我国文化产业的国际竞争力。

可考虑在沿线国家合作设立文化产业园区，促进影视文化产业的发展。"一带一路"沿线国家的影视产业市场潜力巨大，有待发掘。目前，仅我国的总屏幕数才2万元，为美国的一半，预期可以达到6万元左右。我国的文化产业发展迅速，外来资本的加入和市场的扩容，使影视产业进入了一个快速成长期，但我国大部分的影视基地都是单独制作，处于独立的状态，没有协作功能，为此，需要加强国际合作。在文化产业园招商时，可以仅与国际有名的影视巨鳄合作，建设产业链分工明确、全方位、精细化、一体化的影视制作基地。

2. "一带一路"推动文化经济交融

文化和经济相互交融可带来文化经济的繁荣。一方面是经济的文化化，在经济发展过程中，文化的内涵逐步增强，人文精神和文化在各种资源中的比重逐步加大；另一方面是文化的经济化，即在发展文化的过程中，经济的分量也在逐步增加，市场化显现，文化生产和管理中的经济因素增强，文化活动融入经济活动中。在建设"一带一路"过程中，努力发展文化产业，不仅可以增强经济总量，而且可以提升文化软实力。

文化除了具有意识形态的属性外，产业的属性也日益明显。发达国家的GDP中，80%以上源于服务业，其中以知识和信息为基础的文化产业及相关的服务业扮演了重要的角色。美国是世界上最大的文化产业强国，其文化产品已占GDP的25%，文化产业在其产业结构中的排位仅次于军事产业，而在出口方面，则位居第一。基于各国文化的多元性，在"一带一路"战略实施中，推动文化产业的融合发展，可望带来经济与文化的双重繁荣，并发挥经济对文化产业的基础作用，推动文化和经济的交融。

3. "一带一路"有利于加强社会主义核心价值观和核心价值体系建设

文化软实力的核心是核心价值观，它决定着文化发展的方向。核心价值观是核心价值体系的高度概括和抽象总结，核心价值体系是核心价值观的载体，两者相辅相成、相互依存。我们要通过多种方式和手段，通过社会舆论宣传、教育引导、文化熏陶等，使社会主义核心价值观内化于心外化于行，为提高我国文化软实力提供强大的精神动力和智力支持。

文化软实力一般包括文化的吸引力、制度的吸引力和掌握国际话语权的能力。传播我国的优秀文化是体现我国软实力的载体，我们在向沿线国家甚至于世界各国传播我国优秀的文化时，应当注意以下几点。

第一，要坚持开放和兼容并蓄的发展方针，保持我们中华民族优秀传统文化的时代性以及先进性。在内容上，应该吐故纳新，弃除糟粕，吸收代表具有时代价值的文化理念；在形式上，不限于先前的书籍式的传播，更应该充分地发挥和运用现代化的科技手段，如计算机、网络技术等，建造能够最大化地满足文化交流的平台。我国传统文化资源丰富，一向具有吸引力，现在全世界有400多所孔子学院讲授和传播中华文化，应该吸收更多的民间力量宣传中国文化以提升国家影响力和文化软实力。

第二，要恰如其分地处理人类共有文明及地域性价值之间的冲突与融合。习近平总书记曾指出："要加强对中华优秀传统文化的挖掘和阐发，努力实现中华传统美德的创造性转化、创新性发展，把跨越时空、超越国度、富有永恒魅力、具有当代价值的文化精神弘扬起来，把继承优秀传统文化又弘扬时代精神、立足本国又面向世界的当代中国文化创新成果传播出去。"坚持以人为本，拓展国际话语权的平台，加强与"一带一路"沿线非政府组织的沟通和接触，通过彼此的交流提升国家形象，从而扩大话语权，吸收一切有利于我国经济文化发展的优秀文明成果。但应当注意的是，我们在吸收优秀文化成果的同时，更要警惕域外文化价值的局限性和消极性。尤其是当前，在西方文化渗透、文化霸权主义横行的态势下，要正确认识西方社会宣称的"普世价值"，认清其霸权主义、文化同化的实质，防止其渗透。保持文化的多元化和地域性特色，而不是要求文化的整齐划一。

第三，丰富和发展我们本国具有深刻影响力的核心价值体系。一个没有核心价值体系的国家必然"行之不远"，中国需要建立起一套对南海周边国家有吸引力的核心价值体系，这是历史经验的告诫。

4. "一带一路"有利于弘扬我国的优秀传统文化

文化对个人和国家的影响是潜移默化、深层次的，所以比经济、政治对国家的影响更为深远。经济改变的是一个国家的物质财富，而文化则培养一国的精神面貌。继承及弘扬优秀传统文化是提升我国的文化软实力乃至综合国力的关键所在，随着全球化的发展，提升我国的文化软实力就必须要充分地挖掘优秀传统文化，强调传统文化的精神在现代社会的价值。我国的优秀传统文化，对我们的价值观念、发展方式、生活方式等都产生了深远影响。"一带一路"战略，虽然是以经济合作为主，但其影响远远超过了经济范围，有利于我国传统文化的传播，有利于增强我国文化的感召力和影响力，增强凝聚力和"一带一路"沿线华人华侨的向心力，推动国内发展与对外发展相结合，传播和塑造我国的良好形象，增强我国在国际社会的话语权。在汉语热的国际背景下，汉语作为传播我国传统文化的载体是强大的，我们应该以汉语的传播为契机，以孔子学院的设立为先导，以市场来激活文化，弘扬博大精深的中华传统文化，从而形成与我国经济地位相对应的文化优势。"一带一路"将优秀传统文化与现代文明相交融，推动古今文化的对话，实现文化的自信和自觉，推动我国从文化资源强国向文化大国转变。

5. "一带一路"有利于传播当代文化价值观，提高我国国际话语权

国际话语权，指的是要以国家利益为中心，就国际事务以及国家事务发表意见的权利，它是一国对国际规则、国际标准的制定权的反应，也体现了该国对国际事件的评议和批判。弱国无外交，同样，弱国没有国际话语权，一国是否拥有国际话语权，也是该国文化软实力的反映，从目前的国际战略角度视察，国际话语权已经成为文化软实力的制胜点。目前，我国在争得国际话语权上却面临着严峻的挑战。西方四大通讯机构，美国合众国际社、美国联合通讯社、英国路透社和法国新闻社发布的新闻占了全球新闻发稿量的80%，同时，西方的50家跨国媒体公司占了全世界95%的媒体市场，而仅美国就控制了约75%的电视节目，第三世界播放的电视节目中，来自美国的占60%—80%。由此可见，西方媒体基本主导了世界新闻舆论和传媒的市场，控制了全球的话语权，使其他国家只能接受由其确定的规则所传播的信息，形成了话语霸权。要提高文化软实力，必须努力传播我们自己的价值观。习近平总书记曾指出："要加强国际传播能力建设，精心构建对外话语体系，发挥好新兴媒体作用，增强对外话语的创造力、感召力、公信力，讲好中国故事，传播好中国声音，阐释好中国特色。"通过新闻、报道和各种评论的形式，全方位和多角度地宣传中国文化产业和发展模式，积极推动我国文化创意园区的发展。媒体不仅要传达信息、传播知识，更需要对所报道的事件、城市和国家有深度的把握，推动树立文化自信，走向文化复兴的道路。

在建设"一带一路",传播我国优秀文化、推动建设文化产业园时,应有重点地展示我国深厚的历史文化底蕴,多样化的文明大国形象,向沿线国家展现政治清明、经济发展、文化繁荣、社会稳定、人民团结、山河秀美的东方大国形象[①],向各国展示和平发展、负责任的大国形象,展示对外开放、文明和谐社会的形象。一国的文化价值、核心观念、国家形象等能否得到国际社会的认同,可否占领文化至高地,文化的传播力度起着至关重要的作用。

"一带一路"建设并不仅仅局限于交通设施的发展,更包括了经济、政治、文化等方方面面,是东西方之间文化交流和沟通的渠道,"一带一路"沿线地带,历史文化遗产丰富,旅游资源充足,国际影响力较强,它不仅是东西方经济发展的平台,更是东西方文明会合的地域。文明的交流互动是推动世界和平的力量。

在"一带一路"战略中,顶层设计要求文化先行,一批文化创意园区正在启动,文化发展是面向世界开放与合作的。建设"一带一路",就是要实现优势互补、东西联动,有效推进,共享文化发展的机遇与成果。

6."一带一路"战略提升国民自信力

共产党在长期的发展和实践中,形成了井冈山精神、长征精神、西柏坡精神、上甘岭精神、雷锋精神、"两弹一星"精神、抗洪精神、航天精神等,它们都是我们发展前进的精神动力,是我们发展壮大的精神支柱。

我们从初期一穷二白的状况发展成为世界第二大经济体,从外交被孤立的状态到世界上 196 个国家中有 174 个和我国建立了外交关系,从政治上受人摆布的状态到联合国五大常任理事国之一,都体现了我国国力的上升,以及国民自信心的提升。这种自信不仅源于中国有世界一流的体育场、有世界最大的水电站、有时速最高的铁路、有全球最长的跨海大桥、有装卸率最高的海港,还因为所有这些成就的是源于白手起家的中国人的智慧。全世界 80% 的小家电、70% 的鞋子、57% 的机电产品都源自中国,其中不乏"中国创造"。更重要的是,中国人正在向世界证明,我们是和平崛起的大国,是负责任的大国。我们现在一天创造的财富等于新中国成立初期一年国民财富的总值,和新中国成立初期相比,现在的财政收入是

---

① 冯留建、王炳林:《实现中国梦需要提升文化软实力》,《思想理论教育导刊》2014 年第 5 期。

当时的一千倍。

"一带一路"战略，在深层次上更能推动国民自信心的增强。一方面，"一带一路"能够带动沿线国家、地区经济发展，平衡各地的经济差距，缩小收入的"剪刀差"，实现共同富裕，还能够带动沿线国家、地区经济的发展，提高中国的话语权；另一方面，我们援助相对落后国家的经济建设、推动其基础设施的投资，给当地留下良好的友谊，让我们走出去，走得更宽更广。

（四）巩固、拓展与相关国家的战略合作伙伴关系

到目前为止，我国已经和58个国家及组织建立了伙伴关系，这些伙伴关系包括战略伙伴、全面合作伙伴、合作伙伴、建设性合作伙伴、战略合作伙伴和全面战略合作伙伴等，我国在发展同世界各国友好合作的过程中，也越来越重视与周边国家的睦邻友好关系。党的十六大报告指出："我们将继续加强睦邻友好，坚持与邻为善、以邻为伴，加强区域合作，把同周边国家的交流与合作推向新水平。"党的十七大报告指出："我们将继续贯彻与邻为善，以邻为伴的周边外交方针，加强同周边国家的睦邻友好和务实合作，积极开展区域合作，共同营造和平稳定、平等互信、合作共赢的地区环境。"党的十八大报告指出："将坚持与邻为善、以邻为伴，巩固睦邻友好，深化互利合作，努力使自身发展更好惠及周边国家。"在具体实践中，我国政府也一直秉承着协和万邦、亲仁善邻的传统美德，将睦邻友好作为基本的国策。

1. "一带一路"顺应周边国家战略意图

在互连互通方面，我国与俄罗斯、蒙古等国都有十几个各种类型的国境口岸及通道，与日本和韩国也有规模不等的港口。在经济和政治发展上，中国是东北亚国家最大的贸易伙伴国，与俄罗斯是"全面战略协作伙伴关系"，与韩国及蒙古是"战略合作伙伴关系"及"战略伙伴关系"，与朝鲜是"传统友好合作关系"，与日本则是"战略互惠关系"。即便我国没有提出"一带一路"战略，其他国家也在不同程度上加紧互连互通协作，以减少单个国家发展造成的局限。20世纪70年代，韩朝两国达成了"自由、和平、统一、民族大团结"的统一三原则，希望通过修复贯通南北的朝鲜半岛铁路大动脉，从而实现与俄罗斯和中国的铁路网相连接。在20世纪80年代中期，日本将本州和北海道连接后，和韩国设想打通朝鲜海峡的海底隧道，将九州岛及韩国的东南沿海相连。但是当时朝鲜

半岛局势紧张南北对峙,加之造价高昂,从而一度停歇。2000年,朝韩首脑会晤,俄罗斯开始对朝鲜半岛的外交策略进行调整,决定将横穿朝韩的铁路和俄罗斯远东及西伯利亚的铁路连接,但因后来的冲突和朝核问题又受到影响。2006年韩国大选之时,朴槿惠向中国提出在中国东海岸和韩国西海岸之间修建海底隧道,促进两国的贸易合作,也因种种原因而流于形式。蒙古也提出了"新千年铁路建设计划",建设横贯蒙古东西部,连接我国东北、西北及中亚国家的铁路网络,从而缓解现有铁路运营的紧张,2012年,蒙古表示将该铁路建成与中亚、俄罗斯相同的宽轨铁路。

"一带一路"这一倡议的实施符合中国和周边国家的现实利益及长远利益,尤其是对那些基础设施相对落后的国家,更希望通过"一带一路"来拉动本国经济的增长,来更好地分享在区域合作中的红利。即便是那些和中国存在某些争端的国家,如菲律宾,也对"一带一路"表现出了极大的兴趣,在东盟10个成员国中,有9个成员国积极地参与亚投行的建设。

2. 提升文化外交在"一带一路"建设中的"柔性"作用

外交包括经济、政治、人文、军事等,文化外交是一个国家外交战略的重要组成部分,它与其他形式的外交相比,凸显出一种无形的柔性。中国和周边大部分国家政治关系良好,经贸关系也在迅速发展,中国是周边大部分国家的第一大贸易伙伴和重要投资国。

在政治和经济外交的基础上,文化的互通显得十分重要。"要坚持经济合作和人文交流共同推进,促进我国同沿线国家教育、旅游、学术、艺术等人文交流,使之提高到一个新的水平。"这是总书记在中央财经领导小组第八次会议中明确提出的。在"一带一路"战略中,文化的交流与合作,特别是沿线民族文化的交流合作已成为经济、政治、外交的推动力。

中国与"一带一路"沿线国家的民族关系的历史远远长于国家关系的历史。因历史的原因而形成的多民族,因长期的民族跨区域分布使得生活方式和习惯产生了一系列的变化,但对文化都有一种强烈的认同感。借跨区域民族文化,促进我国少数民族的文化与其他民族文化交流,相互取长补短,可以复兴民族优秀传统文化,又可以培养认同感,化解在"一带一路"建设中的矛盾和冲突。

民族文化促进中国周边安全环境的建设。中亚、南亚地区因特殊的地缘关系，不仅是各种宗教、民族的聚居地，而且也是各国角逐的重要场所，美国、日本、欧盟等国家和地区都在不同程度上试图影响该区域。不管什么目的，任何一种势力的侵入，都会影响中国周边环境的安全。加强我国同周边国家的民族文化的交流和合作，减少和消除差异，增加民族文化的认同感，维护中国周边安全环境安全。

文化交流是经济政治互连互通的重要补充。无论是经济的往来、政治的互信建设，抑或是基础设施的投资，都是以人为主体来发展的，人类的交往也是文化的交流与合作。

古丝绸之路是贯通中西、连接欧亚大陆东西方文明的畅通之路，当时主要是为了经贸的往来，是一条贸易之路。而今天我们提出的"一带一路"建设，并不仅仅是为了重新恢复历史的贸易通道，而是在推动沿线地区经济发展的同时，将古丝绸之路的各国互惠互利、互通有无的精神继续传承和发扬下去，从而在21世纪建立一条新的经济合作走廊，通过交通要道将沿线国家和地区紧密地联系起来，构建经济、政治、文化、社会、生态、安全等全方面的良好合作关系，打造具有共同利益、共谋发展的新的共同体。

3. 深化中俄全面战略协作伙伴关系

美苏争霸结束、苏联解体后，美俄关系一直处于对立的状态，特别是现在乌克兰危机的扩展，俄罗斯被迫将"欧亚联盟"的重点转移到亚太地区，加强同中亚、中国等国的合作。1991年中亚地区从苏联分离出来后，俄罗斯在短时期内很难再重返亚太，而中亚五国也积极地推进民主化改造，去俄罗斯化进程加快，美国在阿富汗仍旧保持一定的军力，就是要以此为据点争夺中亚。俄罗斯试图借中国之势达到遏制欧美"重返亚太"从而控制中亚和蒙古的目的。以前俄罗斯长期牵制中亚和蒙古，这样做一方面是为了抗衡欧美国家地缘上包围俄罗斯的战略，另一方面也是为了防范我国北上。而在乌克兰危机以后，俄罗斯加快了同中亚等国的联系，签署了多项合作协议。2011年普京在发表了《欧亚大陆新一体化计划——诞生在今天的未来》，提出了"欧亚联盟"的构想，这个联盟使得俄罗斯在发挥连接欧亚大陆纽带作用的时候，成为继"东北亚经济圈"及"欧盟经济圈"外的中心，是俄罗斯战略规划转向亚太的重要步骤。在2014年9月，中蒙俄三国举行首脑会议时，共同提出了构建"中蒙俄经济走廊"的设想，将丝绸之路、欧亚大铁路和草原之路对接起来。中国对各种合作有明确的态度，反对建立一切形式的军事集团，反对划分势力范围和实行对立阵营，实行不结盟、不针对和不对抗第三国。

2012年，中俄两国完成了高层领导权力交接后，新一届领导集体对双方的发展也是格外的重视。俄方强调与中国加强全面战略协作伙伴关系，习近平总书记上台后首访的第一站就是俄罗斯，体现了我们对中俄关系的重视。2014年，中俄双方签署了《中华人民共和国与俄罗斯联邦关于全面建立战略协作伙伴关系新阶段的联合声明》，又提升了两国的关系。尤其是在乌克兰事件爆发后，中俄双方关系更加紧密。在国际和区域问题上，在安理会的框架内，保持了紧密的合作。因克里米亚公投问题，欧美国家对俄罗斯实施制裁，尤其是在金融领域，从而使得俄罗斯对亚洲地区的倾斜力度加大。俄罗斯自然资源丰富，以资源换取资金的外交路线仍然会继续进行。2014年的亚信会议期间，中俄签订了总额为4000亿美元的天然气供应合同，从而缓解了欧美制裁对俄罗斯经济的影响。

在和平共处五项原则的前提下，通过互通有无的理念，借助俄罗斯和中亚国家的历史传统，发挥比较优势推动"一带一路"战略构想的实施。

4. 推动中日友好合作伙伴关系

在"二战"后，日本在麦克阿瑟将军的第一号命令下，解散了海军、陆军和空军，解除了所有的日本军队的武装并要求军人复员，军工厂被停产，只能保留不超过10万人的准军事部队，不得将军队派遣到本国领土以外的其他地区。在安倍政权再次上台后，积极推动摆脱战后的体制，力推修宪改变自卫队的状况。一方面，日本借助日美同盟加强了在亚太地区的军事干预和影响，将其触角延伸到世界的其他角落；另一方面又大幅度地援助和投资东南亚、中亚等国家，加强海上安全和对话机制。对中国而言，像钓鱼岛、慰安妇等问题在短时间内很难解决，中日关系基本处于战略性对抗阶段，对于中国来说，日本无疑是潜在的隐患。

中国是最大的发展中国家，日本是亚洲最发达的国家，两国一衣带水，虽然经济发展阶段不同但在很多领域却存在互补性。中国人口居世界第一，拥有广阔的销售市场和相对廉价的劳动力资源，而日本资金雄厚，有先进的技术和管理经验。把一个什么样的中日关系带入新的世纪，不仅关系到两个民族的利益和命运，而且将对亚太地区乃至世界产生重大而深远的影响。① 世界经济三大板块中，欧盟和北美自由贸易区已经形成，而东亚则没有形成一体化，"一带一路"是一个机遇，需要东亚国家尤其是中日两国的共同努力、携手合作、政治互信，推动中日友好合作伙伴关系，推动区域经济一体化的进程。

5. 维护中印战略合作伙伴关系

中印两国总人口超过25亿，占世界总人口的2/5，而且同为具有影响力的发展中国家，都是亚太经合组织成员、金砖国家成员。中印两国在经济方面都有很强的互补性，我国被称为"世界工厂"，而印度则被称为"世界的办公室"。两国都有各自的优势，如我国在制造业、特区建设等方面有比较优势，而印度在软件开发、服务业上有明显优势。中印两国在地缘经济合作等方面有较大的潜力，这种经济上的互补在一定程度上会为两国战略伙伴关系带来充足的动力。我国的西部大开发战略正好可以与印度的开发东北、向东看战略相对接，在我国的云南边境等地建设桥头堡，所以在未来，中印两国在地缘经济等方面的合作有更大的潜力。作为发展中大国，中印两国均面临着发展经济、改善民生的共同任务，肩负着维护地区和平稳定、实现亚洲发展振兴的共同责任，在促进世界多极化、建立国际社会新秩序、反对强权政治、人权、环境保护等重大国际问题上也有着广泛的共同利益。② 随着经济的发展，印度在国际舞台上的地位日益重要，不断地追求与其新兴大国相匹配的经济和国际影响力。我国是联合国常任理事国，而印度也在不断地追求加入联合国常任理事国，这离不开与我国的合作和沟通机制。而我国像西藏问题、台湾地区问题的顺利解决，也需要印度的理解和支持。

2005年，中印两国达成建立面向和平与繁荣的战略合作伙伴关系，2014年，上升为更加紧密的发展伙伴，2014年是"中印友好交流年"，也是和平共处五项原则发表60周年，我们提出了推动中印关系继续向前发展的建议。中印两国在众多的国际机构和多边对话机制中是重要的参与者，共同作为金砖国家成员在全球经济治理中的作用日益扩大；中印俄三国的外长对话，已成为三国政治领域的重要协商机制；中印两国同为20国集团中的发展中国家，为推动世界经济的发展、维护广大发展中国家的

---

① 杨福昌主编：《跨世纪的中国外交》，世界知识出版社2000年版，第233页。
② 新华网：《中印战略合作伙伴关系保持着健康稳定的发展势头》，http://www.gov.cn/jrzg/2010-12/14/content_1765494.htm，2015年4月22日。

利益做出积极贡献。在莫迪上台后,在经济方面,中印双方都希望扩大经贸和投资合作,减少贸易逆差,印方希望中方在印度投资基础设施,设立产业园区,对我们提出的孟中印缅区域合作框架给予支持。最近几年中印两国的贸易投资关系已经从一般性的商品投资贸易逐步向工程、技术等更广泛的经贸合作领域转变。

在中印两国实施"一带一路"战略,不仅有利于推动中印两国的经济和安全利益,而且有利于整个亚洲地区的稳定与繁荣,为此,中印在安全领域加强合作,达成国际新安全观十分重要。两国在世界上都具有一定的影响力,两国构筑起稳定的战略伙伴关系,共同构建开放、平衡和包容的秩序,符合两国人民的根本利益。为此,可加强地区合作一体化的沟通与交流,加强互连互通建设,促进两国在电网、管道、铁路等方面的对接及协调,共同制定基础设施及能源等方面的相关规则。妥善处理中印两国双边关系中的新问题,以理性的态度来解决历史遗留问题,将两国的边界由分界变为合作的桥梁及纽带。这样,亚洲的和平与稳定发展的大环境就会有基本的保障,中印战略合作伙伴关系的建立最终必将引领"东方巨龙"中国和"南亚大象"印度携手创建两国在亚洲的共同繁荣。[①]

6. 提升中国—东盟战略伙伴关系

我国和东盟国家在地理位置上相邻、文化上互通,在历史上就有密切的经贸往来,而且都处于工业化和城镇化迅速发展的阶段,贸易的互补性较强,具备了互惠互利的发展条件。我国是第一个同东盟国家建立战略伙伴关系和启动自由贸易谈判的国家,双方在经济发展、维护地区和平与安全方面有着广泛且共同的利益。东盟国家是我国可以长期合作的伙伴国,是我国稳定周边地区环境的重要因素。对东盟国家来说,将东盟建成经济、政治和文化的共同体,是它们的目标,在维护亚太地区的和平稳定和促进亚太地区经济发展方面,中国和东盟各国都有着共同的利益。我们所倡导的"一带一路"和东盟国家的"东盟共同体"战略,虽然在具体实施上有所差异,但在终极目标上并行不悖。中国—东盟自贸区是一个惠及19亿人口、国民生产总值达6万亿美元的自由贸易区,可以共同分享区域经济一体化的红利,而且能够在一定程度上避免在吸引外资、开拓国际

[①] 胡娟、柳树:《论发展中印战略合作伙伴关系的意义、机遇与挑战》,《学术探索》2012年第7期。

市场方面的恶性竞争,不仅能使中国与东盟国家之间增加信任,而且其他国家会更加重视中国和东盟合作产生的影响。"一带一路"战略也可以提升中国—东盟自贸区的发展程度。2012年在世界经济增长乏力的情况下,中国与东盟的双边贸易突破4000亿美元。目前为止,东盟是我国的第三大贸易伙伴,我国则是东盟的第一大贸易国,随着"一带一路"的建设,双边的贸易壁垒会进一步降低,关税也会随之下降,这将推动新一轮的服务等贸易的承诺谈判,促进投资等领域实现实质性的开放,从而更快地推动双边贸易的发展,推动投资贸易的便利化,进而积极地推动在环保、海洋和金融等领域的合作。

我们将东盟作为睦邻友好合作的周边外交对象,坚持巩固和深化同东盟的战略伙伴关系,随着"一带一路"战略的实施,中国深化改革、扩大对外开放决心的逐步加强,我国借助统筹双边和多边合作,促进同东盟的互连互通关系,将为与东盟在更高水平上的合作提供有利的机会。现在,中国—东盟自贸区的建设还存在一定的问题,双方企业都迫切需要互相加大投资力度,营造稳定的投资环境,减少不合理的管制,在服务贸易和投融资等方面提升水平,而"一带一路"战略的实施则为此创造了良好的契机,也将逐步造成中国—东盟自贸区发展的升级版。"一带一路"战略跨越广西壮族自治区,有利于将广西的北部湾建设成国家战略地区,北部湾处于中国—东盟自贸区、大湄公河的次区域和中越"两廊一圈"等汇集处,将在推动和东盟的合作中起到重要作用。中国是最大的发展中国家,而东盟是中小国家的结合体,因此中国与东盟的合作在互利互惠的基础上"多予少取",这样才能为双方战略伙伴关系找到新的契合点、更多的利益共同点和经济增长点。[①]

7. 建立中国—南亚战略伙伴关系

我国在南亚地区推动"一带一路"建设,打造与南亚的经济利益共同体,和南亚各国的经济社会发展相吻合,这为南亚实现经济社会的发展提供了机遇,这同样是我国在南亚地区开展"一带一路"战略的有利外交条件。南亚地区在民主化的浪潮之后,大部分国家将经济发展作为国家的主要目标。加强基础设施的投资,是南亚实现经济发展的关键,基础设施建设和国家之间的互连互通是经济发展的推动器。但南亚的现实是,基

[①] 魏民:《中国东盟自贸区:推动东亚经济一体化》,《中国报道》2014年第11期。

础设施贫乏、能源紧缺，长期制约了该地区的经济发展。我国倡议的"一带一路"战略，目的就是要用创新的合作形式深化和南亚国家的经济、政治、文化、科技等的合作，将我国的愿景及南亚国家的发展连接起来，并提供一定的支持和帮助。借助"一带一路"实现我国与南亚地区经济共同发展、共同繁荣。

在经济全球化的时代，任何国家都不可能孤立地发展。周边国家对我国的发展、和平、稳定具有重要的战略意义。在外交关系中，应该统筹国内外，在发展和大国关系的同时，积极发展和周边国家的与邻为善、以邻为伴的睦邻友好关系，坚持睦邻、安邻和富邻的方针，实现我国和周边国家的共同发展，共同应对国际性的问题。"一带一路"战略是我国新的国家战略，要以此为纽带，使我国同周边国家形成利益共同体和命运共同体。

在构建"一带一路"战略的过程中，会遇到各种各样的阻碍。近几年我国与周边国家的争端仍未解决，如南海问题等。但是，我们要在坚持原则的基础业，以大局为重，搁置争议、合作开发，以合作代替争斗。我们要与争端国家进行友好的对话和协商，尽快形成南海地区共同遵守的规则。

（五）增进睦邻友好与开展深度合作，维护好中国发展的国际大环境

一个国家生存与发展的基本前提是国内与周边地区的安全与稳定，相邻国家的安全形势是重要的因素。我国和相邻国家存在边际效应，和周边国家的关系直接影响"一带一路"战略实施进程。睦邻友好的合作，就是要在政治上和周边的国家实现和平共处，互谅互让。要在和平共处五项原则的指引下，与我国周边国家一起构筑稳定、和谐、协调、顺畅的关系。要在经济上实现互惠互利，扩大贸易和投资的自由化、便利化，逐步实现优势互补，深化区域内的交流与合作，推动区域经济一体化进程。

我国东邻太平洋、西靠欧亚大陆，几乎和亚太所有的重要国家都有陆路相连或者隔海相望，是唯一一个和东南亚、东北亚、中亚及南亚等区域相连的国家。我国这一得天独厚的地理优势，一方面，为我国对外开放、与其他国家开展合作提供了便利；另一方面，也使我国的国家安全面临着风险与挑战，非常容易成为霸权主义国家争夺的阵地。"中国的位置却使它千百年来屡遭侵犯。"① 从国际地缘政治竞争的历史看，如何处理与周边国家关系、有没有一个稳定的战略依托带，直接决定一个大国的兴衰。② 在这种情况下，我们除了要增强军事实力、发展自身经济外，与周边国家发展友好关系也很重要。我国睦邻友好的外交政策，既是古代处理与周边国家关系的政策也是新中国成立后我国独立自主的和平外交政策的体现。我国发展和周边国家的关系，要求长期坚持睦邻友好的对外政策。一国如若不能友好地对待周边的国家，就既不能全力发展本国经济，也容易产生边界冲突。中国古代版图的变更说明，我国如若不实行睦邻友好的政策，不仅使得周边国家容易产生中国威胁论的误判，影响我国与其的互利合作，而且也给外部势力插手我国周边地区提供了机会。改革开放后，我国将与周边国家的睦邻友好作为外交的重点，并为此采取了一系列有效的措施，从而缓和了和邻国的关系，为我国的现代化建设提供了良好的发展环境。而"一带一路"建设所需要的正是和平安全的外交环境，加强睦邻友好合作，对维护我国的领土主权及地区安全、促进经济发展、提高我国的国际经济政治地位有重要意义。

共同利益的存在是各国之间发展的前提，"一带一路"战略本身就有利于中国周边国家的发展。要在注重重点合作领域的基础上，加大经贸尤其是能源方面的合作，共同发展和谐的周边关系、和谐的大国关系和和谐的多边关系。

1. "一带一路"推动区域经济一体化

虽然美国推行亚太再平衡战略，区域国际形势变得紧张，比如中国与周边国家和地区间的关系。但随着经济全球化的发展趋势，区域经济一体化的速度不断加快。中国已先后成为周边国家和地区的主要贸易伙伴，同周边国家和地区的经贸往来也日益密切。上海自贸区的建立和完善，推动了上海及周边地区的迅速发展，各种政策优势接踵而至。借此经验，我们应该以周边国家为依托，加快自由贸易区建设，扩大经贸投资合作领域，形成区域经济一体化的全新格局。增进区域性安全合作，战略互信不断增加，另外，应该推动沿边地区的开放，深化同周边地区的合作。所以，"一带一路"的发展，是融合区域经济一体化与沿边地区开发于一体的战

---

① 刘雪莲编：《地缘政治学》，吉林大学出版社2002年版。
② 中国现代国际关系研究所编著：《亚太战略场：世界主要力量的角逐》，时事出版社2002年版。

略，这既促进了西部大开发的发展，又促进了区域的经济一体化进程。中国和周围相邻的国家都在积极响应"一带一路"战略，推进互连互通的建设，在中俄、中蒙等国的边境线上，原有的道路得以扩宽和疏浚。将铁路、公路、管道等连通，进一步扩大物资和人员的流动，从而促进经济增长。中国永远做周边国家的好伙伴、好邻居和好朋友，不断推动周边地区经济繁荣。

2."一带一路"促进我国与周边国家间的互通

"一带一路"战略是我国稳定周边国家，与周边国家实现互通有无、互连互通的中长期计划。而任何战略的实施都离不开内部外部环境的优化，但现在亚太地区安全形势复杂多变，我国实施"一带一路"战略面临一定的阻碍和困难。虽然有一定的障碍，但各国之间亦存在共同的利益，国家合作的基础就是基于共同利益的考量，我们可以化危机为机遇，实现中国与周边地区国家环境的稳定和经济的共同繁荣。东南亚地区是我国海上丝绸之路建设的重要组成部分，而南海问题，可能对"一带一路"的建设产生一定的挑战。在2014年举办的中国—东盟博览会上，我国国家领导人提出加强海上安全合作机制，如探讨建立海上执法队伍间的交流与合作机制等。若我国与东盟国家加强海上的交流合作，建立信任关系，则可以化解冲突和矛盾，营造一种和谐融洽的氛围。复杂的国际形势需要我国和周边相关国家加强安全合作，为地区的安全发展提供服务，为经济的发展保驾护航。

和周边国家实现睦邻友好，要求我国和周边国家之间是相互尊重而不是相互的对立，是相互合作而不是恶性竞争，是互相信任而不是相互猜疑，是立足于共赢而不是彼兴此衰。"一带一路"建设过程中倡导睦邻友好，有利于我国在复杂多变的国际环境和深刻变化的世界格局中争取主动权，维护国家的主权安全和利益，营造稳定的外交环境和和睦的周边关系，促进相关国家超越博弈的思维框架，实现共同倡导包容性的互惠、互利、共赢外交理念、政策和原则，促使其实现制度化和规范化，顺利地实现国家之间的互通有无，彼此信赖。

3."一带一路"推动中国与周边国家市场开放

消费、投资和出口是拉动经济发展的"三驾马车"，但我国的经济发展大部分是靠加大基础设施投资和对外出口来实现的，在现在国内投资趋缓、出口竞争加大的情况下，需要实现经济的转型，实现由大到强的转变。周边国家仍然是我国未来发展市场中最重要的组成部分。世界发达国家主要分布在欧洲、北美洲和澳洲地区，亚洲虽然地理面积广阔，但除了少数相对发达国家外，像南亚、中亚、东亚等国家还属于发展中国家，各国都在追求发展，谋求国际政治地位，国内市场潜力巨大。"一带一路"战略，既可以实现我国剩余产能的转移，周围国家也可以从我国的发展中受益，从而实现本国经济的迅速发展；同样，中国也可以从周边国家发展之中获得更多的发展机会，使周边国家成为中国横向发展的依托。"一带一路"是以周边国家和地区为重点，我们也应该以发展的眼光看问题，不能仅仅局限于此，可以向周边其他国家与地区拓展。"一带一路"作为我国提出的重大发展战略，可以向纵深方向发展，古丝绸之路是从中国的古都长安到罗马，新亚欧大陆桥是从我国的连云港到荷兰的鹿特丹港，所以还可以向更深的方向、更广的区域扩展。但在区域拓展的同时，还应该注意稳扎稳打，步步为营。各国经济发展不同，不能因谋取区域的空间扩展而损害其他国家的利益。"一带一路"是我国以周边地区为依托并纵深发展的战略，是为了构建各国之间相互依托、共同发展的命运共同体的战略，所以，战略的量点是周边国家地区。

4. "一带一路"构建和平的发展环境

各个国家和民族都有不同的宗教信仰和意识形态，特别是南亚和中亚地区。在英国、美国等西方国家从阿富汗撤军后，阿富汗地区恐怖势力再次猖獗，反恐形势恶化。在巴基斯坦地区，恐怖势力发起了多起袭击事件。"伊斯兰国"和"基地"相互争夺"圣战"的领导权，进一步加剧了南亚地区的紧张局势。受伊拉克和叙利亚境内恐怖分子的影响，"伊斯兰国"的追随者日渐增多，不少东南亚地区的穆斯林加入，而东南亚成为国际恐怖分子尤其是我国新疆地区的恐怖分子的中转站。除了恐怖主义势力的威胁，"安倍经济学"指导下的日元贬值给相关国家出口造成压力、金融危机的累积因素导致多国政府债务缠身、能源危机使各国展开激烈的贸易战、人口老龄化带来了养老压力加大和劳动力不足，同时环境问题、信息安全、食品安全等也日益成为人们的普遍威胁。非传统安全不是一国内的安全问题，它具有跨国性、公共性等特点，非传统安全威胁的现实正改变着各国的安全理念与各国的安全环境，安全的探讨和努力已经在相当大的程度上超越了传统的国际关系研究范畴，也超越了传统安全的研究边界，从而使越来越多的国家开始把非传统安全置于国家安全方略的重要位置,把国家间合作应对非传统安全威胁的行动视为国家安全方略的重要方面。① 只有通过双边和多边的合作才能够有效地遏制其扩展。在我国也面临着民族分裂主义的威胁,特别是在新疆、西藏等地区,疆独、藏独分子与国外勾结,不断地挑起事端。中亚是恐怖主义、极端主义和分裂主义"三股势力"的热点,而我国新疆又和中亚相邻,存在错综复杂的跨境民族矛盾。

"一带一路"战略的推进需要和平与安全的周边环境,因此,"一带一路"沿线国家都面临着在维护地区和平安全方面加强合作的重大任务,共同防止外部势力来干涉国家内政。我国与周边国家相邻,在维护地区和平与安全和促进区域发展方面有共同的利益,随着经济的发展,区域经济一体化进程加快,在经济、政治和安全等方面的关系日益密切。中国和周边国家大部分都是发展中国家,有着共同的利益诉求和主张,都强烈要求推翻国际经济政治旧秩序,建立国际经济政治新秩序,正是因为有着共同的利益,使我国"一带一路"战略深受周边国家、地区欢迎。"一带一路"战略有利于加强交流、密切合作,消除彼此在非传统安全等方面的误解,增强彼此的信任和理解。在此基础上,我国和周边国家可共建应对非传统安全的框架体系,在维护自身国家利益的基础上为他国着想,建立应对非传统安全威胁的长效机制,各国应共商良策、共同应对,通过各国的努力,解决非传统安全问题,维护"一带一路"沿线周边的发展环境。

5. 中国未来的整体政治格局

我国是世界制造大国,"Made in China"已成为一个重要的标识,世界的发展越来越离不开中国。我国也是最大的债权国,拥有强大的外汇储备,中国正在走向世界政治的前沿,具有更大的话语权。我国的综合国力在逐步上升,我国国家地位不断提高。美国发动利比亚战争遭到了世界上大多数国家的反对,美国巴尔的摩骚乱,使得其宣称的"自由、民主和人权"大打折扣;俄罗斯长期注重重工业发展,国内轻工业发展落后,乌克兰危机后,美国和欧盟对俄罗斯的制裁更使其经济雪上加霜;日本近20年经济停滞不前,国内的改革也是步履维艰,而且日本首相数次参拜靖国神社,忘记第二次世界大战犯下的罪行,其国际形象大打折扣;欧盟国家在进入新世纪后经济停滞不前,个别国家低速增长,欧债危机特别是

---

① 余潇枫:《共享安全:非传统安全研究的中国视域》,《国际安全研究》2014 年第 1 期。

希腊债务危机使其负面影响持续；巴西和印度等正在崛起的国家，发展速度可观，其国际地位和综合国力正在提升。"所谓多极，中国算一极。中国不要贬低自己，怎么样也算一极。"这是邓小平同志在1990年对我国的总体估计，已经非常明确地告诉我们，中国在未来的政治格局中必然要成为一极，这一定位使我们在瞬息万变的国际环境中准确评估自己。但我国还是世界上最大的发展中国家，社会主义初级阶段的基本国情决定了我们要站在第三世界的立场。随着"一带一路"的推进和一系列的改革措施，我国对内增强社会主义民主政治、推动社会主义市场经济建设，加强党的执政能力，走依法治国的道路，加强反腐力度，营造良好的国内环境；我国对外坚持和平崛起，在联合国的框架内反对霸权主义和强权政治，做到有理有礼有节，维护国家形象。我国的崛起已是大势所趋，正在逐渐从陆地大国向陆地—海洋大国转变，不管是"东出海"抑或是"西发展"，中国与周边国家都形成五通。虽然道路可能是崎岖的，但未来是光明的，两级格局的结束，一超多强和多极化的发展，中国必将成为其中重要的一极。在未来世界政治格局中，我们必须发展强大，只有这样才能推动世界走向安全、和平与繁荣。

第六章 "一带一路"与中国未来经济发展

一 经济新常态下的"一带一路"战略

当前,我国经济呈现出不同于过去30年的特征:一是从高速增长转为中高速增长;二是经济结构进入优化升级的调整期;三是从经济发展要素驱动、投资驱动转向创新驱动。这三个特征是一个具有内在统一逻辑的体系,构成了今后一个时期中国经济发展的新常态。在经济新常态下,稳定经济增长、培育新的增长点是深化改革的关键所在,而实施"一带一路"战略,激活经济发展的潜能是引领经济又好又快地发展的重大决策。

(一)"一带一路"战略是应对经济新常态的路径选择

1. 经济持续增长需要扩大对外投资

当前,中国经济经过多年来的高速增长以后,进入了产业转型升级、结构持续调整的时期。2014年,中国国内生产总值为63.65万亿元,同比增长7.4%,为1990年以来的新低。从行业整体表现来看,存在房地产业库存率快速增长,制造业面临去产能压力,基础设施建设面临资金"瓶颈"等问题,经济下行的压力很大,迫切需要寻找新的可持续增长的引擎。与此同时,一方面,2014年中国境内投资者共对全球156个国家和地区的6128家境外企业进行了直接投资,累计实现全行业对外直接投资1160亿美元,同比增长15.5%,对外直接投资对经济增长的贡献较为明显。另一方面,2014年中国进出口总额26.43万亿元,进出口相抵,顺差2.35万亿元人民币,国外市场仍然是中国经济发展的重要载体。可以说,中国正处于加快走出去的阶段,"一带一路"是对外投资的战略支点。据测算,未来十年我国在"一带一路"上的总投资有望达到1.6万亿美元,未来25年有望达到3.5万亿美元,或占我国对外投资比重70%,投资"一带一路"将成为推动经济持续增长的重要支撑。

2. 产能过剩问题需要加快产业转移

产能利用率低,是产能过剩的直接体现。一方面,传统产业中钢铁、水泥、有色、平板玻璃、石化、家电等都存在产能过剩;另一方面,战略性新兴产业如光伏行业也存在产能过剩问题。目前,我国太阳能光伏电池产能占全球的60%,风电设备产能3000万—3500万千瓦,而产量只有1800万千瓦,产能利用率低于60%,光伏电池的产能过剩达到95%。新增产能难抑制,现有产能难退出,将导致社会资源严重浪费,市场配置资源效率降低,对产业结构转型升级造成不利影响。2013年国务院发布《关于化解产能严重过剩矛盾的指导意见》,其中,主要任务之一为"积极拓展对外发展空间",明确提出"鼓励优势企业以多种方式'走出去',优化制造产地分布,消化国内产能。推动设立境外经贸合作区,吸引国内企业入园"等。

3. 区域发展失衡需要加快中西部发展

优化经济发展空间格局是当前我国经济工作的重要任务,而区域经济发展不平衡依然是我国的基本国情。近年来,随着西部大开发、振兴东北老工业基地和中部崛起等战略的实施,区域之间的经济发展差距有所减小。但是内陆地区的发展水平和开放程度仍然相对较低。据统计监测结果显示,2013年我国东部、中部、西部及东北地区发展与民生指数分别为73.17%、62.35%、60.08%和63.53%,中西部地区发展相对来说依然落后。尤其是占全国区域面积1/3的西北五省区,2014年国内生产总值仅为38.84万亿元,约占2014年中国国内生产总值的6.1%。由此可见,尽管中西部地区近年来实现了快速发展,但是经济总量依然偏低,发展资源未得到充分的利用。推进"一带一路"建设,将中西部地区的发展从原来的依靠东部地区单线带动,扩展为同周边国家共建共享的互动,可以有效地实现东西部要素的有效流动和经济互通,从根本上解决区域发展不平衡问题,建设连接欧亚大陆的经济走廊,推动中国经济整体再上新台阶。

(二)"一带一路"战略是改善宏观经济状况的重要抓手

"一带一路"沿线大多是新兴市场和发展中国家,总人口约44亿,经济总量约 21 万亿美元，分别约占全球的 63% 和 29%，在如此大的范围内开展合作，影响深远。

1. 响应国家经济改革思路调整

从中央宏观经济调控思路可以看出，在过去较长的一个时期内，为把握好促进经济增长、稳定物价和防范金融风险之间的平衡，一直以来施行积极的财政政策和相对稳定的货币政策，通过相对中性的需求管理来倒逼供给改革，着力发挥政策在促稳增长、调结构、促改革中的作用。但是，近年来，随着经济结构转型步伐的不断加快，经济下行的压力不断增大，迫切需要从政策层面促进投资和消费需求的释放，为经济的持续增长注入强心剂。2014 年下半年以来，中央先后采取了一系列的降准降息金融政策和税收优惠政策，旨在促进需求的扩张，发挥消费对经济的拉动作用。从历史上看，发达国家在经历高速的经济增长之后，为了解决产能过剩问题，都通过需求扩张政策来倒逼国内的经济改革。比如，第二次世界大战后，日本通过三次大的产业转移，将劣势产业分别转移到东南亚和中国；美国实施的马歇尔计划，也是通过需求的转移和海外扩张，为经济发展培育新的增长点；等等。而目前，中国实施的"一带一路"战略，响应了中央以需求扩张配合供给改革这一思路的调整，必将为国内经济转型开辟广阔的发展空间。

2. 扭转国家资产负债整体比例

2014 年年底，中国已拥有 6.4 万亿美元海外资产，净资产达到 1.8 万亿美元，是仅次于日本的全球第二大海外净资产国。一方面，这些资产 60% 以上是掌握在央行手中的外汇储备，主要用于配置美债等资产，经济收益低。另一方面，我国对外负债则有接近 60% 是高成本的外商直接投资，致使我国在拥有巨额净资产的同时却要向外商支付投资收益，不符合国民利益最大化原则。在这种情况下，通过"一带一路"战略的实施，利用外汇储备推动沿线国家基础设施建设，加快扶持中国企业对外直接投资，既能优化对外资产结构，又能提高对外资产的战略收益。同时，在优化资产负债表的基础上，通过建立亚洲投资银行，将外汇储备用于为企业海外拓展提供融资支持，将打破美国主导的世界银行、国际货币基金组织（IMF）和日本主导的亚洲开发银行对国际金融版图的垄断，增加中国经济在国际舞台上的主导力和号召力。

3. 构建经济持续稳定增长动力

作为发展中国家，长期以来，增加固定资产投资一直是拉动经济增长的主要方式之一。自2012年以来，在深化经济体制改革、大力推进经济结构调整这一思路的主导下，固定资产投资在产能过剩的压力之下持续回落。特别是2013年，全社会的固定资产投资增速从20%以上大幅滑落至15%，创2001年以来新低。当前，随着"一带一路"战略进入落实阶段，投资低迷的趋势可能出现逆转。据测算，目前国内各省区市区"一带一路"拟建、在建基础设施规模已经达到1.04万亿元，跨国投资规模约524亿美元，按照基础设施建设周期为2—4年计算，2015年由"一带一路"拉动的投资规模或在4000亿元左右，预计将拉动GDP增速0.2—0.3个百分点，中国经济新一轮投资热潮将由此拉开，并在今后较长一个时期内获得充足的发展动力。

（三）"一带一路"将成为中国经济发展的重要增长极

"一带一路"作为我国在转型改革关键时期实施的一项重大战略，将形成中西部地区与中亚、东欧、西亚的新商贸通道和经贸合作网络，带动内陆沿边扩大向西开放，既有助于拓展中国经济发展的腹地，也可以激活内陆和沿边地区的经济发展活力，形成中国经济的新增长极。

1. 形成全球最大的区域一体化市场

影响未来国际经济格局的因素很多，但最重要的因素无疑是市场因素。从我国当前经济发展状况来看，除了加快释放国内的市场需求外，整合周边国家的市场潜力，形成以我国为中心的更大的、统一的发展市场，既是经济转型发展的客观要求，也是形成我国竞争新优势的客观要求。仅以国内市场为例，2014年中国社会消费零售点额约为26.2万亿美元。考虑到周边国家经济发展与消费潜力释放，预计到2020年，"一带一路"统一大市场规模可能达到20万亿美元左右，这个消费市场将超过美国国内消费规模，成为全球最大的统一消费市场。同时，由于"一带一路"具有开放性，一旦形成区域大市场建设的虹吸效应，可能会吸引更多的国家和经济体参与其中，为中国经济发展创造史无前例的消费和投资潜力。

2. 为产业结构调整创造广阔发展空间

当前，我国总体上进入到工业化中后期，从投资需求看，经历了30多年高强度大规模开发建设后，传统产业相对饱和，但基础设施互连互通和一些新技术、新产品、新业态、新商业模式的投资机会大量涌现，对创新投融资方式提出了新的要求。从"一带一路"的投资趋向来看，更多的是周边国家的基础设施投资，这些投资对经济的拉动效应巨大。因此，"一带一路"不仅将有助于对国内钢材、水泥、煤炭等传统产能的消化，也将进一步带动能源加工、旅游业、交通运输业、房地产业和金融业等行业的发展。同时，还应该看到，"一带一路"沿线国家，大多数都是处于经济转轨时期的国家。第一，这些国家的工业化发展需求较为迫切，与我国经济互补性较强，能够承接产业转移，与国内产业转型升级形成一体化的供应链和价值链。第二，这些国家的资源、能源较为丰富，与其加强能源合作，能为中国作为目前全球最大的能源消费国，提供有力的经济保障。

3. 构建内外统筹的经济循环大通道

近年来，受制于美国对经济失衡的调整和欧债危机的影响，中国迫切需要调整对外开放战略，进一步面向周边所有国家开放，进而在更大范围内保证资源、能源供给，并拓展产品、技术市场。第一，"一带一路"将打破长期以来陆权和海权分立的格局，推动形成一个欧亚大陆与太平洋、印度洋和大西洋完全连接、陆海一体的地缘空间格局，加快我国西部地区同长三角、珠三角（含港澳）、环渤海和东南亚地区的连通，弥补传统欧亚大陆桥辐射力的缺失，推动形成具有跨国境要素集成能力、市场辐射能力的区域产业发展新布局。第二，"一带一路"建设将促进国内自贸区建设。前者侧重以基础设施为先导促进沿线经济体互连互通，而后者则以降低贸易门槛、提升贸易便利化水平加快域内经济一体化为主要内容，从而形成一体两面、相互配套的关系，共同构成我国新对外开放格局。第三，"一带一路"通过深化中国与中亚、西亚、南亚、欧洲等陆上以及南海、印度洋和南太平洋等海上周边国家的经贸关系，不仅为扩大内陆沿边开放步伐创造良好的体制条件，也为扩大中国对外投资，在全球范围内配置和利用资源创造良好的外部条件。

（四）"一带一路"将成为沿线国家发展的重要引擎

1. 构建以中国为核心的区域经济共同体

近些年来，中国始终是全球贸易和投资便利化的坚定支持者，积极参与和推动多边贸易体制建设和区域贸易合作化进程，通过与有关国家和地区签署和实施自由贸易协定，促进区域经济融合和经贸关系发展。2014

年，中国进出口总额26.43万亿元，连续第二年居全球第一货物贸易大国地位，全年出口占全球份额为12.2%左右，中国已经成为120多个国家的第一大贸易伙伴，对世界经济特别是对周边国家的经济影响力显著增强。依托"一带一路"建设，发挥中国在区域经济合作中的引领作用，将为沿线国家提供强劲的发展动力。一方面，可以提升沿线国家的投资和贸易水平。发挥中国的资金、技术等优势，依托双边投资和贸易协定，扩大对沿线周边国家的贸易进出口和投资额度，弥补沿线国家经济发展在资金、技术等方面的缺口及发展经验上的不足。比如，中国高铁技术和基础设施建设方面的经验等。同时，积极鼓励周边国家产品进入中国服务业和制造业市场，扩大对华贸易投资，分享中国改革发展的红利。另一方面，可以为沿线国家创造互惠"双赢"的发展环境。在与沿线国家双边或区域性贸易投资制度构建中，既要顺应世界贸易投资自由化、便利化及高标准、全面性的发展新趋势，又要适应沿线及周边国家经贸发展的具体国情及发展需要，构建起共建共享的地区性贸易投资安排，推进沿线国家在区域经济上的分工、合作与融合，助力中国与沿线国经济共同体的建设。

2. 形成全球重要的贸易轴心之一

"一带一路"沿线国家经济增长对跨境贸易的依赖程度较高，2012年各国平均贸易依存度达到34.5%，远高于同期24.3%的全球平均水平。从历史上看，根据世界银行数据测算，1990—2013年，全球贸易、跨境直接投资年均增长速度分别为7.8%和9.7%，而"一带一路"相关65个国家同期的年均增长速度分别达到13.1%和16.5%，尤其是在国际金融危机以后的2012年、2013年，"一带一路"沿线国家的对外贸易外资净流入年均增长速度比全球平均水平高出4.6个百分点和3.4个百分点。预计未来五年，中国进口商品累计将超过10万亿美元。到2020年，同东盟国家的贸易额将达到1万亿美元，同南亚国家贸易额将达到1500亿美元，同俄国贸易额将达到2000亿美元，同阿拉伯国家贸易额将增加到6000亿美元。"一带一路"将形成除大西洋贸易轴心和太平洋贸易轴心之外，新的以亚欧为核心的全球第三大贸易轴心，为"这一世界上最长、最具有发展潜力的经济大走廊"插上腾飞的翅膀。

3. 提升沿线各国的城市化、现代化水平

"一带一路"战略的基础是基础设施建设互连互通。以基础设施建设为重点和优先合作领域，契合亚欧各国的实际需要。根据世界银行物流绩效指标中的基础设施指标，"一带一路"沿线各国的基础设施水平在全球位于中下程度。2013 年，沿线各国的平均基础设施指数为 2.7 分，低于全球平均水平 2.91 分。60 余个国家中，只有新加坡（4.28 分）和阿联酋（3.7 分）的指数比中国（3.67 分）高。从需求端来看，未来"一带一路"沿线各国对基础设施建设的需求极其旺盛，特别是中国周边的亚洲和非洲国家，分别有 10% 和 20% 的城镇化提升空间。从供给端来看，未来"一带一路"沿线国家对基建的需求或将达到每年 1.05 万亿美元，城市化、现代化建设将全面提速，地区发展差距将进一步缩小。同时，根据基础设施建设的乘数效应，每投入 10 亿美元的基础设施建设投资，将新增 3 万—8 万个就业岗位，国内生产总值将增加 25 亿美元。这意味着，今后一个时期，"一带一路"沿线 60 多个国家，每年将新增至少 3000 万就业人口，创造 2.5 万亿美元的 GDP，成为世界上最具发展潜力和发展活力的经济合作走廊。

4. 优化沿线各国产业结构和布局

由于"一带一路"沿线国家的资源要素禀赋各异，发展水平不一，比较优势差距明显，经济互补性很强。因此，在承载产业结构优化升级过程中是可以阶梯式递进的。特别是，随着日本经济的持续衰退和中国产业结构升级步伐的加快，过去以日本为核心的"雁阵模式"将被打破，中国将在产业的梯度转移中承担"雁首"职能。根据劳动力成本和沿线各国的自然资源禀赋，一是要引导国内的轻工、纺织、建材等产能过剩行业向外转移，充分利用周边国家的市场优势和成本优势，激活"一带一路"沿线国的土地、劳动力等经济发展要素。二是要引导国内的建筑业、装备制造业、交通运输业等传统优势产业在国外投资办厂，带动沿线国家产业升级和工业化水平提升。三是要充分利用沿线国的资源能源优势，加强与沿线国家的能源资源开发合作，实现开采、冶炼和加工一体化发展，推动能源相关上下游产业链的融合。四是要着眼于"一带一路"产业整体水平的提高，与沿线国家共同致力于发展文化旅游产业、金融业、生态环保产业和信息技术产业等，提升产业的附加值和竞争力，建立和健全互补、互惠、互利的供应链和价值链，增强"一带一路"沿线各国的经济效益水平。

二 "丝绸之路经济带"与中国未来经济发展

（一）现实基础及外部合作条件

1. 沿线各国经贸往来日益密切

近年来，随着西部大开发战略、振兴东北老工业基地和中部崛起、"一带一路"等战略的实施，中国与东南亚、中亚、西亚、中东和欧洲等国家的经贸往来逐渐频繁。2014年，中国与"一带一路"沿线国家货物贸易额突破1万亿美元，达到1.12万亿美元，占中国货物贸易总额的26%。承包工程完成营业额达到525亿美元，占中国对外承包工程业务完成额的43.3%。其中，中国与东盟贸易额达4803.94亿美元，同比增长8.3%，增速较中国整体对外贸易平均增速高出4.9个百分点。在中亚，中国已成为哈萨克斯坦、土库曼斯坦的第一大贸易伙伴，预计2015年中哈贸易额将达到400亿美元。中俄两国双边贸易额2012年为880亿美元，2015年将增至1000亿美元，显示出两国在经贸合作上较大的空间和潜力。与此同时，中国作为欧盟的第二大贸易伙伴，2014年双边贸易额为4673亿欧元，占欧盟贸易总额的比重从2002年的7%上升至2014年的14%，实现了翻一番。未来，中国与沿线各国的经贸合作还将继续保持快速增长态势，为"一带一路"沿线国家经济建设提供广阔的发展前景和良好的发展平台。

2. 交通网络格局已经初步形成

经过近年来的建设，我国与周边国家交通基础设施的互连互通水平有所提高。陇海—兰新铁路已全线改造贯通，自动化程度和运力大幅提升。黄骅港至太中银铁路已贯通。第二亚欧大陆桥运力有很大改善，阿拉山口口岸过货量从最初的72万吨上升到2014年的2545.1万吨。上海合作组织提议的从圣彼得堡到中国连云港的"欧洲—中国西部公路"即将投入建设。此外，亚欧光缆和中俄光缆已经建成，中国与中亚的天然气管道、中国与哈萨克斯坦的石油管道已经开通，"丝绸之路经济带"沿线国家之间也建成了多条跨国能源管道。国内方面，乌鲁木齐到兰州的高铁已经运行，南宁到曼谷、昆明到曼谷公路已经开通，澜沧江—湄公河河道建设等工程正在进行，以铁路、公路、航空、管道和通信等为支撑的交通网络已初显轮廓，为"丝绸之路经济带"的建设创造了良好的基础条件。

3. 沿线各国积极响应和支持

近年来，为保持在国际区域经济合作中的优势地位，美国主导了《跨大西洋贸易与投资伙伴协议》与《跨太平洋伙伴关系协定》的谈判，两个谈判几乎囊括了我国的主要贸易伙伴，并排斥中国，美国对我国参与国际贸易试图设置多重障碍。但是，上述两个协议所追求的高标准，并不是所有加入谈判的国家都能达到的。与此同时，"一带一路"战略，既可以将与中国具有类似贸易条件的很多亚欧国家连接在一起，又可以将中国的改革开放所释放出的巨大溢出效应带给贸易伙伴，得到了沿线各国的积极响应和支持。在中亚，哈萨克斯坦、乌兹别克斯坦等国家明确表示支持和参与丝绸之路经济带建设，推动经济、科技、能源、旅游等领域有效合作。中国、哈萨克斯坦和吉尔吉斯斯坦三国联合申报的"丝绸之路：长安—天山廊道的路网"，成功入选世界文化遗产名录，成为"丝绸之路经济带"建设的早期成果。在南亚，巴基斯坦和孟加拉国也表示将加快中巴经济走廊和孟中缅印经济走廊建设，为加快实施有关项目建设提供便利。在欧洲，2014 年 3 月，中欧双方发表的《关于深化互利共赢的中欧全面战略伙伴关系的联合声明》指出，双方决定共同挖掘"中国丝绸之路经济带"倡议中与欧盟政策的契合点，探讨在"丝绸之路经济带"沿线国家开展合作的共同倡议。在阿拉伯国家，中国—阿拉伯国家合作论坛已建立起部长级会议、高官会、企业家大会等十余个合作机制，双方均表示通过经贸往来和投资基础设施，深化双方在能源、金融、人力资源等领域的合作。可以说，各国对建设"丝绸之路经济带"积极响应和支持，为我国构建全方位对外开放新格局和国际合作新架构创造了良好条件。

（二）未来合作重点领域及对策建议

1. 推动产业合作，优化产业空间布局

产业是经济转型发展的重要支撑点，要实现"丝绸之路经济带"的快速崛起与可持续发展，就必须进行科学合理的产业空间布局与规划，明确沿途各国在经济带中的角色和地位，整合各自现有的优势产业，避免产业布局的同质化，实现产业优势互补和综合利益最大化。

（1）从经济带层面进行产业空间布局。"丝绸之路经济带"沿途各国，基本上都是发展中国家或转轨国家，自然条件复杂，矿产资源丰富，生态环境脆弱，经济发展尚处于起步阶段，资金、技术普遍缺乏。从产业结构来看，主要以采矿、石油化工、机械制造等产业为主，产业同质化现象严重，如中亚五国大都以石油天然气、采矿、冶金、有色金属、装备制造等产业为主导产业；中国西部地区也是以自然资源优势进行产业布局，形成了石油化工、采矿冶金、装备制造等主导产业，资源的开发输出并没有获得预期的经济效益和社会效益，甚至扩大了东西部经济发展差距。因此，从丝绸之路经济带的角度进行产业空间布局，应坚持以将资源优势转化为产业优势为原则，以中国西北五省区和中亚国家为重要阵地，积极对接中国西南地区和东南沿海地区，形成资源、市场、要素互补的合作通道和东西呼应的产业梯度格局，使中亚各国不仅能够利用中国的资金和技术等优势为能源开发提供有力支持，也促进中国国内借助中亚的资源优势，形成以交通、邮电、纺织、化工、食品、制药、机械制造、农产品加工等行业为主导的产业布局，并与这些国家在农业、沙漠治理、环境保护、太阳能开发等方面进行合作，形成相互促进的网络产业布局和优势互补的产业梯度推移模式，通过产业互补与合作获取丝绸之路经济带的协同发展效应。

（2）从国家层面进行产业空间布局。从经济带所涉及的国家层面来看，产业空间布局就是要处理好局部与整体的关系问题。中亚五国都以区域资源优势形成了各自的产业布局。例如，石油天然气主要分布在哈萨克斯坦境内的田吉兹、阿克托别、曼格什套以及乌津等西部地区和里海地区，乌兹别克斯坦西部的乌斯秋尔特高原，土库曼斯坦的西部西土库曼盆地；煤炭资源主要分布在巴甫洛达尔、科斯塔奈、卡拉干达等地区，以及西伯利亚盆地、滨里海盆地和田吉兹盆地。在中国西部地区，虽然积极进行产业结构调整，现阶段也是以资源能源密集型产业为主。以上这些区域在进行产业布局时，都是以自身资源优势为出发点，很少站在"丝绸之路经济带"的大区域高度进行产业空间布局，实现产业协调发展与区域的可持续发展。因此，从国家层面进行产业空间布局应该以贸易畅通为内容，以公路、铁路和管道等交通网络为轴线，以原有优势产业为基础，统筹各国产业空间布局，形成以资源能源输出和深加工为基础，高新技术资源精细加工产业为主导，以科研、教育、医疗、金融、贸易和特色旅游为未来发展方向的可持续发展的产业空间布局模式，从而实现本国、本地区产业布局的合理化和科学化，为经济带的可持续发展注入持久的发展动力。

(3) 从沿线节点城市层面进行产业空间布局。"丝绸之路经济带"沿线的节点城市主要包括各国的首都城市和中国相关的省会城市及重要交通枢纽城市,如果这些城市没有相应的产业支撑,就无法实现沿线城市的集中协同发展,经济带就仅仅成为一个贸易交流的过道。因此,沿线节点城市必须发挥自身产业优势并进行合理布局,为经济带的规模效应和辐射效应奠定基础。从节点城市布局来看,既包括上海、天津、广州、深圳、青岛、大连、福州、泉州、厦门、海口等沿海城市,也包括成都、重庆、郑州、武汉、长沙、南昌、合肥等内陆城市,同时还包括西安、兰州、西宁、银川、乌鲁木齐等历史上就是经济带枢纽的核心城市,形成了一个推动中国西部、带动中部、提升东部的经济圈,并与中亚、西亚、欧洲等国的节点城市形成了互连互通的经济通道,实现了更大范围内的要素流动、资源重组和产业分工。面对这一布局,各节点城市应从自身的产业优势和区位优势出发,加强城市间产业沟通和合作,避免城市间产业重复建设和无序竞争。一方面积极和沿线国家的节点城市积极对接,发展能源加工、仓储物流、交通运输、金融服务、特色旅游等优势互补的产业链和产业集群。另一方面,积极推进国内的节点城市在产业上"腾笼换鸟",大力发展以高端装备制造、现代金融、信息技术、文化创意、都市现代服务业等为主导的产业链和产业集群,形成以点带面的产业协同发展效应,实现丝绸之路经济带产业之间的优势互补与协调发展。

2. 推动能源合作,确保国家能源安全

当前,中国作为世界第二大经济体,一方面能源消费总量排名世界第一,另一方面能源利用率较低,能源需求缺口较大。"丝绸之路经济带"上的俄罗斯、中亚五国和西亚等地区都是世界能源富集地,供给潜力巨大,加强与这些国家的能源合作,不仅能达到能源的供求对接,也能实现能源产业的优势互补和协同发展。

(1) 中国能源消费和供给存在较大缺口。经济增长与能源需求具有较强的相关性。据统计,经济增长达到1%,就会拉动能源0.64%的增长。从消费端看,当前,中国正处于工业化中后期,2014年中国工业产值占GDP总额比重为35.82%,远高于世界平均水平的26.3%,工业生产仍然能耗较高。同时,中国处于城镇化加速发展阶段,居民生活能源消费保持持续上升的态势。2013年,中国一次能源消费量约为28.52亿吨油当量，比2012年增加4.7%，占世界一次能源消费的22.4%，连续5年占世界消费总量第一。在能源消费结构中，煤炭消费占到一次性能源消费总量的66.4%，占世界煤炭消费总量的50.2%，居世界第一位。从供给端看，自2000年起，在本国能源生产量年均保持在10%以上的增长速度下，依然无法满足需求的增长，对外石油和天然气的依存度逐步加大。2014年，中国石油对外依存度接近60%，天然气对外依存度上升至32.2%，已经逼近国家"十二五"规划设定的对外依存度红线。按照此增速，到2030年前后，我国石油对外依存度将突破70%。随着能源进口依存度的不断提高，我国能源安全的压力越来越大。

（2）中国能源安全面临的困境和隐患。能源依存度偏高且呈进一步上升的趋势，不仅会造成降低国内经济发展相对的独立自主性，也会对经济社会目标的实现产生负面影响，能源安全形势面临着较大的威胁。一是来源不稳定。中国石油供给的主要来源集中在中东和非洲，两者占到进口总量的80%左右。但是，这些地区由于和平指数比较低，一旦发生动荡就直接威胁中国石油供应安全。2011年以来的北非动荡和南苏丹武装冲突问题，使中国的能源供应几乎中断，这也迫使中国亟须扩大石油供应渠道，实现供给来源的多元化。二是存在运输通道安全风险。目前，中国进口的石油，八成通过海上运输来完成，主要海运路线需要通过霍尔木兹海峡和马六甲海峡。霍尔木兹海峡由伊朗控制，一旦伊朗核危机升级，很可能会封锁该海峡，切断中东到中国的石油运输线；马六甲海峡水路狭窄，且由新加坡、马来西亚和印度尼西亚共同控制，各种突发事件很容易导致海峡被封锁，对中国能源运输安全构成威胁。因此，中国必须在保证海运安全的同时，积极发展管道运输、铁路运输和公路运输，为石油供应安全提供运输保障。三是能源战略储备不足。战略石油储备是应对短期石油供应大规模减少甚至中断的有效途径之一。按照国际惯例，一国石油的战略储备应该与该国的石油进口依存度成正比。目前，美国和日本的战略石油储备天数都在150天以上，而我国的石油储备起步较晚，目前石油储备量大约为40天，抵御石油供应冲击的能力还比较弱。

（3）树立新型能源合作观，共建区域性能源安全体系。针对能源在可获得性、可依赖性和可承受性等方面存在的问题，中国应该加强与陆上周边国家加强能源合作，增强保障国家能源安全的能力和经济可持续发展的能力。

一是要充分发挥沿线国家能源资源优势。有资料表明,"丝绸之路经济带"上的俄罗斯、中亚五国都是世界能源的主要生产和供给地。在经济带上的中亚—里海地区,石油储备量多达328亿吨,天然气为18万亿立方米,合计约占全球油气资源总量的13%,被称为"21世纪的能源基地"。俄罗斯被称为"世界加油站",已探明石油剩余可采储量为119亿吨,占世界总量的5.2%,居世界第八位;生产量占世界总量的12.8%,仅次于沙特阿拉伯,居世界第二位。天然气剩余可采储量为32.9万亿立方米,占世界总量的17.6%,居世界第二位。中亚地区油气资源98%集中在土库曼斯坦、哈萨克斯坦和乌兹别克斯坦,三国天然气合计仅占世界的1/7,哈萨克斯坦的石油储备量居世界第八位,土库曼斯坦的天然气储量居世界第四位,未来开采潜力巨大。中国作为世界上最大、最稳定和增长最快的能源消费和进口大国,完全可以和这些国家以能源合作为突破口,促进相互之间的产业合作、经贸往来和互联互通建设,推进本国经济发展再上新水平。

二是深化与沿线国家的能源通道建设。近年来,中国通过和俄罗斯、中亚五国交往,建成了包括中俄输油管道、中哈原油管道、中亚—中国天然气管道及对接的西气东输4条管道、西部原油管道和成品油管道网,并连接了新疆境内各主要支线的36条管线。未来一个时期,在管道方面还将考虑修建环里海油气管线,将中亚各国与伊朗、阿塞拜疆、俄罗斯的油气资源连接起来;铁路方面,将建设中哈通道、中俄通道、中蒙通道和中吉乌土通道,形成中国西北五大跨国铁路网络;公路方面,将建设贯穿整个新疆、连接俄罗斯和南亚的国际公路,经阿拉山口的新亚欧大陆桥、经霍尔果斯的国际公路以及连接喀什—安集铁路的泛亚大通道,构建横跨欧亚大陆的"一纵三横"国际公路网络,形成管道运输、铁路、公路相互衔接的互联互通体系。

三是着力建设国家能源产业基地。能源产业链条包括上游的开发、中游的运输和下游的冶炼及贸易等环节。目前,中国在"丝绸之路经济带"上已经较深地进入能源开发领域,中游运输环节也在加快建设,但是下游的冶炼加工环节亟待加强。我国西北五省区与中亚、俄罗斯的区位优势明显,不应只是油气管道的过境区,应当成为东部能源产业转移、优化、升级的首选之地和中国能源产业基地。因此,西部省区应该充分发挥其中转站的功能,大力发展工业能源产业、电力产业,石油炼制与加工，煤化工及天然气化工等下游产业，积极发展清洁能源、合成材料、化肥农药等新兴产业，着力打造成为经济带上的能源金融服务区、能源工程技术和装备业务服务区，增强"丝绸之路经济带"的内部聚集效应和外部辐射能力。

四是完善能源战略规划和合作机制。能源安全建设既是经济的长期合作，又是政治的长期合作，必须从国家政策层面，完善能源规划和推进机制。当前，中国和周边国家相互之间的能源合作机制多是双边性质，各国的能源发展规划有一定的差异性，在开发主体、合作方式、进出口政策、国家关系平衡等方面都存在区别。因此，下一阶段要加快建立区域能源合作的对话机制、协商机制，共同制定经济带大区域能源产业发展规划，为不同性质的开发企业参与开发创造便利条件，消除政策限制和制度壁垒，通过建设区域能源体系推动经济带的稳定和繁荣发展。

3. 推动投资合作，激发经济增长活力

"丝绸之路经济带"沿线国家，以其丰富多样的能源资源、潜力巨大的消费空间和广阔的市场需求而广受各国关注，近年来投资合作呈现递增趋势。多元化投资不仅有助于推动国内的经济转型和产业结构优化升级，也能够为沿线国家经济发展提供资金基础，为经济增长带来新的活力。

（1）中国与沿线国家的投资合作现状。在投资主体方面，在中国西北五省区和西南四省区中，新疆与中亚5国的投资合作程度居于首位。直接投资企业中，能源类投资企业数量居多，且由于国有企业应对风险能力较强，国有企业的数量占据了主导地位。近年来，随着中国向西开发的步伐加快，中国在沿线国家的投资合作主体呈现多元化的趋势。以哈萨克斯坦为例，中兴通讯、华为、东方物探等为代表的大企业和新康番茄制品厂、茂林有限公司等为代表的中小民营企业在该国市场上都占有较为稳定的份额，具有了一定的知名度。在投资规模上，2003—2012年，中国在中亚地区的累计投资存量为207.48亿美元，占中国在亚洲地区的直接投资存量的1.44%，由于基数较低，未来仍有较大的投资空间。同时，中国对中亚5国的直接投资存量也基本为逐年递增的趋势，2006年直接投资存量为4.46亿美元，到2012年增长到78.23亿美元，增长了仅17倍。从投资领域来看，与沿线国家的合作主要涉及农业、矿业、畜牧业、食品加工业、建筑业、化工、交通、轻工业等领域。其中，与哈萨克斯坦投资合作程度最高，在石油勘探开发、铁路、电信和矿产资源等领域的合作日益加深。从投资效益来看,近年来中国已在沿线国家的交通建设、能源开采、管道运输、经济贸易等领域投资数百亿美元,初步形成了水陆空一体化的综合交通网络,打通了贯通中亚、连接伊朗和欧洲国家的油气能源战略通道,促进了经济带上的资金流、人流、物流和信息流的融通,为沿线国家的经济转型、社会稳定、民生改善奠定了良好基础。

(2) 投资合作过程中面临的障碍和问题。在投资环境方面,沿线部分国家税负过高,市场发展不规范。比如,哈萨克斯坦的公司每年要缴30%的所得税、16%的增值税和15%的净收入附加税,给国内企业带来沉重负担。部分国家政务体系不够完善,办事程序烦琐,效率低下。法律法规不够健全,投资优惠政策缺乏连贯性和持续性。在投资风险方面,由于市场体系不健全,部分国家存在较高的企业信用风险、外汇不足风险和投资评估误差风险,容易给投资者造成损失。在投资结构方面,目前中国对沿线国家的投资主要集中在采矿业、交通运输业和制造业等领域,能源类投资居多,其他领域投资规模较小且数量少,不仅不利于沿线国家产业结构的平衡,也影响中国的投资质量和收益。

(3) 不断提高与沿线国家的投资合作水平。面对良好的投资前景,针对投资过程中遇到的问题,中国应坚持与沿线国家相互依存、互利共赢的原则,以投资合作带动沿线经济的发展。要积极优化投资环境,以上海合作组织为依托,建立投资的政策性保险机构和多元化的投融资服务平台,对企业的风险和权益给予充分保障。要拓展投资方式,在发挥国有企业投资引领作用的同时,积极创造条件,鼓励、组织民营、个体和外资企业参与到投资项目中来,要拓宽投资合作领域,在投资能源相关产业的同时,积极投资沿线国家的现代农业、轻工业、信息科技和生态环保等产业,引导沿线国家提升产业价值链,建立合理的产业结构,走可持续经济发展道路。

4. 推动旅游合作,打造丝绸之路品牌

作为具有悠久历史文化渊源的"丝绸之路经济带",旅游产业必将在未来经济带建设中发挥重要的助推作用。中国和沿线各国的旅游资源非常丰富,近年来也取得了长足进步,但是彼此在旅游资源开发上并未形成有效对接的机制,还存在很大的发展空间和潜力,必须进一步加强旅游合作,共同开发产品和市场,复兴丝绸之路文化旅游品牌。

(1) 充分挖掘经济带上的旅游资源。经过几千年来的历史沉淀,"丝绸之路经济带"这条古道,把古老的中国文化、印度文化、波斯文化、阿拉伯文化和古希腊、古罗马文化联结起来,把沿途的名城遗址和秀丽风光联结在一起,促进了东西方文明的交会,留下了宝贵的旅游资源。从国内看,这条路上有世界第八奇迹秦始皇兵马俑、保存释迦牟尼佛骨的法门寺、世界文化遗产敦煌莫高窟、天下第一关嘉峪关雄关、沙漠奇观鸣沙山和月牙泉、闻名遐迩的葡萄沟、世界著名的高山湖泊天池、著名的藏传佛教寺院塔尔寺、丝路重镇高昌故城遗址等,同时,居住着众多热情好客、能歌善舞的少数民族,让游客能感受到独具特色的历史古迹、自然风光、多姿多彩的民俗风情;从国外看,沿线既有被列入世界遗产名录的撒马尔罕古城、布哈拉古城、泰姆格里考古景观岩刻和梅尔夫国家历史和文化公园等历史古迹,又有塔什干、阿拉木图、阿斯塔纳、碎叶古城等一批旅游城市,同时,还有伊塞克湖、巴尔喀什湖、瓦尔佐布山谷和索莫尼峰等山川湖泊等自然旅游景观,人类先辈和大自然给我们留下的丰富旅游资源,可见,发展丝绸之路经济带旅游业,开发潜力巨大。

(2) 加大丝绸之路品牌建设。丝绸之路不仅是经济大动脉,也是一条历史悠久的文化旅游带,有着巨大的市场增长潜力。联合国世界旅游组织的研究表明,与其他旅游路线相比,丝绸之路引起的网络讨论最多,约占到全球范围所有讨论的30%。可见,建设丝绸之路旅游品牌广受世界关注。为使丝绸之路品牌真正打出去,目前最重要的是要和沿线各国共同来打造旅游产品,积极对外宣传推广旅游产品,促进游客数量的增长,促进旅游产业发展。打造产品时,要将自身的历史、文化与丝绸之路联系起来,突出自身的地域文化特点,展示各国的旅游产品特色,形成别具一格、不可替代的品牌效应。开展丝绸之路的营销宣传时,要加强沿线各国的合作,建立共建共享机制,建立多渠道宣传媒体,提高消费者的融入程度。当前,沿线各国应携手合作,积极整合自身旅游资源,开辟以"丝绸之路"为主题的跨境主体旅游线路,建立丝绸之路"大旅游"圈,打造全球认知度高的丝路旅游品牌。此外,要注重改进旅游基础设施,破解阻碍旅游畅通的政策和体制,加强基础设施投资和行业引导,改善沿线各国整体旅游环境。

三 "21世纪海上丝绸之路"与中国未来经济发展

进入21世纪后,各国以海洋为纽带,更加密切地开展市场、技术、信息等方面的交流,一个更加注重海洋合作与发展的新时代已经到来。建设"21世纪海上丝绸之路"是一个跨地区、具有全球视野、谋求合作共赢的战略,目的是适应经济全球化新形势,扩大与沿线国家的利益会合点,实现地区各国的共同发展、共同繁荣。

(一)"21世纪海上丝绸之路"战略提出背景

1. 海上丝绸之路具有重大的经济战略地位

中国在东南亚和印度洋具有重要的战略利益,即经济利益与航路安全。中国80%的石油进口、50%的天然气进口和42.6%的进出口商品要经过这条丝绸之路。当前,中国在印度洋进行的港口建设被西方冠以"珍珠链"战略,亚丁湾护航行为被说成是军事扩张。美国提出新丝绸之路计划以及打通印度洋与太平洋的印太战略,拉拢印度加入对华遏制圈,与太平洋岛链战略相结合构筑对华包围圈。中国构筑海上丝绸之路将打破这种僵局,它将欧亚地区国家普遍认同的古丝绸之路精神与中国的经济优势相结合,以经济为纽带,拓展并深化中国与沿线国家的经济利益,密切彼此的合作关系,实现共同发展和集体安全。这将有助于消除中国威胁论,形成有利于中国的地缘政治和地缘经济格局。

2. 有利于实现中国建设海洋强国的战略目标

历史经验反复昭示,面海而兴、背海而衰,经略海洋是大国崛起的必要条件。海上丝绸之路是中国兴盛的标志,而实行"海禁"(郑和下西洋之后)和闭关锁国是中国走向衰落的根源。2012年,党的十八大提出了"建设海洋强国"的战略目标。建设海上丝绸之路将成为中国经略海洋的重大战略。

3. 沿线国家具有优越的合作基础和潜力

欧亚非地区国家能源资源丰富,与我国经济合作潜力巨大。近年来,我国与欧亚非地区国家的经贸合作取得了快速发展。根据统计数据,2012年我国与海上丝绸之路沿线各国贸易总额达6900多亿美元,占外贸总额的17.9%，我国已经成为东南亚国家、南亚国家、海湾国家及一些非洲国家最重要的贸易对象和外资来源地。这意味着中国与海上丝绸之路沿线各经济体共建"21世纪海上丝绸之路"具有优越的经贸合作基础。中国与沿线国家和国际组织间签署了一系列投资贸易协定，比如中国与印度、斯里兰卡、孟加拉国、缅甸及韩国签署了亚太贸易协定；与海湾国家搭建了中国—海合会合作论坛；与非洲国家搭建了中国非洲合作论坛；与东盟国家搭建了中国—东盟自贸区；各合作论坛、经贸合作协议以及境外经济合作区等合作机制为建设海上丝绸之路奠定了重要的平台基础。

4. 沿线国家已经具备较为成熟的生产分工网络

东南亚地区公认的优势在于生产分工和日益深化的金融联系。通过海上丝绸之路运输货物已有2000多年的历史，如今这些航道仍然发挥着至关重要的作用，支撑着东南亚绝无仅有的生产分工网络。强化这些联系将有助于在整个地区展开更加和谐的互动。

(二)"21世纪海上丝绸之路"建设面临的问题

1. 中国国内各个地区之间的协调问题

"丝绸之路经济带"和"21世纪海上丝绸之路"是国家战略后，国家必然要进行大规模的投资，由此可见，各地方之间为争项目也会产生竞争。国内各地方之间应有所分工，如西南诸省应面向东南亚、南亚，重点拓展大湄公河流域和孟中印缅经济走廊，以北部湾地区作为连接西南诸省的出海通道；广东、福建、浙江、上海、江苏、山东等省市应重点拓展东南亚和印度洋沿岸的南亚、西亚、非洲地区，以及南太平洋岛国和拉美地区；而山东、河北和辽吉黑则应面向东北亚，并积极开拓北极航线，直达欧洲。除了各地方分工协调之外，对于海上丝绸之路的各条线路，以及每条线路的不同区段，还应该权衡重点与次重点，以明确优先次序，将有限的资源集中投入建设。南海和印度洋对我国具有重要的战略意义，这条航线承载了我国80%的石油、50%的天然气进口和42.6%的进出口商品，应成为当前阶段建设的重点。

2. 主要大国在海上丝绸之路建设中的竞争问题

美国推行"亚太再平衡"战略和"印亚太"战略，美国政府加强了对东南亚的介入，并发起湄公河下游计划，在政治上拉拢菲、越、缅、印等国，制造南海紧张形势和中印竞争态势，挑拨东南亚国家、印度与中国的关系。在经济上，美国提出印太经济走廊推动印度和东南亚地区的连接，促进贸易发展和能源交易；在社会和文化方面，美国非政府组织以环保、人权等为借口阻挠中国在沿线国家的项目开发。

日本前首相鸠山由纪夫上任伊始就提出"东亚共同体"的建议，并召开了"日本—湄公河各国首脑会议"，将湄公河次区域列为日本政府开发援助的重点地区，充分表明了日本欲主导东南亚的企图。现在，安倍政府积极配合美国"印亚太"战略，在政治上鼓动菲、越与中国争夺南海主权，拉拢印度参与"民主安全菱形"计划；在经济上倡议日本—湄公河伙伴关系计划，并借助亚洲开发银行向印度、孟加拉国、斯里兰卡等南亚国家大量投资。

而印度将南亚和印度洋看作本国势力范围，对中国海上丝绸之路计划抱有疑虑。印度从1991年就实行"东向"政策，其主要目标是在东南亚拓展战略空间。进入21世纪后，印度的"东向"政策开始超越经济关系范畴，向战略和安全领域延伸，合作范围超越东盟，向整个亚太地区扩展。现在，莫迪政府以更积极的"东方行动"政策取代以前的"东向"政策，对美国提出的印太经济走廊计划大为欣赏，希望美日支持其湄公河—恒河合作倡议，提出针对"印度洋季风"计划，加强与印度洋国家的经济文化联系，以削弱中国的"一带一路"计划。沿线的许多小国也都担忧海上丝绸之路的建设将使本国产业受到冲击，经济被中国资本控制，成为附庸，将来在政治和安全问题上也被迫向中国让步，因此沿线个别国家可能实施大国平衡战略。

3. 港口建设与基础设施互连互通需要巨额资金

对一国预算来说，如果压力太大，往往难以承受。国际金融机构如世界银行、亚洲开发银行等机构无法满足亚洲地区基础设施建设的需求。私人资本不愿向该领域投资，因为成本较高，而利润如何未知，更不知道何时能够拿到回报。东亚国家有充足的外汇储备和民间储蓄，如何动员这些资金投入基础设施建设，需要创新融资和利益分配机制，强化金融风险监管。为解决发展中国家基础设施建设的资金难题，中国参与或倡议建立了金砖国家新开发银行（NDB）、亚洲基础设施投资银行（AIIB）和丝路基金，得到了海上丝绸之路沿线许多国家的支持，印度参与了金砖国家新开发银行和亚洲基础设施投资银行。中国还设立了中国—东盟海上合作基金和中非合作基金。但是，如何有效运用这些资金，按照市场机制动员更多的国家资本和社会资金参与到海上丝绸之路建设中来，还有一个实践和探索的过程，还受到一定的竞争压力和合作阻力。

（三）"21世纪海上丝绸之路"建设的经济影响

建设"21世纪海上丝绸之路"，将进一步促进东西方和沿线各国之间的经济、文化交流，可能会对中国产生如下影响：

1. 推动中国东南沿海地区产业升级

未来中国沿海城市和港口城市的发展必须依托技术和模式创新以培育自主品牌，鼓励企业坚持以持续的应用技术、管理模式和商业模式创新为核心，坚持以优化管理控制成本和提升品牌、服务附加值为抓手，实现由单纯的生产制造商向整体解决方案供应商转型为目标的产业价值链升级，由"中国制造"走向"中国创造"。海上丝绸之路建设以海洋经济为重点，需要以海洋船舶、海洋工程装备等综合性较强的配套产业为基础，发展海洋科考和海洋调查、远洋运输和远洋渔业合作；而海洋船舶、海洋工程装备需要原材料、配套产品、运输系统、石化产业等众多基础配套产业，这需要开展国际产业分工合作。

2. 促进中国国际经济金融中心的成长和人民币国际化

从中长期来说，国家推动"丝绸之路经济带"和"21世纪海上丝绸之路"建设，与东盟、欧盟、澳大利亚等建立自由贸易区，扩大亚洲债券市场以及双边货币互换，促进双边金融机构合作，建设中国香港、新加坡、迪拜、伦敦、法兰克福等离岸人民币交易中心，将大大提升人民币的跨境使用，最终促成人民币国际化。"21世纪海上丝绸之路"战略的实施将推动各类实物资源通过贸易向沿海城市——尤其向上海、广州、深圳等沿海大城市集聚，交割、中转或就地消化，大量跨国企业随之落户，巨额国际资金和银行、保险、融资等各类金融机构随之集聚，各方面的人才也将接踵而至，为构建"21世纪海上丝绸之路"中心城市奠定基础。中国作为一个重要经济体，不可能只有上海一个经济和金融中心，广州、深圳、天津等超大城市都有成为本区域——甚至国际经济和金融中心的潜力。对外投资是中国转化利用巨额外汇储备的有效方式。

3. 推动中国加快与国际经济规则接轨

"21世纪海上丝绸之路"的持续发展需要沿线港口经济区作为支撑，加快推动沿线地区发展港口经济和自由贸易园（港）区，为建设海上丝绸之路提供先行先试的载体，着力消除当前开放领域中的体制、机制的障碍和壁垒，扩大市场准入范围，推动重点领域对外开放。沿海城市应抓住机遇，主动服务"21世纪海上丝绸之路"战略，加快改革步伐，尤其在金融、航运、贸易、文化、信息服务等领域，在准入、交易、资金流通、减免税等方面，通过试点逐步放松管制、改革体制、降低税制、强化法制，提高物流运转效率，降低资金投资经营的成本，促进信息化服务水平，进一步提升对全球物流、资金流、信息流等资源配置的效率，营造适应国际经济一体化发展的市场环境。

4. 推动中国城市群的发展并带动区域经济合作

广州、深圳、厦门、上海、青岛、天津等城市是窗口、更是龙头，是本区域的核心，必须发挥协同作用，带动周边城市群和整个区域参与全球竞争和合作。长三角不仅是一个整体参与国际竞争合作，同时也是丝绸之路经济带和长江经济带的起点，要发挥好对内陆地区经济发展的辐射带动作用，在产业转移、创新合作、产业链延伸等方面做好服务。由于广州、深圳、厦门、泉州、上海、青岛、天津等在海上交通方面所拥有的特殊地位和历史文化底蕴，必将在"21世纪海上丝绸之路"战略的实现过程中发挥促进作用，同时也带动周边城市群的发展和本区域经济合作。

（四）"21世纪海上丝绸之路"的经济战略架构

在传承历史渊源的基础之上，结合当前中国经济发展状况和沿线国家发展实际，"21世纪海上丝绸之路"应以海洋经济合作为重点，通过与海上丝绸之路沿线国家深化经贸合作，推进沿线港口互连互通和自由贸易区建设，发展临港产业、货物贸易、海洋运输、海洋信息、远洋渔业、资源能源以及非传统安全等领域的双边和多边合作，构筑21世纪海上崛起之路、财富之路。

实现这一经济发展战略，必须在坚持与沿线国家双向互动的基础之上，充分调动各种发展资源，搭建交流合作平台，创新合作模式，形成利益共享、风险共担的经济协作新机制。具体来说，要以港口城市合作和自贸区建设作为重要战略支点，促进货物畅通和货币流通，形成一体化的沿线国际供应链、产业链和价值链，实现共同发展。

1. 第一个支点是中国—东盟自由贸易区

中国—东盟自由贸易区（CAFTA）是中国最早建立的区域合作平台。

东盟十国面积约448万平方千米，人口约6.08亿人，GDP为2.33万亿美元，农业及矿产资源丰富，市场潜力大。近期内建设重点是扩大从东盟进口、缩小贸易逆差的同时，推进"2+7"合作框架进程，全面提升CAFTA质量和标准，打造中国—东盟自由贸易区升级版。

2. 第二个支点是南亚区域合作联盟

南亚区域合作联盟（南盟）是南亚国家为加强经济、社会、文化和科学技术领域内相互合作而建立的非政治性集团组织。2012年该区域总人口约15亿人，区域幅员近500万平方千米，经济总量超过1.5万亿美元，南盟正日益成为全球一支重要的经济力量。以建设中巴经济走廊和孟中印缅经济走廊为重要节点，可以辐射南亚地区。

近期内重点提升中巴自由贸易安排水平，启动孟中印缅经济走廊合作机制，建设昆明—曼德勒—达卡—加尔各答的铁路或高速公路，打通中国新疆与巴基斯坦瓜达尔港以及中国云南与缅甸皎漂港的交通线可以破解马六甲困局。但国际陆路与海运不同，经过一个主权国家要比经过国际公海困难得多，需要强有力的整合能力。

3. 第三个支点是海湾合作委员会

海湾合作委员会（海合会）是西亚最重要的区域组织，通过海合会辐射西亚地区是理想选择。该区域能源资源丰富。该区域人口约7000万，区域面积近400万平方千米，2012年经济总量近1.5万亿美元，进出口贸易规模为1.2万亿美元，人均消费水平高、市场潜力巨大。

重点方向是推动中国海合会自由贸易协定谈判进程，尽快签署自由贸易协定。推动中国与海湾国家合作由能源和矿产资源领域合作转向产业链合作，推动人民币国际化。

4. 第四个支点为南部非洲关税同盟

南部非洲关税同盟2012年人口规模达到5892万人，经济总量为4180.6亿美元，中国对南部非洲关税同盟出口151.48亿美元，进口101.39亿美元，是中国在非洲的最重要贸易伙伴。

重点方向是深化在贸易与投资领域的合作，继续推动自由贸易谈判，并争取尽快达成中国在非洲的第一个自贸协议。同时，争取在南非及纳米比亚设立境外经济合作区建设，加强双边投资及矿业领域的合作。加强与塞舌尔和毛里求斯的海洋渔业合作。

5. 第五个支点为欧洲联盟

欧洲联盟（欧盟）是世界上最大区域的经济组织，是经济最发达、规模最大的经济体，是海上丝绸之路和陆上丝绸之路的终点。该区域总人口5.05亿人，2014年经济总量18.5万亿美元。2012年中国对欧盟出口3342.69亿美元，占中国出口总额的16.32%，自欧盟进口2120.71亿美元，占中国进口总额的11.66%。欧盟已成为中国最大的出口市场、进口来源地和最重要的经济伙伴。

中国与欧洲的冰岛和瑞士分别签署了自由贸易协定，但它们都不是欧盟国家。今后，中国与欧盟合作的重点方向是推动中国欧盟投资协定谈判进程，争取尽快启动中国欧盟自贸区谈判，实施以市场为导向的自贸区战略。中欧合作由贸易向投资和技术研发等重要领域转移，全面深化中欧战略经济伙伴关系。

6. 第六个支点为南太平洋岛国

目前，中国正在加强与太平洋岛国论坛的合作，2006年，中国在斐济启动了"中国—太平洋岛国经济发展合作论坛"等。作为"南南合作"的范畴之一，中国持续给予岛国无附加条件的援助，并在交往的过程中不断改进援助方式，着力帮助岛国能力建设等。同时，中国与新西兰签署了自贸协议，并正在与澳大利亚进行自贸协议谈判。

重点方向是拓展与斐济、汤加等岛国的远洋渔业合作。加快与澳大利亚达成自贸协议，消除澳大利亚对"中国威胁"的疑虑。

7. 第七个支点为太平洋联盟

太平洋联盟是拉美地区新兴经济组织，由智利、秘鲁、墨西哥、哥伦比亚四国2011年4月28日宣布成立。其目的是通过提高商品、服务、资本和人员的自由流动，促进成员国家的经济增长、社会发展和国际竞争力的提高，并促进拉美同亚太地区的政治、经济与商务交流。

中国与智利和秘鲁签署了自贸协议，正在与哥伦比亚就自贸协议谈判展开可行性研究。墨西哥是北美自贸区的重要成员，通过它可以进入北美市场。中国加强与太平洋联盟的合作具有重要战略意义，可以探讨建立一个中国太平洋联盟自贸区，将其作为进入拉美市场的一个门户。

（五）建设"21世纪海上丝绸之路"的重要举措

1. 促进港口建设及互连互通

海上丝绸之路以港口建设及互连互通为重点，促进海上航道的安全与高效。中国已经斥资100亿美元的海上合作基金用于东南亚和印度洋具有战略重要性沿岸国家建设港口、铁路、公路等基础设施。目前主要用于帮助孟加拉国和斯里兰卡的港口和道路建设，未来还要扩大非洲国家的港口和铁路项目建设，帮助这些国家发展电子商务、改进通关制度等能力建设，推动海关、质检、电子商务等部门的协调合作，实现基础设施标准协调化以及通关制度便利化，协调沿线国家运输与安全标准，降低贸易和投资成本。但海上丝绸之路所需要解决的支持海上互连互通的技术问题可能因为基础不足而面临严峻的挑战。

2. 发展海洋产业夯实合作基础

海上丝绸之路建设以海洋经济为重点，需要以海洋船舶、海洋工程装备等综合性较强的配套产业为基础，发展海洋科考和海洋调查、远洋运输和远洋渔业合作；与此同时，海洋船舶、海洋工程装备需要提供原材料、配套产品、运输系统、石化产业等众多基础配套产业。我国的海洋工业生产技术设备落后，资源综合利用率低、产品质量较低、成本高，影响了海洋高新技术成果的商品化和产业化。因此，从我国海洋相关产业的发展态势看，与建设海上丝绸之路的配套要求仍有相当距离，基础设施建设和相关配套产业链需要加强。

3. 创新投融资机制促进金融合作

港口建设与基础设施互连互通需要巨额资金。国际金融机构如世界银行、亚洲开发银行等机构无法满足亚洲地区基础设施建设的需求。但亚洲地区有足够的外汇储备和民间储蓄，如何动员这些资金并将其投入基础设施建设，需要创新融资和利益分配机制，强化金融风险监管。中国倡议筹建亚洲基础设施投资银行，得到印度等相关国家的支持；中国设立中国东盟海上合作基金及中非合作基金，这些举措能够利用市场机制动员更多的国家参与丝绸之路基础设施建设；扩大亚洲债券市场以及双边货币互换规模，促进双边金融机构合作，共同建设中国香港、新加坡、迪拜、伦敦等离岸人民币交易中心，促进丝绸之路沿线国家的货币流通。

4. 建设合作平台，拟定经贸新规则

目前，我国搭建了中国—非洲合作论坛、中国—阿拉伯国家合作论坛、中国海合会国家经贸合作论坛、中国—欧盟合作论坛及中国—拉美合作论坛等非约束性合作机制，签署了《中国—东盟自贸协定》、《中国—巴基斯坦自贸协定》、《中国—新加坡自贸协定》、《亚太贸易协定》、《中国—新西兰自贸协定》、《中国—智利自贸协定》、《中国—秘鲁自贸协定》等制度性合作机制，并与绝大多数沿线国家签署了双边或多边投资协定等。此外，还搭建了中国—东盟商品博览会、中国东盟海上合作基金及十多个境外经济合作区等合作平台。中国应根据海上丝绸之路建设的需要与战略安排跟沿线国家搭建更多的自贸区，双边投资协定和境外经济合作区，简化出入境签证手续以及组建丝绸之路沿线港口城市联盟等合作机制，促进贸易与投资自由化，为双边和多边经济合作提供制度保障。

5. 促进内外联动与开放创新

海上丝绸之路涉及的各国政府，应通过协商沟通，形成区域开放合作的基本政策，同时协调区域发展的能源、交通、通信整体布局和优势产业、主导产业群，提出区域国家间开展横向经济联合与协作的具体方案。同时，国内各部门、各区域之间应有所分工，针对自身的区位优势、资源优势和产业优势，确定对接的沿线国家和地区，明确产业发展和转移方向，形成整体统一、优势互补、相互协调的发展格局。要利用开放倒逼国内改革，深化国内体制机制创新，加快建立适应丝绸之路建设的开放型经济新体制，促进国际国内要素有序自由流动、资源高效配置、市场深度融合。

四 中国各省区市"一带一路"实施方略

习近平总书记提出的建设"丝绸之路经济带"和"21世纪海上丝绸之路"战略构想，迅速得到了国内相关地区的热烈响应。各省、自治区、直辖市立即行动，主动分析自身与"一带一路"建设的历史渊源，从区位优势、资源禀赋等角度探讨本地区的功能定位，抓紧制定战略规划，提出了自身在"一带一路"建设中的设想与措施。作为一项国家整体战略构想，各省区市在"一带一路"建设中应立足优势、突出特色，在战略制定上加强统筹协调，科学定位，研究区域之间在通道建设、资源开发利用和产业发展等方面的分工和对接，促进经济互补和融合，避免重复建设和恶性竞争。

西北地区应面向欧亚大陆，以中亚五国为对接重点区域，充分发挥西北地区能源储备丰富、人文资源独特等优势，加强大陆桥、航空港和边境口岸等建设，加快中巴经济走廊建设，重点发展石油天然气开采加工、现代物流、生物医药、文化创意、旅游休闲等产业。

西南地区应面向西南欧亚大陆，以南海和印度洋周边国家为对接重点区域。充分发挥西南地区区位优势、交通体系完善等优势，加快水陆空交通枢纽建设、国际通道走廊建设和中孟印缅经济走廊建设，重点发展商贸物流、工业制造、现代农业、电子信息和新能源等产业。

东北地区应面向东北亚，以俄罗斯远东地区和东亚各国为对接区域，充分发挥联通俄蒙、陆海互通的优势，加快完善对俄铁路通道和区域铁路网，推进构建北京—莫斯科欧亚高速运输走廊，重点发展现代制造、生物医药、能源化工等产业。

东南沿海地区应面向太平洋，以东南亚国家为对接重点区域，充分发挥我国东南沿海地区海运优势、海洋资源丰富等优势，加强海上互连互通建设、港口城市群建设和海洋经济合作区建设，重点发展高端服务业、海洋运输、海洋能源加工、海洋装备制造、现代渔业和海上旅游等产业，从而形成东西呼应、优势互补，海陆对接，协同发展的良好态势。

第七章 "一带一路"与构建未来新型大国外交格局

外交指一个国家在国际关系方面的活动，主要指由国家元首、外交部部长、政府首脑或外交机关代表国家跟其他国家互派使节、进行谈判、签订条约或协定，参加国际组织和会议等。进行外交事务是一个国家主权的体现，中国的外交活动历史悠久。

自新中国成立以来，中国的外交大致可以分为两个阶段：改革开放之前，由于中国处于恢复期，整体实力不够强大，中国的外交表现为"革命外交"，由"一边倒"到"反苏反美"再到"联美遏苏"，基本上把外交主要精力放在美苏两个大国上；改革开放后，中国综合国力不断提高，国际形势发生深刻变化，多极化趋势明显，和平成为时代的主流，发展成为中国的重中之重，相应的外交也表现为"发展外交"，中国审时度势"全方位"发展对外友好关系，积极与世界各国建立外交关系，通过外交中国促进了国内在政治、经济、文化等各方面的发展。

在新中国成立以来中国外交发展的相当长一段时间，中国将主要精力放在了充分挖掘国内的发展潜力上，在之前的对外交往过程中，中国扮演的角色略显被动，主要是为了应对外界对国内发展的各种压力而进行的被动外交，"和平共处五项原则"既反映了我国希望与其他国家之间互不干涉、和平共处的美好愿望，也同时反映了我国专注国内发展，对国际事务采取敬而远之的外交态度。而党的十八大后，中国更加积极地参与到现有的国际体系中，如参加金砖国家、20国集团、亚太经合组织、上海合作组织、中国—东盟领导人会议以及东亚峰会等。在参与解决全球和地区热点问题上，也更加积极主动，仗义执言，立场更加鲜明，作用更加突出。"一带一路"战略反映了中国外交战略的新思路，翻开了中国外交的新篇章，标志着中国外交由被动转为主动，开始主动布局谋势，主动参与国际事务，中国从此将步入负责任大国的外交新时代。

丝绸之路本身所富有的历史文化意义就是中国主动与沿线国家进行贸易往来，从而增进政治认可和政治合作，促进军事合作等。西汉的张骞出使亚洲中部、西部地区，开辟了以今西安为起点，经关中平原、河西走廊、塔里木盆地到锡尔河与阿姆河之间的中亚河中地区、大伊朗，并连接起地中海各国的"陆上丝绸之路"，在与沿线国家进行丝绸等贸易的同时，也加强了与沿线国家的政治外交。虽然张骞出使西域最初是出于想主动联合大月氏夹击匈奴的军事目的，但西域开通以后，它所产生的经济和政治影响，远远超出了其所带来的军事价值。"丝绸之路"把中国同中亚许多国家联系起来，增进了彼此之间的了解，加强了相互之间的政治、经济、军事和文化的交流。"海上丝绸之路"在西汉汉武帝时开始兴起，经东汉及三国时期的发展，到魏晋时期基本已经形成，与"陆上丝绸之路"互为补充，唐中后期"陆上丝绸之路"因战乱受阻而同时中国经济重心已转移到南方，海路因运量大、成本低、安全度高便取代陆路成为中外贸易主通道。特别是宋朝科学技术快速发展，指南针和水密封舱等航海技术的发明和之前一些航海知识的积累，加上阿拉伯世界对海洋贸易的热衷，促使"海上丝绸之路"达到空前繁盛。直到明朝"海禁"之前，"海上丝绸之路"一直在中国的政治、贸易、外交中扮演了相当重要的角色。"海上丝绸之路"为中国与沿线国家在外交、经济方面的交流做出了巨大贡献。习近平总书记提出了建设"丝绸之路经济带"和"21世纪海上丝绸之路"的战略构想，就是想借用"丝绸之路"所承载的主动外交这一历史文化意义。这一战略的提出是中国外交的一项新举措，表明了中国将主动进行外交，主动参与国际事务，主动与沿线国家合作以期达到互利共赢的美好愿望，标志着中国将再次主动在外交中扮演一个负责任的大国形象。

"一带一路"战略的提出既是中国国内自身发展的需要，也是中国应对新的国际环境的需要。一方面，中国国内产能过剩、外汇资产过剩，同时油气资源和矿产资源对国外的依存度又较高，另外，中国的工业和基础设施集中于沿海，如果遇到外部打击，容易失去核心设施，所以需要挖掘向西发展经济的潜力，以借助其他外部力量获得国内经济的东中西部的协调发展。另一方面，自2009年以来，美国启动"重返亚洲"战略，不断加强与日本、韩国、菲律宾等盟国的关系，加强其在亚太地区的军事存在，在相关地区制造了紧张态势，中国在周边和世界各地均面临着日益上升的安全压力。所以,需要通过"一带一路"战略,使中国与沿线国家建立更加紧密的外交合作关系,形成利益和命运共同体,在必要时团结一致应对来自国际的安全压力。

"一带一路"战略的实施,不仅将使中国可以优化产业布局,缩小东西部差距,而且将使中国的外交布局更加合理,更加多元化,从而可以有效缓解中国现在面临的安全压力。"一带一路"将促进中国与沿线国家的外交合作,使中国与周围国家的政治联系更加紧密,经济合作更有成效,最终将促进沿线国的政策沟通和民心相通,建立起命运共同体。这一战略的实施不仅将有利于沿线国家互相借力,共同取长补短,继续发展,也将为整个世界的和平、稳定贡献巨大力量。"一带一路"将向世界证明中国可以开拓新的大国崛起模式,可以做到和平崛起,这将为世界提供大国崛起的新模式。

一 深化与俄罗斯和蒙古国的外交关系

(一) 中俄、中蒙的外交基础与面临的挑战

1. 中俄、中蒙外交基础

(1) 中俄外交基础。苏联是第一个与新中国建交的国家,这一外交意义是重大的。之后,中苏关系经历了"一边倒"的友好同盟时期,也经历了"反美反苏""联美遏苏"的紧张对峙时期。进入20世纪80年代后,随着国际局势和两国国内形势的变化,经过双方的外交努力和协商,1989年5月邓小平与戈尔巴乔夫举行会晤,宣布中苏关系实现正常化。苏联解体后,俄罗斯继承并发展了中苏外交方面的积极成果,1991年12月27日,中俄两国在莫斯科签署《会谈纪要》,确认俄罗斯继承与中国的外交关系,紧接着1992年,中俄双方签署《关于中俄相互关系基础的联合声明》从而创建了中俄不结盟、不对抗、不针对第三国的新型国家关系。在双方政府的不断努力下,中俄关系不断得到进一步发展,1994年,中俄双方签署《中俄联合声明》,宣布两国决心建立面向21世纪的"建设性伙伴关系"。双方还签署了中俄关于不首先使用核武器和互不将战略武器瞄准对方的联合声明。

中俄双方就双边关系的未来发展进一步达成共识,于1996年4月在

《中俄联合声明》中确立了中俄"平等信任、面向21世纪的战略协作伙伴关系",并建立中俄两国国家元首和政府首脑定期会晤机制。进入21世纪后,中俄双方采取了种种措施推进"战略协作伙伴关系",使双方在政治关系、经济合作、边界问题方面取得了很多成果。首先,双方的政治关系更加务实,不断强化,2001年7月,中俄签署《中俄睦邻友好合作条约》,以法律形式确定了两国永做好邻居、好伙伴、好朋友的愿望。2005年,中俄双方签署《关于21世纪国际秩序的联合声明》,表明了中俄在国际领域加强合作的意愿。2006年和2007年中俄双方互办了"国家年",2009年和2010年又分别在两国举办了"俄语年"和"汉语年"。两国签署了进一步深化平等互信的中俄全面战略协作伙伴关系的联合声明。这些活动的举办是双方采用公共外交这种新形式发展两国关系的尝试和努力,同时也是两国外交关系不断加强的外在证据。

在政府间外交的努力下,两国的经济合作也不断发展,合作领域越来越宽广。1996年中俄建立战略协作伙伴关系时双边贸易额不足60亿美元,而普京上台后中俄双边贸易额连续8年保持两位数增长,增加到近570亿美元,之所以会取得这样大的进步是双方政府间外交的成果。经过中俄双方政府的不断外交协商,不断出台有利于双边贸易的政治、经济政策,签署了一系列有利于经济合作的文件,使中俄贸易中存在的银行结算、仲裁机制和出口信用保险等问题顺利解决,为双边贸易畅行打开了通道。

长期困扰两国的边界问题,也在双方政府的外交努力下初步解决。2004年10月,中俄签署了《关于中俄国界东段的补充协定》,初步确定了有争议边界的归属问题,2008年双方举行了"中俄国界东段界桩揭幕仪式",基本明确了两国的边界线。历史上,在沙俄时期,中国有领土在不平等条约下被强制割让给了俄国。

(2)中蒙外交成果。蒙古国是最早承认新中国的国家之一,新中国成立之初两国就建交了,虽然20世纪60年代中后期两国的关系经历了一段弯路时期,但70年代两国又恢复了良好关系,并不断完善彼此之间的关系,两国在政治、经济、文化、军事、教育等各个领域都有很好的合作。中国连续10年成为蒙古国最大的贸易伙伴国,蒙古国经济正逐步依赖中国。2014年8月21日习近平总书记对蒙古国进行国事访问,中蒙双方宣布两国进入全面战略伙伴关系。但蒙古国是在中国内忧外患之际不得已而从中国被独立出去的。

2. 中俄、中蒙外交面临的挑战

（1）中俄外交面临的挑战。西方国家离间中俄关系。尽管中俄外交取得了很多成就，对双方各自的发展助力很大，但是随着中国的不断崛起，中俄关系也面临着新的挑战。从外界看，随着中俄关系的不断加强，双方在地区和国际舞台上的影响力不断扩大，以美国为首的西方国家越来越感觉到中俄合作可能对他们的地位带来的强大冲击，所以它们为中国戴上"G2"的高帽子，一方面加大对中国国际责任的要求，另一方面则是试图离间中俄两国的关系，为中俄关系的发展设置障碍。

俄罗斯对中国崛起的担忧。从中俄内部来看，随着中俄合作领域的不断拓展和中国经济的快速发展，俄罗斯民众中一部分人开始担心俄罗斯会沦为中国的资源供应商，进而成为中国经济的附庸。为了应对这些挑战，中国政府多次强调中国和平崛起的理念，并且不称霸。

（2）中蒙外交面临的挑战。一方面，蒙古国自身的工业产业结构不完善。该国的重工业很不完善，轻工业工艺落后且产品结构简单，矿山工业仅限于简单开发等，所以这给两国的经济合作带来很大挑战，但同时这也为中蒙两国在重工业等方面的合作提供了机遇。

另一方面，俄罗斯对中蒙外交关系的质疑。蒙古国地处中俄两国之间，地理位置独特，历来受到俄罗斯的重视，为了提防中国崛起可能带来的威胁，俄罗斯一直与蒙古国保持着很好的外交关系，两国在经济、军事方面的合作很多，在政治上关于一些重点问题蒙古国与俄罗斯也保持着高度一致，两国还实现了免除签证制度。蒙古国一直是俄罗斯比较重视的外交国，中国与蒙古国日益密切的经济合作和外交关系使俄罗斯内部产生了一定的担忧，他们一部分人怀疑中国加强与蒙古国合作的目标是要削弱俄罗斯的实力，所以中蒙的外交合作会受到来自俄罗斯的挑战。

（二）"一带一路"深化中俄、中蒙多方合作

"一带一路"战略的提出和实施，将会对消除中俄、中蒙关系中存在的误会和瓦解美国等西方国家有关"中国威胁论"的指摘产生重大作用。政治互信的增进、经济合作的深化以及军事安全合作的强化必然进一步促进中俄的全面战略协作伙伴关系、中蒙的全面战略伙伴关系，使每一方都能从中获得更大的收益。

1. "一带一路"外交将促进中俄、中蒙政治互信

硕果共享，将消除俄罗斯国内的"中国威胁论"。"一带一路"战略的提出，因其"和平合作、开放包容、互学互鉴、互利共赢"的丝绸之路精神很好地表明了中国不称霸的发展理念。在中国《推动共建丝绸之路经济带和21世纪海上丝绸之路的愿景与行动》的顶层设计中，中国多次强调要坚持"共商、共建、共享"原则，要将中国经济发展的利好与沿线60多个国家共享。中国对"一带一路"的定位是互利共赢的，这就为消除俄罗斯国内的"中国威胁论"提供了理据。随着"一带一路"在沿线的逐步落实，随着中国、俄罗斯、蒙古国能够共享"一带一路"的硕果，中俄、中蒙的政治互信将更加牢固。党的十八大政治报告仍然把改善和发展同发达国家关系放在中国外交关系的第一位，提出要"拓宽合作领域，妥善处理分歧，推动建立长期稳定健康发展的新型大国关系"。虽然"一带一路"显示了中国主动外交的新姿态，但也同样表明了中国发展经济的初衷没有变，中国始终把经济建设和发展作为重中之重，这在中国的政府文件中表现得很清楚。国家核心利益始终是中国外交的重心和底线，中国采取的一切外交之举都是为了经济发展这个中心。

"一带一路"将提供互相了解的机会，以增进政治互信。为了消除俄罗斯及沿线其他国家对中国称霸世界的误会，中国将借助"一带一路"的外交机会，充分利用政府间的谈判、协商机会大力宣传中国的不称霸原则，同时利用新媒体开展公共外交，着重宣传中国的外交理念，使中国与俄罗斯等沿线国家达到更高程度的政治互信，进而能够通过政府间的协商、谈判更好地进行政策沟通，为彼此的经济合作打开通道。在"一带一路"的带动下，中俄不断发展经济合作，为了贸易畅通，双方必然要在海关合作、检验检疫、认证认可等方面进行政治协商，在协商过程中，随着彼此的互相了解，两国在"一带一路"的大框架下政治互信一定更加坚定。

2. "一带一路"外交将促进中俄、中蒙经济合作

经济发展是一个国家永恒的话题，也是国家间合作的永恒话题。国家利益是外交合作中必须坚守的底线。用"没有永远的朋友，只有永远的利益"来形容国家之间的外交似乎过于实用主义，但是拨开各国外交的迷雾，去挖掘各国外交的实质不难发现国与国之间的外交的确是利益驱动型的，即便利益有短期利益和长远利益之分。国家之间的交往必须以保证

本国的基本利益不受损害为前提，通过外交协商达成各方面的合作，从而使合作双方在某些方面互相倚重，彼此借力，优势互补，互相促成发展。中俄、中蒙的外交也不例外。

"一带一路"将为经济发展营造和平稳定的外部环境。"一带一路"战略之所以能在众多沿线国家得到积极回应，则是得益于"一带一路"也让它们看到了维护本国既有经济发展和解决本国目前经济困境的生机。通过过去的努力，中俄、中蒙的经济合作都已经取得了很多成果。为本国的稳定发展构建和平稳定的国际环境是中、俄、蒙三国的共同目标。

"一带一路"将提供资金支持，促进中俄能源合作。能源合作是中俄贸易合作中十分重要的内容之一，但是随着全球能源需求的增多，以及俄罗斯与其他国家或组织能源贸易的进行，中俄的能源贸易面临多方面的风险，既有来自美国、日本、欧盟与中国的能源贸易竞争等因素的干扰，又有运输安全、油价动荡等客观因素。目前，中俄之间原油主要运输管道基本已经建成并投入使用，而"一带一路"关于亚洲基础设施投资银行和丝路基金的提议与设立，将为中俄天然气输送管道建设方面的进一步合作提供资金支持，更好地促进中俄在能源贸易方面的合作。外交部部长王毅表示今年中俄两国将签署"丝绸之路经济带"合作协议并启动对接，一直以来因为价格问题未能谈拢的中俄天然气管道项目也将于今年全面开工建设。

"一带一路"将使中俄在中亚实现战略对接，消除俄罗斯疑虑，双方将在中亚共同发展。近年来，随着俄罗斯国家实力的增强，其在中亚地区的能源开发、销售和运输领域等表现出很强的排他性和独占性，中国与中亚国家的能源合作一度引起俄罗斯的戒心，使俄罗斯有意遏制中国与中亚相应国家的合作，但是在"一带一路"战略中，中国明确表示愿意与沿线国家的国家发展和区域合作规划积极对接，愿意不断充实和完善"一带一路"的合作内容和方式，这样就为俄罗斯消除了疑虑，也使中俄在中亚地区共同参与，甚至建立合作成为了可能。

"一带一路"将提供更多商谈机会，促成经贸摩擦的顺利解决。目前，中俄两国的贸易投资日渐活跃，经济技术层面的合作蓬勃发展，双方在能源、金融、民用航天技术、电信以及宇宙开发等领域都展开了合作，并且在不断拓宽合作的相关领域。中国已经成为俄罗斯的第二大贸易伙伴，同时俄罗斯在中国的对外贸易中也名列前茅，两国表示2015年将力争实现双边贸易额达到 1000 亿美元的目标,两国经济关系不断深化。但同时两国间的经济摩擦也频繁出现,由于不规范的贸易秩序和复杂的社会环境,俄罗斯相关部门多次对中国商人的货物进行扣押,每年都会给中国经济造成一定的损失。"一带一路"战略的实施,为中俄两国进一步通过协商来规范贸易秩序和优化贸易环境提供了新的契机,经过双方的不断努力,中俄的贸易往来将逐步减少摩擦,变得更加畅通。2014 年 5 月,中俄宣布进入全面战略协作伙伴关系的新阶段,"一带一路"战略必将加速进入这一新阶段。

"一带一路"战略的提出将为中蒙两国的经济合作提供新动力。借由亚投行和丝路基金的资金支持,中蒙两国在重工业、基础设施等方面的合作将有长远的发展,中蒙的合作短期内主要是中国援助式地帮助蒙古国建立起自己的工业体系,长远来看,中蒙两国都将从中受益,蒙古国的国家总体实力将不断提高,在今后与蒙古国的经济合作中,中蒙可以优势互补,给彼此的经济都带来新的发展动力。目前,在"一带一路"的倡议下,外交部边海司已经协调推动了中俄同江铁路界河桥、中蒙甘其毛都口岸铁路等十余项基础设施互连互通项目的建设工作。

3. "一带一路"外交将促进中、俄、蒙军事安全合作

政治互信将促成军事安全合作。美国始终把中俄两国的发展壮大作为对自己最大的威胁,所以在今后很长一段时间内,即便双方都不会放弃同美国的外交关系,但中美和俄美之间的外交信任不会有实质性改善,所以中俄两国依然需要共同应对美国的挤压,加强军事安全合作。

"一带一路"将消除俄罗斯对中国的军事担忧,增进军事互信,深化双方在军事高层互访、军技合作以及演训合作方面的合作。目前,中俄双方已经在军事的诸多方面取得了不少成就。但是,中俄两国都是大国且是拥有漫长边界线的邻国,这就促使双方在交往中自觉或不自觉地将对方视为潜在的威胁和竞争者,从而在很多方面都对彼此存着戒心。"中国威胁论"的存在使目前中俄在军事安全合作方面存在一些问题,例如俄罗斯在对华和对印的武器销售方面存在差别对待等。"一带一路"的提出和实施将促进中俄两国的进一步了解,深化中俄的政治互信和经济合作,在与中国关系不断深化的过程中,俄罗斯将对中国的不称霸原则有更加切实的体会,从而消除对中国的担忧。中俄双方都多次明确表示,各自的国内发展是中俄各自关心的中心任务,在消除了彼此的军事威胁顾虑后,相互之

间的利益矛盾将会基于为了各自的国内发展被限制在一定范围和程度内，中俄将借着"一带一路"的新机遇致力于共同的军事合作，共同建立新的安全观，通过双方的不断努力共同打造和平的外部环境，为国内的发展提供平稳的环境。中俄在军事安全方面的合作为彼此解决了安全方面的后顾之忧，中国将消除北部边界可能带来的军事威胁，而俄罗斯也将释怀南部边境关于"中国威胁论"的谣传，两国的通力合作也将消除美国在军事方面给双方可能带来的威胁。此外，"一带一路"还将深化中俄蒙三国军事安全合作。

二 优化与沿线东南亚国家的合作关系

东南亚的 11 个国家都属于"一带一路"沿线国家，分别是印度尼西亚、泰国、马来西亚、越南、新加坡、菲律宾、缅甸、柬埔寨、老挝、文莱、东帝汶。其中，除了东帝汶，其他 10 国都是东盟成员。"一带一路"战略的提出和实施，不仅将为中国与东南亚沿线国家加强经济合作提供一个机会，使各方都有更好的发展机会，而且在合作的过程中通过中国与相关国家的外交互动，既能提升中国的形象，又能为彼此提供一个相互了解的平台，从而更好地化解与相关国家的分歧和矛盾。

（一）中国与沿线东南亚国家的外交基础和面临的挑战

1. 中国与东南亚各国的外交基础

中国与东南亚 11 国都先后建交，甚至与有的国家在新中国成立之初就建交了，中国与东南亚诸国的外交关系一直比较融洽。经过中国外交的不断努力，1991 年中国与东盟开始正式对话，1993 年东盟外长一致同意中国成为东盟的全面对话伙伴国。这些外交新进展都进一步密切了中国与东盟各国的关系。在中国与东盟的努力下，中国与相关国家的政治互信、贸易往来、文化交流都得到了长远发展。

中国同相关国家的贸易额不断增长，东盟已经成为中国第五大经济合作伙伴。中国与东盟国家在资源和技术等层面的优势互补为彼此的双边和多边合作创造了条件，东盟已经成为中国企业走出去的重要目的地和引进外资的主要来源。在经济方面的互利共赢使得中国与东盟的贸易往来越来越频繁，为了更好地促成相互之间的贸易合作，中国与东盟对于经济合作中出现的问题不断进行政治磋商，通过政府间的外交活动制定了一系列有利于经济合作的协定和条例，随着与东盟国家关系的不断密切，双方在一些政治问题上也达成了很多共识，取得了政治外交上的丰硕成果。在中国与东盟各国的共同努力下，旨在更好地服务中国与东盟贸易合作的中国—东盟自由贸易合作区于2010年正式建成。中国—东盟自由贸易区的建成进一步促进了彼此的贸易往来和国家间的政治互信。

2. 中国与东南亚各国面临的外交挑战

南海问题使政治互信降低。虽然中国与东南亚国家在政治外交、经济外交、文化外交等方面都取得了很多成果，但是中国与东南亚国家之间的关系仍然存在很多问题。首先，比较突出的是南海部分岛屿的主权问题，随着菲律宾、越南等国在南海相关领域发现油田和天然气田，他们企图将本来与中国协议为"搁置争议，共同开发"的那部分岛屿私有化，单方面反悔在20世纪70年代和80年代相关双方在建交时关于南海问题达成的"搁置争议，共同开发"的一致协议。南海的主权问题再次激烈化，中国与越南、马来西亚、菲律宾、文莱等国的关系一度十分紧张。中国对于南海问题始终坚持原有的政策，对于相关国家私有化的企图表示强烈谴责和反对，并采取了与其中止贸易往来、在南海设立三沙市、成立了中华人民共和国国家安全委员会等措施。相关国家为了石油、天然气资源的既得利益也对中国态度强硬，加之美国、日本、印度等国对东南亚国家的支持，中国与东南亚国家关于南海问题的协商一直持续。相关国家因为南海问题对中国心存芥蒂。东盟其他国家与越南、马来西亚、菲律宾、文莱作为区域共同体，基于共同的立场，它们都对中国与东盟的合作意图产生了怀疑。中国与东盟相关国家间政治互信的降低，对于"一带一路"战略的实施是很大的障碍，对中国与东盟的贸易往来也带来了很大影响。

其次，中国与东盟各国的贸易合作本身也存在不平衡的问题。中国与东盟各国在贸易往来的分布上是不平衡的，虽然与东盟10国都有贸易往来，但是与新加坡、马来西亚、泰国、菲律宾以及印度尼西亚5国的贸易占到了总贸易额的90%以上，与其他5国以及文莱的贸易份额很少，仍有待进一步开拓与其余6国的贸易。

另外，中印在东南亚有战略重叠，存在竞争。印度为了发展本国经济，也实行了向东南亚发展的"东进政策"，在东南亚与中国形成了竞争，对中国的一些企业造成了一定威胁。"一带一路"在东南亚的实施受到来自印度的挑战。

(二)"一带一路"为中国与东南亚各国的外交带来新改善

1. "一带一路"外交将缓解南海争端

2014年,中国与东盟在关于处理南海问题的"双轨思路"上达成共识,即有关争议由直接当事国通过友好协商谈判寻求和平解决,而南海的和平与稳定则由中国与东盟国家共同维护,从而在政府层面上消除了误会。民众层面的误会,需要中国和相关国家在本国内积极宣传政府间达成的协议和共识。消除了误会后,为了更好地助力"一带一路"的实施,关于南海资源的共同开发,中国可以与相关国家合作出台具体规划让其他国家看到中国达到互利共赢的决心,例如在开发油气资源、打击海盗、保护渔业资源、人道救援、环境保护等诸多方面。特别是就油气分配规则、共同开发的原则以及利益均沾等问题展开深入的对话和谈判,积极推动地区共同繁荣。

"命运共同体"的实现将缓解甚至解决南海争端。"一带一路"在东南亚的实施将为该地区11国的国内经济发展贡献巨大力量。地区经济和各国经济的快速发展必然将各国的主要精力牵制到经济贸易层面,关于南海的主权问题也会被相应地搁置。随着中国与相关国家在"一带一路"战略的促成下,变成互相依存的"命运共同体",随着"一带一路"不仅对该地区没有造成任何威胁,而且为相关国家带来的经济利益越来越多,美国、日本等国家关于中国南下的"图谋不轨"言论会不攻自破。而经济方面越来越密切的关系,必然再次提高中国与相关国家的政治互信度。政治互信度的提高,将促使相互之间通过政治外交来和平高效地解决经济、军事、文化甚至领土主权问题变得更加容易,"一带一路"在东南亚的实施不仅将缓解南海问题,甚至有可能最终解决南海问题。而南海问题的缓解甚至最终解决将打碎美国企图利用东南亚牵制中国的意图,既能促进东南亚地区的和平稳定,又能保证中国南部边境的安全,中国与东盟在政治、军事、经济的同命运化将使两者联合起来在国际大舞台上争取到更大的话语权。

"一带一路"将促进互相了解,降低地区紧张度。南海问题引起的政治互信度的降低,会妨碍中国"一带一路"战略在东南亚实施,但反过来"一带一路"的实施将缓解南海争端。由于南海问题带来的敌视中国的情绪并没有完全降温,在东南亚相关国家的政府间和民众间存在对中国

"一带一路"要构建起的"利益共同体、责任共同体和命运共同体"目标的怀疑。为了"一带一路"战略的正常实施,中国需要尽快与南海相关国家进行外交协商达成南海行为准则,并调整宣传策略,大力宣传中国的"一带一路"战略互利共赢的善意,而且要有所行动,从而降低南海地区的紧张度,消除相关国家和民众的顾虑,为"一带一路"在东南亚的实施提供适宜的政治环境。

2. "一带一路"将优化中国与东南亚国家的合作格局

"一带一路"战略是以经济为驱动的,其为中国和沿线国家带来的经济发展是必然的。"一带一路"在东南亚的实施,必将为中国与东南亚经济合作带来新局面,为彼此的经济增长带来新机遇,从而优化中国在东南亚的外交格局。"一带一路"实施过程中会兼顾不同国家的不同资源优势,实现与中国的资源互补,使彼此互相促进共同发展。针对该地区几个经济比较落后国家的实际情况,对它们施以援助,与其共同进行基础设施方面的建设,注重中国与相关国家长远的经济合作收益,而不计较短期利益的损失。这种基础设施的共建,不仅为相关国家今后的经济发展打下了良好基础,也有利于中国相关企业开拓新市场。同时,中国与相关国家的互帮互利,必然增进双方的政治互信,这就是"一带一路"政治外交的目标。

"一带一路"将拓宽合作领域。"一带一路"将首先优化与东南亚各个国家的均衡发展关系,加强与缅甸、柬埔寨、老挝、东帝汶、文莱、泰国的贸易往来,针对其中基础设施建设滞后的国家重点加强基础设施建设方面的合作,既有利于中国相关企业的发展,也是造福当地人民的好事,打破传统意义上大国以牺牲发展中国家利益而谋求扩张的外交理念,高举共赢旗帜,促使中国与相关国家获得"双赢"或多赢。其次,拓宽与东南亚诸国的合作领域,目前双边和多边合作主要集中在中国对石油及矿产资源的进口,东南亚国家则依赖中国的先进技术主要从中国进口工业制成品,相互之间的经济合作结构比较单一,"一带一路"的实施,可以为中国与东南亚各国提供一个重新洗牌的机会,各国之间通过政治协商可以拓展和优化经济合作领域,随着贸易往来的更加便捷,中国可以从相关国家进口咖啡、橡胶、甘蔗以及热带水果等产品,相关国家也可以与中国开拓服务贸易,例如海运服务、建筑服务、计算机信息服务等,双边投资也可加强。

"一带一路"将促使双方大力开展边境合作。中国与东南亚邻国可以在"一带一路"的东风下加紧政治磋商,大力开展边境合作,密切关注并积极推动建成贸易自由区或者跨境经济合作区,为双多边贸易提供顺畅通道,例如目前我国和越南已经开始了德天—板约瀑布国际旅游合作区的建设,今后与其他国家关于这方面的合作还有很大发展空间。当今东盟的经济发展水平已处于中国、东北亚、欧洲和非洲之间。"一带一路"背景下,东盟与中国的密切联系将有利于为亚洲东南亚创造更美好的未来。

三 增进与沿线南亚国家的信任合作

"一带一路"在南亚地区涉及的沿线国家有8个,分别是印度、巴基斯坦、孟加拉国、斯里兰卡、阿富汗、尼泊尔、马尔代夫和不丹。中国均已与这些国家建交,并且建立了比较和谐的外交关系,在双边和多边外交的努力下,中国与南亚各国在政治、经济、文化的交流合作上取得了不少成果。但是与印度在诸多合作方面存在龃龉,并且受地缘因素的影响,与印度洋周边的往来多有不便。"一带一路"战略的提出和实施可以有效改善中国在南亚的外交现状,并促进与南亚地区的进一步外交合作。

(一)中国与沿线南亚国家的外交基础和现状

1. 中国与巴基斯坦、印度的外交基础和现状

巴基斯坦是中国最坚实的外交盟友。两国于1951年正式建交,虽然最初巴基斯坦与中国的外交因中国在联合国恢复合法席位的问题存在过小摩擦,但很快就解决了。在随后的外交中,中巴之间的友好外交从未受到国际风云变幻的影响,经受住了时间的考验。中巴在交往过程中不断加深合作,取得了政治、经济、军事、文化等方面的诸多合作成果,深化了中巴全面合作伙伴关系。巴基斯坦与印度关于克什米尔地区的争议,使两国关系一直比较紧张,美国对印度的支持使巴基斯坦感觉到了威胁,为了更好地与印度抗衡,巴基斯坦与中国一直保持着很友好的外交关系,两国之间经常进行各种合作和互访,无论对方出现什么重大灾难,中巴都会在第一时间为对方提供无偿援助。伴随着美英等国的势力逐渐深入到国际反恐活动中,中巴关系的巩固也是必要的。

印度是南亚国家中与中国关系最为微妙的国家。印度是第一个和中国

建立外交关系的非社会主义国家，在新中国成立初期，双方关系一度非常好，1951年，印度出现严重粮荒，中国在自身粮食不富裕的情况下向印度提供了66万吨大米，很好地缓解了印度的粮食危机，同时，印度也大力寻求解决美国与朝鲜争端的途径，为中国抗美援朝的胜利贡献了自己的力量。此后，印度一直以安理会非常任理事国的身份积极主张恢复中国在联合国的合法席位，为中国最终在联合国恢复合法席位做出了巨大努力。

但是由于中印边界问题引发的边界战争，使中印两国的关系迅速恶化。当前中印边界问题既制约中印关系的纵深发展，又困扰两国战略合作向实质性方向迈进。中国崛起也使同样处在崛起期的印度感觉到了威胁，中印在东南亚等区域的经济竞争等都使印度将中国视为自己发展的障碍，所以为了发展本国国内经济以及与中国抗衡，印度分别与美国、苏联结盟，妄图利用国际舆论压制住中国，拖住中国经济发展的步伐，想借机削弱中国政府在世界人民群众中的威信，从而避免中国发展给印度发展可能带来的威胁。中印边界战争后，中印关系从此进入了冷冻期，"中国威胁论"也笼罩了印度大地。

另外，中巴在外交上的友好合作，使素来与巴基斯坦存在领土之争的印度对中国更加不满。直到1979年，中印关系才开始逐渐走向正常化。虽然从那时起两国不断地举行边界问题谈判，却始终没有突破性进展。中国也曾提出"一揽子"解决方案，而印度则要求分段解决。关于边界问题，中国坚定主权，印度不还土地，边界之争仍然是两国关系中最难解的死结。这都是英国人所划的"麦克马洪线"带来的边境矛盾。

2. 中国与南亚其他国家的外交基础与现状

尼泊尔和斯里兰卡从新中国成立以来就一直与中国保持着友好关系，一直致力于同中国培养更深的友谊，中国也为此做出了巨大努力，目前中国与它们在各个领域都有合作。

马尔代夫作为旅游胜地，一直受到中国游客的青睐，双方的旅游贸易为中马关系发展奠定了基础，中马之间也有着良好的贸易往来。

中国与孟加拉国于1975年正式建立外交关系。建交后，中孟两国在政治、经济、军事、文化等各个领域进行了卓有成效的合作。两国友好合作关系一直健康、顺利地向前发展，在一系列重大国际和地区性问题上看法基本一致，另外两国高层领导人互访频繁，各种交往不断增加，合作领域也不断扩大。

阿富汗于 1955 年与中国正式建交，但是由于阿富汗国内政局动荡，国家政权不断易主，再加上苏联对阿富汗的入侵，以及后来美国发动的阿富汗战争，中阿两国的外交虽然一直保持，但是在外交推动下的经济、文化交流合作一直停滞不前。阿富汗战争之后，随着局势逐步稳定，中阿关系有所发展，但主要是中国单方面出于人道主义，多次向阿富汗提供重建的物资援助和资金援助，由于阿富汗处于重建期，双方的合作还比较少。

不丹虽然迄今为止尚未与中国建交，但是中不之间一直保持着友好交往，不丹为中国在联合国合法席位的恢复也贡献了自己的力量，双方在经济、文化等领域的合作也一直保持，并且处于起步和发展阶段，相互之间具有很大的发展空间，不丹可能会并入印度。

（二）"一带一路"将增进中国与南亚各国的外交合作

1. 中巴合作将成典范消除各国疑虑

巴基斯坦作为中国坚实的盟友，必将最早与中国共同实施"一带一路"战略，也将最早感受到"一带一路"战略为其带来的巨大益处。因为中印关系的尴尬以及"中国威胁论"在南亚部分地区产生的影响，"一带一路"战略在南亚的实施必将会面临一个艰难的开始期，印度等部分国家必然会怀疑"一带一路"所倡导的合作共赢的理念，甚至会怀疑中国"一带一路"战略背后的企图。

中巴合作将消除南亚各国对中国的误会，提高相互之间的信任度。早在"一带一路"战略提出之初，巴基斯坦就对这一战略表示出强烈的好感和期望，而事实上"一带一路"战略的实施也必将为巴基斯坦的经济发展提供巨大的助推力。目前，中巴借着"一带一路"的东风已经开始着手协商两国如何借着这一战略机遇，互相帮助，共同发展。中巴双方已经进行过多次访问和会议讨论，在一些领域的具体合作方案也已经出台。2015 年 4 月，巴基斯坦的官员表示中国为了帮助巴基斯坦解决紧缺能源问题，将建造一条从伊朗到巴基斯坦的天然气输送管道。这显示了中国帮助巴基斯坦进行基础设施建设的决心，同时也向其他沿线国家表明了中国用"一带一路"战略要达到的是国家的共同强大，是长远的互利共赢，是将来的利益共同体、责任共同体和命运共同体，而不是称霸亚洲或者世界。"一带一路"战略在巴基斯坦的先行试水是用实际行动来表明中国的发展立场。将会逐步消除"中国威胁论"在该地区的影响，加强该地区对中国的政治信任，从而为"一带一路"战略的后续实施做好铺垫。就中国而言,"一带一路"的实施将促进中国与沿线国家的政治互信,为中国的金融贸易找到新的市场,为今后中国经济的继续快速发展提供机遇。对于巴基斯坦而言,"一带一路"战略将助力巴基斯坦国内的基础设施建设,为其国国内经济的发展夯实物质基础。借力于"一带一路"战略,通过中巴政府间的外交协商,中巴两国将在政治、经济、文化甚至军事上展开更深层次、更宽领域的合作,共同增强两国的实力。

中巴合作将使南亚各国看到巨大经济效益,提高各国参与其中的热情,增进合作的意愿。中国与巴基斯坦的合作不仅将增加中国与南亚各国的信任度,而且也会使南亚各国看到"一带一路"将为各国带来的巨大利益,看到"一带一路"将为南亚提供腾飞的机遇,从而将提高各国参与其中的热情,使我们向着最终实现命运共同体的目标更进一步。

阿富汗是中国的邻国,同时它又是亚欧两大陆联通的重要枢纽,特殊的地理位置使控制了阿富汗就可以控制两大陆的陆上交通,再加上阿富汗地处石油丰富的中东和矿产资源丰富的中亚之间,更加重了其在全球中的地位,其地理位置的优越性决定了各国对与其外交的重视。"一带一路"的提出和实施,能加强周边国家同阿富汗的联系,既能保证周边各国的资源供给和地区安全,又能在互相合作中共同帮扶阿富汗重建,是一举多得的好事。

2. "一带一路"将为中印外交带来新转机

中印边界问题加剧了双方的不信任度,破坏了中印的战略伙伴关系。随着中印两国崛起,中印关系将成为今后世界上最重要的双边关系之一。中印问题的根源是印度对中国经济的发展怀有强烈的不安全感,印度担心中国的崛起将威胁其既得利益。中国作为南亚的首要对话国,印度认为这将会动摇其作为地区大国的地位,所以采取了敌视中国的态度和一系列压制中国发展的行为。但同时印度也注意到了中国的巨大经济资源,所以在经济上也在逐渐和中国进行合作,其对中国实行了经济上合作、军事上平衡的双轨制度。

"一带一路"的提出,不仅将开发印度与南亚各国的经济合作潜力,还将使印度看到中国梦与印度梦是息息相通的,中国向西开放恰好对接了印度的"东向政策",是互相促进彼此在南亚的发展而不是竞争的关系。中国在软实力方面的优势将弥补印度在南亚发展的不足,使彼此在南亚的发展互相补充,共同成为南亚发展不可或缺的力量。中印高铁项目的实施必将会是中印外交的一次挑战,但同时也会为两国关系向好的方向发展提供契机。"一带一路"背景下的中印合作,将增进两国的政治和军事互信,从而为解决中印边界问题提供新的转机。当前,中印边界谈判正处于量变的积累当中。作为亚洲及世界上有影响力的两个大国,保持两国的友好合作关系对维持亚洲乃至世界和平都具有十分重要的意义。

四 扩大与沿线西亚和北非国家的合作范围

"一带一路"在西亚、北非地区涉及的沿线国家有沙特阿拉伯、阿联酋、阿曼、伊朗、土耳其、以色列、埃及、科威特、伊拉克、卡塔尔、约旦、黎巴嫩、巴林、也门、叙利亚、巴勒斯坦、乌克兰、白俄罗斯等。其中有13国属于阿拉伯国家。经过双方的共同努力,中国同所有西亚、北非地区的国家都建立了外交关系。

(一)中国与西亚、北非的外交基础和面临的挑战

1. 中国与西亚、北非各国的外交基础

高层互访频繁,政府协商频繁。1955年,中国参加万隆会议,这是第一次没有殖民主义国家参加的亚非首脑会议。中国提出"求同存异"的方针和"和平共处五项原则",促进了会议的圆满成功,也增进了中国与亚非各国间的理解和信任,促成了中国同亚非各国的团结与合作,扩大了中国在国际上的影响。之后,中国先后与亚非各国建交并保持了融洽的外交关系,经常进行高层互访,针对双方之间的贸易合作、安全合作、文化交流等问题进行协商,使中国与这些国家在经贸往来等各方面的合作都有长足发展。习近平总书记出访了非洲的一些国家,提出了中国与非洲合作"真、实、亲、诚"的四字箴言。

中国与阿拉伯国家建立起了中阿合作论坛,借助论坛这个平台,中国与相关的阿拉伯国家展开了集体对话与合作,已经建立起一系列的合作机制,实现了集体合作与双边合作的相互促进和相互补充。

中国与西亚、北非国家在国际事务中也相互支持,密切配合。在反恐问题上,中国与该地区各国都保持着密切磋商与协调,一致强调反对各种形式的恐怖主义。在一些地区问题上,例如中东问题、海湾问题、西撒哈拉问题,中国一贯主张相关地区的和平与稳定,积极参与相关的和谈会

议，努力运用自己的影响力推动当事国通过和平谈判的方式解决问题，并积极从各方面做工作，劝和促谈。虽然最终没有避免伊拉克战争和海湾战争的爆发，但是中国始终以一个负责任大国的形象关注着该区域的地区问题，及时表明自己的态度，一直主张非当事国的中立、克制，并积极参与相关国家的战后重建，给予各方面的人道主义援助。

2. 中国与西亚、北非各国面临的外交挑战

首先，西亚、北非国家政局动荡是中国与该地区国家在外交上面临的最大挑战。中东地区常年战火不断，因此该地区并没有真正参与到亚洲整体发展的进程中来。其内部的宗教冲突和政局动荡以及恐怖主义的滋扰都给该地区的对外交往带来很大的困扰。局势的不稳定，使外交上经常出现变数，这既影响该地区国家的对外交往，也影响其他地区的国家与这里的国家进行外交合作。近年来，一些极端恐怖主义组织也开始盯上中国企业和中国人，出于安全考虑，一些中国企业需要额外付出更多的资金来保证企业的正常运转，这无疑给企业增加了经济压力，其中一些小型企业甚至选择了退出该地区。该地区的动荡影响了中国企业在该地区发展的热情。

其次，落后的基础设施也是中国与该地区展开经济外交所面临的一大障碍。由于长期的政局动荡和地区冲突，很多国家的基础设施经常遭到破坏，损坏后的重建又不能及时跟上，目前多国的基础设施条件比较差，不能为相互之间的经济合作提供很好的物质基础，"一带一路"战略最重要的一环就是经济外交，产业落后的物质基础会对双边或多边的经济合作带来很多不便，影响贸易往来的积极性。

最后，西方对中国"新殖民主义"的污蔑也影响了中国与该地区国家的外交合作。一些西方国家认为中国在这些国家和地区"摘桃子"，认为中国是想在该地区建立殖民地，实行新的殖民主义。非洲有一段较长时间的被殖民的历史，再加上内部政局动乱，所以对于谣传中的"新殖民主义"是十分介怀的，对于中国的"一带一路"战略还是存有戒心的，这种政治上的怀疑与不信任，必然影响其与中国的外交，对于"一带一路"战略的实施也是不小的挑战。

(二)"一带一路"与西亚、北非国家各方面合作前景广阔

1. "一带一路"外交将促成中阿新的合作格局

"一带一路"将加强中国与该地区国家的政治信任。阿拉伯国家拥有

连接亚、欧、非三大洲的独特区位优势，又地处"一带一路"西端交会地带，其能源资源富集，市场潜力和人口红利十分可观，中阿将是推进"一带一路"建设的重要合作伙伴。"一带一路"战略的实施，将进一步优化合作格局，扩大中阿务实合作、深化中阿战略合作关系。习近平总书记还提出了中阿以能源合作为主轴，以基础设施建设、贸易和投资便利化为两翼，以核能、航天卫星、新能源三大高新领域为突破口的新合作格局。这是关于"一带一路"在西亚、北非实施的顶层设计。这表明中方愿意将中国与阿拉伯国家的未来对接起来，把中国的优势产能与阿拉伯国家的比较优势对接起来。这样既能完善中国的对外开放布局，也能给阿拉伯国家带来更稳定的能源收益、更先进的科学技术水平、更完善的基础设施条件，从而为阿拉伯国家提供更多发展机遇，创造更多就业机会，实现共同发展、共同繁荣。亚投行和丝路基金的成立，让基础设施薄弱的西亚、北非国家看到了中国提出"一带一路"的诚意，看到了中国的"一带一路"不同于美国的"马歇尔计划"的地方。这能很好地消除西方国家关于中国"新殖民主义"的污蔑，加强中国与该地区国家的政治信任，真正建立起中阿之间利益共同体、命运共同体的关系。

"一带一路"将为中东地区与中国的石油贸易提供新机遇。据统计，由于美国能源新技术的使用，目前中东地区只有很小一部分的石油输出到美国，其余80%左右则输出到了亚洲各国。目前，亚洲尤其是东亚各国才是中东石油的主要贸易对象。"一带一路"战略的提出，为中东地区与中国的石油贸易提供了新的机遇，既为中东地区找到了很好的市场，也为中国找到了很好的能源供应地，双方在能源方面的需求很好地实现了供需互补，互利"双赢"。随着科技的发展和对环境的关注，清洁能源将是未来中阿合作的一个重要方向，绿色有望成为"丝绸之路经济带"交流合作的主色调。

"一带一路"将促进中国与中东地区非能源型贸易方面的合作。西亚、北非各国和中国都是后起的国家，在参与经济全球化的进程中有着共同的利益诉求，这是相互之间进行合作的基础。同时，中阿在资源、资金和市场潜力方面高度互补，"一带一路"建设将促进阿拉伯各国与东亚、东南亚地区更高水平的经济融合。当前，合作共建"一带一路"，成为新形势下中阿合作的主线，将带动双方在各个领域的合作迈上新台阶。中国的出口增长，有力地推动了中国与中东地区的贸易额增长及双边非能源型贸易的发展。目前，中国与该地区一些国家如伊朗、沙特阿拉伯等的贸易额远远高于这些国家与美国的贸易额。"一带一路"不仅将促进中国与沿线国家之间的相互合作，而且也将促进中阿各自的内部体制创新，挖掘各国国内的内需潜力，增强内生动力，从而创造新的经济增长点。"一带一路"的实施可以为双边和多边提供更多协商合作的机会，将有效消除双方贸易企业在经济合作中存在的问题，简化相关程序，为彼此贸易往来更加畅通提供政府保障。

"一带一路"将促进中土各方面的合作。由于一直以来欧洲并不希望土耳其成为其经济结构中的一分子，对其在欧洲的贸易一直设卡阻碍，2008年，土耳其对欧出口市场彻底崩溃，为了促进经济发展，土耳其必须寻找其他的市场，包括投资、原材料、能源和其他商品供给。土耳其逐渐意识到要想发展经济，成为更大的经济体，不能仅依赖与欧洲或美国进行贸易，更重要的是同亚洲国家进行贸易。在中土已有经济关系的基础上，土耳其正努力和中国建立包括核电站发展、输油管道投资、铁路、公路及军事安全层面的多项联系。借着"一带一路"的机遇，中土两国通过外交协商与合作，将为彼此构建顺畅的通道。对于中东人而言，相比同西方世界各国发展关系，他们更要抓住与中国发展关系的机遇。不久的将来，中国将成为世界上最大的石油消费国。同时，世界范围内中产阶级消费的增长将主要依靠亚洲来推动。

伊朗是世界上重要的天然气储备国，也是重要的石油储备国。一条由伊朗、巴基斯坦、土耳其三国组成的通道正在形成中。这条道路的出现将为西亚提供通向"丝绸之路"的可能。输油管道以伊拉克北部为起点，而天然气经由伊朗将运至巴基斯坦。随后，既可以走水路，将石油、天然气通过港口运至阿拉伯海域，也可以走陆路，将其运至亚洲。

2. "一带一路"外交将促进军事安全合作，维护地区和平稳定

"一带一路"将使中国与该地区各国加强各方面的军事安全合作，维护地区和平稳定。虽然一方面，西亚、北非局势会牵制美国的战略，为我国赢得更长的战略机遇期。另一方面，中国长期不干涉内政的外交政策有利于与该地区产生的国家新政权建立友好关系，并且中国已在西亚、北非地区赢得了新的合作机会。但是和平稳定一直是中国与西亚、北非各国经济稳定发展的保证，所以中国将与这些国家一起为地区的和平稳定做出贡献。针对该地区地区动荡的问题，中国将在政治上帮助其减少冲突，促成

实现区域稳定，同时展现中国维护世界和平的形象良好，在政治上和文化上与这些国家取得互信。政府的支持能保证双方贸易企业的安全。通过政府间的交流，中国与该地区国家有望进行军事安全合作，共同打击恐怖分子，以保证该地区民众和企业的安全，为跨国公司消除安全隐患。中国将发挥其在武器装备、人员训练方面的优势，西亚、北非各国将发挥其对该地区地理熟知的优势，防止恐怖袭击，巩固经济合作成果。

3. "一带一路"外交将促进中国与西亚、北非的文化交流

中国和阿拉伯国家都创造了辉煌灿烂的文化，都是人类文明的重要发源地。中国和西亚、北非地区的交往是文明的对话，有利于促进人类文明的多元化，将搭建起不同文明大融合的桥梁。中国在过去30多年的改革开放实践中取得了巨大成就，许多西亚、北非的国家都希望分享中国的发展经验，从中受益。"丝绸之路"的概念具有共享性，没有排他性。"一带一路"倡导合作发展的理念，它是平等、开放、包容、互惠的，是没有明显的界限和隔阂的，中国愿与其他国家一起分享发展经验，然后共同认真磋商、设计规划今后的发展方向和路径，带动周边国家和地区共同富裕，达到富邻、安邦的目标。

五 完善与沿线中亚国家的外交合作

"一带一路"在中亚地区涉及的沿线国家有5个，分别是哈萨克斯坦、乌兹别克斯坦、土库曼斯坦、吉尔吉斯斯坦和塔吉克斯坦。苏联解体后，中亚五国纷纷独立，中国是当时世界上最早承认中亚各国并与其正式建交的国家之一。1992年年初，中国与中亚五国迅速建立了大使级的外交关系。

（一）中国与沿线中亚国家的外交基础和面临的挑战

1. 中国与沿线中亚国家的外交基础

在苏联解体前，中亚五国与中国的外交主要与中苏关系同步。苏联解体后，中国与中亚五国正式建交。在双方的共同努力下，中国与各国关系都很融洽。近年来，中国通过实施睦邻友好的外交政策，进一步巩固和深化了双边关系，开展了广泛的地区合作。特别是由"上海五国"到"上海合作组织"的发展，使得双边关系进一步深化。上海合作组织是一个

以经济合作和地区安全为主要功能的地区性合作组织，在各成员国的共同努力下，各国在工作机制、机构建设、安全、政治、经济、人文等领域做了大量的工作，取得了很大的成绩。这使各成员国对其信心日益增强。

在政治上，中国与中亚各国达成很好的政治互信。中国多次声明不干涉中亚国家内政，尊重中亚各国人民选择。中国忠实地执行了既定的方针政策，遵照和平共处五项原则来处理与中亚各国的关系，奉行"以邻为善，与邻为伴"以及"睦邻、安邻、富邻"的周边外交方针，这均受到中亚国家的欢迎，增强了中亚国家对中国的信任。中国与中亚各国领导人互访不断，通过互访双方在两国的政治、经济、安全、文化等方面的合作上达成了一致意见，在地区和国际热点问题上双方深入交换意见，中国与中亚各国的政治互信不断增强。

在经济上，中国与中亚国家在能源和矿产资源合作等方面取得了很多成果。中国与中亚国家有很好的地缘优势，而且中亚五国丰富的自然资源与中国在技术、资金和产业等方面的比较优势形成了较大的互补性，双方通过互利合作、取长补短，使各国经济都有了长足发展。通过双边和多边外交的努力，中国与中亚的能源资源合作取得了很多成果，开通了连接中国和中亚的天然气管道、输油管道，这不仅保证了中国国内的能源供应，也为中亚国家带来了可观的经济效益，是"双赢"的结果。

在人文领域，中国与中亚五国进行了友好的文化交流。双方通过互派留学生以及专家学者互访等形式，进行了文化交流，在上海合作组织的框架下，成员国之间多次组织文化交流活动，这为政府之间、民众之间、政府与民众之间的互相了解做出了新的贡献。

在安全上，中国与中亚各国都面临着非传统安全的威胁，通过共同努力维护了地区的安全与稳定。在上海合作组织的框架下，中国与中亚五国在军事安全方面举行了多次军事演习，在反恐问题上也达成共识，为整个地区的安全稳定做出了巨大贡献。在国际事务上，中亚诸国与中国的国情决定了双方在许多重大的国际问题上存在相同或相近的观点，所以能在国际问题的处理上基本保持一致。

2. 中国与沿线中亚国家面临的外交挑战

尽管在上海合作组织的框架下，中国与中亚五国在政治、经济、军事安全、文化等方面已积累了良好的合作基础，也取得了不少喜人的成果，但是中国与中亚诸国的外交依然面临着来自政治、经济、军事、文化等方面的挑战。

在政治上，中亚部分国家政治制度不稳定，国家局势动荡，影响双方的政治互信。虽然中国与中亚五国在很多问题上达成了一致意见，取得了政治互信，但是由于苏联解体后，中亚各国照搬西方的资本主义模式建设各国的制度，而且在整体中还部分保留了集权制度，造成了人民生活困难以及社会不满，怀旧情绪的日益增长，导致该地区的政治制度不稳定，容易导致国家局势动荡，中国与中亚的政治互信很容易受到威胁。政局的动荡同样也会影响到双方的贸易往来，不仅会影响到正在进行中的合作项目，也会降低中国投资者的信心，对于中国与中亚的经贸合作十分不利。

在经济上，双方贸易不平衡。虽然中国与中亚五国在能源合作已经取得了很大进展，但双方的贸易并不平衡，首先中国与五国的贸易往来所占比重不平衡，与哈萨克斯坦的贸易往来最多，与其他四国的经济合作所占比重比较小。其次，在合作领域层面也不平衡，中国主要出口商品为工业制成品，中亚五国出口中国的则基本以能源、矿产品为主。另外，双边投资仍然面临很多法律上和市场上的制约，经贸摩擦时有发生，影响了双边或多边的经济交往。

在文化上，交流还需加强，层面比较单一。虽然中国与中亚五国有文化交流的活动，但是文化上的沟通和交流还是偏少，同时缺少对中国形象的正面宣传，从而导致了西亚诸国国内部分民众及政府官员轻信"中国威胁论"，损害了双方的政治互信和经济合作。恐怖主义和伊斯兰教原教旨主义的结合和扩散，也使双方正常的文化交流受阻。

在军事合作上，中亚五国对中国始终存着戒心。虽然双方或多方进行了多次军事演练，在维护地区和平方面也达成了一致意见，但是西方的"中国威胁论"在中亚各国也引起了一定的骚乱，使中亚五国对中国难免有猜疑、戒备、防范的情绪，甚至有一些人将中国视为中亚地区的潜在威胁。2007 年，哈萨克斯坦不允许中国军队途经其领土到俄罗斯参加上海合作组织举行的"和平使命——2007"联合反恐军事演习就充分说明了这一点。

（二）"一带一路"为完善各方合作带来巨大助推力

1. "一带一路"外交将推动相关国家提高政治互信

"一带一路"战略的提出和实施，为中国与中亚各国提供了更多政治交流和协商的机会。"一带一路"为中国与中亚五国提供了一个新的平台，双方可以通过政治层面的领导会晤来商谈解决遇到的种种问题，不断加强相互之间的政治互信，密切彼此的外交关系。

2. "一带一路"外交将推动相关国家深化经贸合作

"一带一路"战略提出后，亚投行和"思路基金"设立，这为中国与中亚深化经贸合作带来了巨大机遇。一方面，有利于中国与中亚各国在原有能源合作的基础上，进一步通过政府和企业协商、合作来达成新的合作内容，解决在铁路运能、出口退税、口岸大通关、外汇核销、国际贸易结算等方面的诸多问题，从而减少双方在贸易往来中可能产生的摩擦，加大能源领域合作的力度。另一方面，也有利于双方拓宽合作领域，开展其他层面的经济合作，例如在高科技含量、高附加值产品方面的合作。中亚的繁荣需要中国，中国的发展也需要中亚。借着"一带一路"的东风，中国与中亚各国可以大力发展经济，促进中国与中亚五国贸易的均衡快速发展。

3. "一带一路"外交将推动相关国家扩大军事安全领域合作

"一带一路"战略的实施，将使中国与中亚各国的联系更加紧密，任何一方的安全受到威胁都将波及所有国家，双方将成为彼此边界安全不能替代的合作者和地区安全保障的提供者。为了更好地服务于双方的政治和经济合作，双方的军事安全合作必然会进一步深化，双方将扩大安全领域的合作，在反恐和地区安全问题上将达成更多的合作共识与合作框架。

4. "一带一路"外交将推动相关国家加强文化交流

"一带一路"战略的实施，将能促进中国文化传播到中亚地区，使中亚对中国的了解更加深入和客观，从而消除其对"中国威胁论"的误会和隔阂，为双边或多边合作奠定文化基础。"一带一路"为彼此的互相了解提供了机会，通过更广、更深层面的文化交流，例如互派留学生、学者互访、建立交流机构、举行文化展览会、互办国家年活动等，可以使得双方对彼此文化有更多的理解和包容，甚至在文化上互相借鉴，互相补充，从而抵制极端宗教文化，加强各国间的政治信任，保证地区安全，为各国快速发展带来机遇。

六 加强与沿线中东欧国家的外交信任与合作

"中东欧"是一个地缘政治概念，泛指欧洲大陆地区国家中那些受苏联控制的前社会主义国家，除俄罗斯外的苏联的欧洲部分成员国以及冷战时期的东欧国家。"一带一路"在中东欧地区涉及的沿线国家有波兰、罗马尼亚、捷克、斯洛伐克、保加利亚、匈牙利、拉脱维亚、立陶宛、斯洛文尼亚、爱沙尼亚、克罗地亚、阿尔巴尼亚、塞尔维亚、马其顿、波黑、黑山、克鲁吉亚、阿塞拜疆等。中东欧地区国家成分比较复杂，既有亲俄的，也有北约成员国，还有欧盟成员国，如果能处理好与这些国家的外交关系，那么对中国来说意义巨大。

（一）中国与沿线中东欧国家的外交基础和面临的挑战

1. 中国与中东欧诸国的外交基础

由于一部分"一带一路"沿线的中东欧国家原属于苏联，所以在苏联解体前，中国与这些国家的外交关系是跟着中苏关系走的。

苏联解体后，中国与中东欧诸国的外交虽然经历了短暂的停滞不前，但很快就逐渐恢复并进入了平稳发展的阶段。1990年之后，中东欧国家纷纷由社会主义国家改为资本主义国家，由于意识形态的不同，相互之间有过短暂时间的停止接触，但是随着世界格局的变化，双方都认为相互之间没有根本的利害冲突，彼此应淡化意识形态分歧，继续政治对话。看法达成一致后，双方进行了一系列首脑会晤，加深了相互之间的政治理解，解决了经济合作中的障碍，从而扩大了中国同中东欧各国的经贸合作，促进了彼此的经济发展，造福了各国人民。中国一开始就对东欧剧变持包容、理解的态度，因此，二者关系尽管受到一定程度的冲击，但是并没有受到太大影响，很快就恢复了正常状态。中国与中东欧国家通过高层互访的形式，不断加强相互之间的沟通，使政治互信不断增加，双边关系的质量大幅提升。国际社会一度将中东欧国家看作富有潜力的地区。

进入21世纪后，由于中国与中东欧诸国均处于转型时期，相互之间的了解和交流加深，又因为彼此发展潜力巨大，关系进一步拓展。因为一部分中东欧国家加入欧盟，中国注重发展与中东欧国家的外交关系，以期望能增进与欧洲的联系。中东欧国家在政治关系上转而追随欧盟的政策，与中国政治关系表现为多边化，而在经济关系上则以本国的实际利益为重，与中国的经贸关系表现为以双边合作为主。由于全球金融危机和欧债危机的影响，欧、美、日同时衰落，一直依附它们的中东欧国家的经济也陷入困境，中东欧诸国开始将眼光投向发展势头最好的世界第二大经济体——中国，双方关系进一步深化。中国与中东欧诸国在经贸合作、金融合作、项目合作、互连互通以及人文交流等方面都有一定的合作基础。虽然现在中国和中东欧国家之间的贸易和投资规模还相对较小，但双方的经济结构高度互补，这使双方在未来的经济合作中有巨大的合作潜力可挖掘。

2. 中国与中东欧诸国面临的外交挑战

虽然基于双方的努力，中国与中东欧诸国在政治、经济、文化等方面都有了一定的外交基础，但是依然存在很多问题需要双方共同努力解决。

在经济方面，中国与中东欧各国面临贸易往来不平衡、具有严重壁垒、结构单一、合作领域狭窄等挑战。首先，虽然双方在投资和工程承包等方面已有一定的合作，但是由于双方在经济政策、竞争投标及市场准入等方面的规定不同，导致双方企业在进入对方国进行贸易往来时遇到诸多困难，打击了双方企业的积极性，影响双方进一步的经济合作。其次，中东欧国家转型还没有彻底完成，受欧洲债务危机影响，其地区经济持续低迷，中国与中东欧国家贸易往来长期存在贸易逆差，严重不平贸易失衡程度超过与发达国家的贸易失衡程度，长期不平衡的贸易关系必然会对双边政治关系产生消极影响，不利于双方进一步的经济交往。最后，中国与中东欧各国贸易往来所占的比重不平衡。与有的国家经济接触多，贸易额较大，而与部分国家的经济合作还处于刚刚起步阶段，成果不多。另外，双边贸易结构较为单一，经济合作仅限于有限的几个领域，在其他层面的合作基本没有涉及。

在政治和安全方面，由于中东欧对欧、美的依附，一直以来，中东欧国家对中国采取政治关系多边化、安全关系北约化的外交策略。这样的外交态度直接导致了中国与中东欧国家之间的政治、经济关系不对称，必然对双方的经济往来产生很大影响。中国与中东欧地区的合作，已经引起了与中东欧关系密切的利益集团的忧虑。尽管中国与中东欧国家的贸易总额只占中欧贸易总额的一小部分，但是西方仍对此疑虑重重，欧盟机构及其部分成员国猜测中国在试图"分裂欧洲",它们担心中国是在离间欧盟国家,认为中国企图使欧盟无法形成统一的对华政策。尤其是德国,其对中国的介入十分敏感和警惕,多次声称中国正在悄悄地与中东欧国家缔结牢固的友谊以分裂欧盟。这种对中国共同发展、愿望美好的误解,在欧洲国家普遍存在。由社会制度不同而导致的不同价值观,再加上地理距离远,均使欧洲民众对中国的了解很大程度上受到其政府对华意见的影响,所以欧洲各国从政府到民众都对中国的和平崛起存在疑虑,这对今后中国与中东欧的合作来说,无疑是很大的挑战。

中国的台湾问题、人权问题以及西藏问题也一直是影响双边关系的因素。在台湾地区问题上,由于对中国的了解不够,加上西方对中国政策的一些误解,使有一部分中东欧国家在国际问题上多与中国台湾有接触,而且发出过支持与台湾"建交"的言论,例如捷克、马其顿等。关于人权问题,中东欧国家也对中国多有批判,这对中国与中东欧国家的双边关系也产生了消极影响。在西藏问题上,中东欧国家的极少数政治家或政党不时同达赖接触,无视中国政府为推动西藏经济社会进步而做出的巨大努力。对于中国与这些国家的对外交往活动产生了消极影响。

(二)"一带一路"开启中国与中东欧合作的新引擎

欧洲是"一带一路"的终点站,而中东欧是联系亚洲和欧洲的纽带,也是"一带一路"从亚洲延伸到西欧的桥头堡。"一带一路"将开启中国与中东欧国家合作的新引擎,将成为中欧携手共建更具包容、更具平衡、更具可持续性国际秩序的重要平台。

1. "一带一路"将加强中国与中东欧诸国的政治信任

"一带一路"促进彼此了解和沟通,增进了政治互信。随着双方经贸往来的增多,双方的文化交流也将增多。中东欧国家对中国台湾地区问题、西藏问题以及人权问题之所以会产生误解,根本原因是中东欧诸国的政府及民众对中国了解得太少,"一带一路"为中国在该地区推进公共外交提供了有利的契机和条件。通过政府公关、媒体外交、学术交流等途径可以使中东欧政府和民众对华产生稳定和积极的认知。而对华的正确认知既能增进彼此的政治互信,逐渐消除西方对"中国分裂欧洲"的担忧,又能为中国企业开拓中东欧市场创造良好氛围,从而促进彼此的经济发展。该地区关于中国的台湾问题、西藏问题以及人权问题的误解也会自动消除,这将为中国和平解决这些问题提供了良好的外部环境。

2. "一带一路"将深化中国与中东欧各国的经济合作

中国与中东欧各国深化经济合作是双方基于各自利益做的必然选择。中东欧国家在中国的对外经贸关系中具有重要战略地位，其经济发展具有很大的潜力，中国需要着眼未来和放眼世界，进一步发展同中东欧国家的外交关系，彼此达到互利共赢。"一带一路"战略的提出为彼此提供了一个很好的机会，使双方可以通过协商共同解决双方在经济合作方面存在的问题。针对双方在市场准入、竞标等方面的问题，双方完全可以借着"一带一路"的机遇，从政府和企业两个层面协商解决。针对双方贸易的不平衡，双方有针对性地扩大合作规模，增加一些高回报的合作项目，使双方都能从中获益。

中东欧国家面临经济结构调整和基础设施升级的强烈需求，在"一带一路"战略提出之后，中国就表达了对工业、农业、能源和基础设施领域进行投资的强烈意愿，并释放了众多利好信号，同时中国在装备制造、基础设施建设等领域确实具有很大的竞争优势，这为双方开展互利共赢的合作创造了有利条件。2012年，中国承诺投资100亿美元专项贷款用于中东欧基础设施建设，该项目已经启动。"一带一路"战略提出后，"丝路基金"为中东欧国家大开方便之门，中东欧不少国家有望从中获得资助，不仅对于沿线诸国的基础设施建设有很大帮助，也将促进中国相关企业开拓国际市场，这是一个互利多赢的战略。"一带一路"将会加深彼此的了解，促成彼此的经济增长，建成一条中国与欧洲的陆上通道，方便彼此的经贸往来。

"一带一路"外交是经济上互利"双赢"的外交。一方面，中东欧诸国为本国经济发展找到了市场和投资来源，为该地区的经济回暖注入了新的活力。另一方面，中国也将通过这次外交为经济找到新的增长点，中国的共同发展理念将为大多数国家所理解，对于"中国威胁论"的误解终将消除，中国在中东欧的影响力将增大，促进中国与中东欧命运共同体的形成。

七 "一带一路"与中国未来外交新格局

周边国家外交是关键。政治上，周边是中国维护主权、发挥国际作用的重要依托；经济上，周边是中国对外开放、开展互利合作的重要伙伴；安全上，周边是中国维护社会稳定和民族团结和睦的外部条件。

改革开放以来，中国没有卷入任何战争或者重大军事冲突，与周边国家的关系也不断得到改善，逐渐解决了与邻国之间的大多数历史遗留问题，与大国的关系也基本保持稳定并有新的进展。良好的外交不仅为中国提供了巨大的市场，也为国内经济的发展带来了所需的资金和技术。

"一带一路"战略构想的提出，清晰地勾勒出一条中国与沿线国家尤其是周边国家合作共荣的发展路径，即用创新的合作模式，共同建设"丝绸之路经济带"，以点带面，从线到片，逐步形成区域大合作的格局。"一带一路"战略反映了中国发展的战略新思路，表明中国外交整体布局朝着主动构建、积极协作的方向转型。

（一）经济外交主导式的新外交格局

"一带一路"构想提出之前，中国将外交模式主要定位在政治外交上，通过政府间的政治协商达成政治共识，增进政治互信，而在经济、军事、文化方面的外交虽有涉及，但是并没有作为重点来进行，所以导致各国之间虽然一直保持较好的外交关系，但是并没有给各国带来很多切实的利益。"一带一路"则是在经济外交方面的一个独特构想，它以经济利益为主导，试图打造"以点带线连片"的区域经济合作模式。这充分考虑到了各国在外交过程中可能得到的切实利益。

1. 经济外交将成为未来外交基本模式

"经济驱动"有别于西方的"经济殖民"。"一带一路"的优势是以经济为驱动，并且奉行中国所一贯主张的正确义利观，不侵略、不扩张，在处理国际纠纷中，奉行道义至上原则。这些保证了中国外交的战略布局得以实现，也表明了"一带一路"战略在根本上有别于近代以来西方大国的"经济殖民"，体现着中国和平崛起的愿望。"一带一路"是中国与相关国家经济合作的重要平台，习近平总书记在"五通"倡议中，着重强调的就是加强"贸易畅通"，这将决定中国未来一段时间的外交是以经济外交为主导。"一带一路"战略将中国经济发展的利好与沿线60多个国家共享。这将是中国未来外交的基本模式。

"一带一路"战略提出以后，中国积极倡导推动其落地执行，相继设立了丝路基金，共同建立了亚投行，向相关国家表明了共同繁荣的意愿。中国已经开始与一些相关国家进行接触，共同商讨关于基础设施投资建设、天然气石油输送管道建设等具体的经济合作方面的事宜，这种以经济合作为驱动的外交，一方面能让相关国家切实感受到"一带一路"带来的巨大经济效益，也能让相关国家感受到中国宣传的"和平崛起"以及"利益共同体"理念的真实性，可以有效消除有关地区对于"中国威胁论"的担忧。

2. 经济外交促进政治外交、军事外交、文化外交

"一带一路"最主要的核心就是市场开拓，它是以经济为驱动，将众多沿线国家联系到一起，统一于发展本国经济的共同目标。在"一带一路"可预见的巨大利益的驱动下，相关国家为了使本国国内经济获得更好更快的发展，一方面，将主动加强相互之间的外交协商和谈判，从而形成有利于双边或多边贸易的规范和协定；另一方面，将主动深化相互之间的军事合作，为本国国内经济的发展提供和平稳定的国内和周边环境；同时，跨国贸易的往来，也将促使相关国家加强彼此的文化交流，不断深化彼此的文化合作，逐渐加深政府与政府、民众与民众、政府与民众之间的相互了解，从而为彼此的经济往来奠定良好的文化基础。

经济外交的驱动，可以促使各国由原来在政治、军事、文化等方面不太积极的外交转向积极主动争取的外交。"一带一路"以经济合作为驱动，将充分调动各国的积极性，使各国主动对外发展，主动与相关国家加强各方面的合作，主动将所有国家团结在一起，从而形成"利益共同体""责任共同体"到最终形成真正的"命运共同体"。基于"一带一路"的贸易推动，亚、欧、非经济合作将吸引众多盟友和合作伙伴参与，最终实现的将是亚、欧、非地理单位的兴起，中国将作为一个倡导者在世界舞台上发挥更大作用。

（二）外交化解国际纠纷的未来安全观

在历史上，中国曾与多个国家发生过战争纠纷和冲突，至今仍有一些边界和领土问题尚未得到解决。同时，中国周边还是世界主要大国的利益交会之地。因此，处理好与周边国家的关系，是中国构建稳定和谐的周边安全环境以及实现和平发展的关键。中国无意联合任何一个国家来反对另一个国家。中国外交的当务之急是保持国际环境，特别是周边环境的和平与稳定，从而为国内经济继续快速发展提供良好的外部环境。和平稳定的发展环境不仅是中国一直努力追求的，也是世界各国共同期盼的。

"一带一路"的提出构建了未来用外交方式化解国际纠纷，实现互利"双赢"目标的新型安全观。新型大国关系，是中国和平发展最根本的外部保障。而"一带一路"政策正是基于这一考量而提出的。"一带一路"在发展中国经济的同时，充分考虑沿线国家的切身利益，试图达到令所有国家都满意的结果。

"一带一路"在东南亚将化解南海纠纷，同时应对美国"亚太再平衡"战略。通过"一带一路"战略，中国将与东南亚诸国深化经济合作，增进彼此的政治互信，加强相互之间的文化交流，从而逐渐缓和与越南、菲律宾、马来西亚等的海洋争端，以求得和平解决相互之间的纠纷。美国一直担心中国的崛起将威胁其在世界舞台上的地位，所以处处对中国的发展设防，近年来更是积极发展与中国周边国家的关系，试图牵制中国的发展，避免中国动摇其地位，其"亚太再平衡"战略也涉及相关的东南亚国家，这一战略的提出就是针对中国的。中国提出"一带一路"的战略，就是想通过外交手段，加强与东南亚国家的联系，以此来粉碎美国企图通过东南亚来牵制中国的打算，是对美国"亚太再平衡"战略"印亚大战略"的快速应对。"一带一路"的实施，将逐步化解美国对中国在东南亚地区的牵制，实现中国与东南亚各国的互利"双赢"。"一带一路"的主要方向是西进，这不仅将巧妙避开与美国在太平洋沿岸的战略碰撞，更重要的是将有助于推进亚洲内部的区域合作，有利于加强亚欧大陆之间的合作。

"一带一路"在南亚有望解决中印边界纠纷。在"一带一路"背景下，中国与南亚的合作，将有效增进各国对中国的政治互信，与印度的领土争端有望得到缓解甚至最终解决，中国在南亚的经济发展与印度在南亚的发展是互补的，这将消除印度对中国可能威胁其在南亚地位的担心，促成两大经济体的经济合作，增进政治互信，最终达到通过外交方式而不是战争解决两国之间纠纷的最终目的。

"一带一路"与中东欧的经济合作也将消除欧盟对中国的顾虑。与中东欧的经济合作，将使双方的经济互补，促进新的经济增长，结果可能是中东欧跟上整个欧洲的发展步伐，与欧洲在经济上更加一致，而不会影响整个欧盟或者欧洲的团结。"一带一路"将用实际合作成果化解欧盟对中国"离间欧洲"的误解。

在"一带一路"背景下，与中亚五国以及蒙古、俄罗斯的合作，可望共同促进地区经济繁荣，从而建立起休戚与共的命运共同体。

"一带一路"战略在西亚、北非的实施，将有利于缓解该地区与美国的纠纷，维护该地区的和平稳定。"一带一路"将为中国和西亚、北非各国带来切实经济利益，促进各自的经济发展，提高各自人民的生活水平。同时，"利益共同体"的构建也将使双方在军事安全上互相倚重，有利于缓解该地区与美国的纠纷，维护该地区的和平稳定。

"一带一路"最终将密切中国与周边国家关系，破解美国对中国实施的军事"包围圈"。为了应对美国的威胁，中国主动提出建设新型大国关系的构想，并逐渐将其变成现实，"一带一路"的提出与实施，将很好地加强中国与沿线国家的联系，与它们构成"命运共同体"，不仅将在经济上互相倚重和扶持，在政治立场和地区安全方面也将形成共同体，破解美国对中国实施的"包围圈"，确保中国后方的能源和贸易安全，将增加中国与沿线国家彼此的力量，使整个亚欧地区联系为一个整体，从而在国际上将更加具有话语权，从而维护各国正当的国家权益，维护世界和平。

俄罗斯在中亚地区一直拥有传统的影响力，印度作为地区大国一直希望主导南亚地区的事务，东南亚、中亚、南亚都已有相当成熟的区域合作组织和合作机制，这些确实与"一带一路"构想存在一定的战略重叠，但是就"一带一路"战略从提出到目前的进展来看，中国已将如何处理与大国及区域合作组织的关系等问题都考虑在内，宜充分考虑到相应地区已有的组织或者主导势力的既得利益，充分挖掘相应地区的未开发的潜力，力图与主导势力或组织在发展上形成互补，不但不会触及第三方的利益，而且各方面的互补将既有利于第三方在相应地区的发展，也有利于该地区的全方位发展，可谓一举多得。

(三) 大国外交的"多重统筹"

外交与国内发展实现良性互动。党的十八大以来，外交服务内政的主要任务不变。取得国内经济的更好发展、全面建成小康社会、实现中华民族伟大复兴始终是中国各项方针政策的最终目标指向，中国的对外交往要达到的战略总目标亦是如此。维护和协调国内稳定的大局，是中国政治的基本要求，也是外交工作日益重要的任务。"一带一路"战略的提出，最根本的目的是为国内经济的发展开拓市场，找到更好的发展机遇。这就要求中央和地方、政府和民间以及涉外各部门牢固树立"外交一盘棋"的理念，保障中央对外战略的顺利实施。

统筹各省份发展。2015年3月28日，国家发改委、外交部、商务部联合发布了《推动共建丝绸之路经济带和21世纪海上丝绸之路的愿景与行动》，这是一份对"一带一路"实施的纲领性文件，文件的第六部分对中国各地区在"一带一路"实施过程中扮演的角色进行了定位，对各省区市如何发挥各自的优势作了简要概括。这份文件充分将"一带一路"外交与国内的发展联系在了一起，将使各区市借着"一带一路"的外交机遇，充分发挥自身的优势，利用外交政策的利好与其他国家展开合作，从而获得地方经济的快速发展，最终达到内外工作的良性互动。

统筹国内东西发展。习近平总书记在2014年的中央外事工作会议上指出"全面推进新形势下的对外工作，必须加强党的集中统一领导，改革完善对外工作体制机制，强化对各领域、各部门、各地方对外工作的统筹协调"。"一带一路"沿线国家将为未来中国经济发展提供潜力巨大的市场，并助力中国深入实施西部大开发战略，使西部地区获得新的发展机遇，达到东西发展的平衡，缩小东西部的贫富差距，实现中国长期可持续的发展。

双边与多边、大国外交与周边外交的统筹。新世纪以来，中国逐渐形成了以与大国关系为关键，以与周边国家关系为首要，以与发展中国家关系为基础，以多边外交为新舞台的对外关系总体格局。"一带一路"的提出和实施将同时统筹兼顾这四方面的外交关系，使每一种关系都向着更好的方向发展。未来的大国外交就是要做到全面统筹，达到国内发展与外交的良性互动，做到双边与多边、大国外交与周边外交的统筹。

(四) 践行"亲、诚、惠、容"外交理念打造共同体

"亲、诚、惠、容"外交理念的提出。2013年3月，习近平总书记在访问坦桑尼亚时用"真、实、亲、诚"4个字阐述中国对非关系。在2013年10月召开的周边外交工作座谈会上，习近平总书记指出："中国周边外交的基本方针，就是坚持与邻为善、以邻为伴，坚持睦邻、安邻、富邻，突出体现亲、诚、惠、容的理念。"进一步将反映中非关系的四字箴言改进为"亲、诚、惠、容"，并将其上升为中国的周边外交理念。这是对中国与周边关系的一次重新定位。"亲、诚、惠、容"的外交理念表明中国将与周边的关系进一步提升到情感高度，试图用情黏合、塑造中国同周边在利益、责任和命运三方面的共同体意识。未来的中国外交将始终

践行"亲、诚、惠、容"的外交理念,并将其用于处理中国同所有国家的外交而不只是与周边国家的外交。

"亲、诚、惠、容"新理念提出后,马上就成了新形势下指导中国周边外交工作的行为准则。秉持着这一理念,中国身体力行,用积极的态度和开放的胸襟展开外交,使得与周边国家的外交不断升级。这一理念向周边国家表明了中国既无当"领导者"的野心,也无遏制他国的特别目的,而是将周边国家当作邻居,以诚相待,相互受益。

"一带一路"战略的实施,正是中国通过实实在在的合作践行"亲、诚、惠、容"的新理念,与周边国家共同树立共同体的意识。因为西方大国视中国为竞争者,所以提出构建"利益共同体"。这是在外交合作中的务实态度,既积极发展同周边国家、发展中国家的紧密关系,又不断拓宽与发达国家的合作领域,以求共同发展。"共同体"一方面旨在维护和追求本国安全和利益时兼顾他国的合理利益,另一方面旨在谋求本国发展的过程中推动各国共同发展。

习近平总书记多次强调"一带一路"要构建的就是中国与沿线国家的"利益共同体、命运共同体和责任共同体"。"共同体"这一外交理念,无疑是基于构建国际合作和国际新秩序的全新视角,它体现着中国外交的创新、灵活、包容与务实。在与周边国家合作中强调"共同体"意识,主要是依托地缘关系加强务实合作。

"一带一路"将构建起亚洲共同体。在亚洲,各个国家的国情不同,发展程度不同,宗教信仰也不同,背后还有各种复杂的势力,所以推进区域一体化并不容易。但是,各国发展经济、改善民生、促进繁荣的大目标是一致的。"一带一路"的落实,是要把中国的发展与各国的战略需求进行对接。"一带一路"的实施,将逐步解决中国同东南亚、南亚、西亚、北非、中亚、中东欧沿线国家存在的一些不信任、误解、贸易摩擦等,加强相关各国与中国的政治互信,经济往来、军事合作、文化交流等,最终使得沿线国家团结起来,不仅在利益上互相倚重,在责任和命运上也实现一体化。亚洲一体化不能仅仅依靠中国修建的铁路、高速公路等,还要依靠所有亚洲国家建立起一种共同的身份认同感和价值观。在"一带一路"效应的影响下,所有的亚洲国家有望在中国"亲、诚、惠、容"的外交理念召唤下,团结起来,达成利益、责任、命运的"共同体",实现亚洲的整体崛起,打造"亚洲共同体"。

最终打造全球共同体。就全球而言，一方面，世界多极化、经济全球化、社会信息化日益深入，国家间嵌入式的关系特征更加明显；另一方面，全球性问题日益突出，需要各国加强共同治理的能力。世界形势要求全球实现一体化，促进实现全球共同体是每一个国家的外交责任。"一带一路"战略的实施将作为表率给全球带来新的视角，世界人民将看到一个大国和一个大洲的和平崛起，将看到大国可以和周边国家和谐相处、共同发展。在此基础上建立亚、欧、非共同体。中国未来将始终践行"亲、诚、惠、容"的外交理念来处理与非"一带一路"沿线国家的外交关系，努力将整个世界团结起来，实现政治、经济、军事、文化等的一体化，打造全球共同体。随着中国"亲、诚、惠、容"理念和"共同体"概念的传播，世界人民将对其有更好的理解。各国人民都将行动起来，相互加紧各方面的外交合作，达成各方面的共赢，最终实现世界责任、利益和命运的一体化，在互连互通中打造全球共同体。

"一带一路"是中国的周边大战略，它的提出既符合中国人民的利益，也符合周边国家的利益，从而将能得到广泛的响应，大家将相向而行、积极配合。"一带一路"战略的实施，将深化中国与沿线的东南亚、南亚、西亚、北非、中亚、中东欧各国家以及与俄罗斯、蒙古国在各个方面的合作，促进彼此的经济发展，增进彼此的政治互信，加强彼此的军事安全合作，密切彼此的文化交流，使整个区域的各国形成"利益共同体""责任共同体""命运共同体"，共同开创亚欧非洲共同发展的新未来，实现亚欧大陆整体崛起。

目前，不仅"一带一路"的实施面临着如前文所说的来自西方国家或者沿线国家的诸多挑战，仍有一部分国家对这一战略持观望态度等。同时，中国在外交体系方面也存在一些问题，如外交官知识强者构单一，外交领事保护缺乏一定的力度等问题，而且在实施商务外援和战略外援时缺乏长期谋划，导致中国外交没有达到预期的效果。"一带一路"战略如果没有获得相关国家的广泛认同、没有引起强烈共鸣，就难以"共建"，也难以取得预期的互利共赢的结果，而外交体系的不完善必然带来外交的诸多不便，影响"一带一路"的实施。因此，一方面，应该将公共外交作为政府外交的有重要内容之一，将"一带一路"的宣传作为当前中国开展外交工作的主要内容，通过区域性合作，增加各国的"共鸣"，取得各国的信任。中国"一带一路"外交，除了美好理念的传播和资本的输出，还应当通过中国硬实力的跟随，使全球认可中国软实力，使中国与各国实现物质文明和精神文明双丰收，最终将中国梦和世界梦合二为一。另外，中国应该不断完善外交的组织体系，对外交行为作多方面的考量，协调好短期利益与长远利益的关系，最终使得"一带一路"战略结出丰硕成果！

第八章 "一带一路"与中国未来文化交流

　　文化交流是世界文化进步的一个重要条件，也是促进文化全球化和推动文化多样性的内在要求。随着我国政治、经济、文化、科技等方面的迅速发展，文化交流也取得了举世瞩目的成就。进入 21 世纪以来，我国文化外交日益活跃。"中法文化年""中俄国家年""中日文化体育交流年"等大型文化交流活动，得到中外政府的高度重视及社会各界的广泛参与，项目多、规模大、规格高，极大地提高了我国文化的国际影响力。"中法文化年"涉及多领域的广泛交流，通过举办几百个大大小小的项目，中法十几个城市、上百万民众能够近距离了解彼此。它不仅极大促进了中法双方的文化交流，而且对欧洲其他国家产生了良好的示范效应。2005 年以后，意大利、西班牙、德国、希腊、英国等国家纷纷与我国合作举办"文化年""文化节"，带动了新一轮文化交流热，促进中国文化走向世界，提升了我国国际形象。

　　近些年，我国已同很多国家签订政府间文化合作协定和年度文化交流执行计划，同时与许多文化组织保持密切的合作关系；在民间和地方，已与许多国家建立了友好省州和友好城市关系，与很多国家的民间团体和组织建立友好合作关系。从中央到地方、从政府至民间，文化交流的规模和范围空前扩大，广度和深度不断加强，内容和形式日益丰富，渠道和层次日趋多样，对外文化交流与合作全方位展开。我国通过开展双边、多边、地区间和国际间的文化合作及建设各种文化交流平台，组织丰富多彩的文化交流活动，且面向国外民众制作并提供大量的影视作品、纪录片、图片、画册、纪念品等，以其特有的亲和力、吸引力与影响力，通过官民并举、以民促官等多样形式，搭建起心灵沟通的桥梁，加深了中国与世界各国人民间的相互了解，增进了人民之间的友谊，促进了国与国之间关系的发展。

"一带一路"战略是顺应时代发展潮流的必然选择,为沿线各国发展提供新机遇。在建设"一带一路"的进程中,积极发挥文化的桥梁作用和引领作用非常重要,加强各国、各阶层、各领域的交流交往,可实现沿线各国的全方位交流与广泛合作。

一 积极弘扬与输出中国优秀文化

(一)传承与发扬"丝绸之路精神"

1. "丝绸之路精神"内涵

丝绸之路古已有之,2000多年前,西汉汉武帝即遣臣子相继开辟了陆上丝绸之路和海上丝绸之路,将中国与亚、欧、非三大洲的众多国家联系起来,丝绸、瓷器、香料络绎于途,体现了人类跨越阻隔、交流互鉴的胆识和毅力,在古代东西方文明交流交往历史中写下重要的篇章。

2014年"两会"期间,中国外交部部长王毅在就"中国的外交政策和对外关系"回答中外记者提问时表示,丝绸之路是中国人2000年前率先走出来的,但这条路是属于全世界的。丝绸之路精神的核心是和平、友好、开放和包容,这已成为人类文明的共同财富。2014年6月5日,习近平总书记在出席中阿合作论坛第六届部长级会议开幕式上的讲话中指出,千百年来,丝绸之路承载的和平合作、开放包容、互学互鉴、互利共赢精神薪火相传。他又指出,实现民族振兴的共同使命,需要我们弘扬丝绸之路精神,为发展增动力,为合作添活力。这一重要论述为丝绸之路精神赋予了新的时代内涵,指明了弘扬丝绸之路精神的新目标和新路径。

(1)和平合作。和平合作,就是通过坦诚相待、深入沟通进行平等交流,不断深化各个国家和地区之间的交流合作,打造命运共同体,利益共享、责任共担,发挥政治、地缘、经济等方面的优势,深化务实合作,促进持续发展。合作是手段和方法,和平是保障和前提;和平孕育希望、创造和谐,合作产生效益、升华友谊。我们提出弘扬"丝绸之路精神",建设"丝绸之路经济带"和"21世纪海上丝绸之路",遵守和平共处五项原则,坚守人道主义,主张国际关系民主化,倡导通过和平对话、谈判协商等方式解决国际分歧和争端,反对诉诸武力或以武力相威胁,促进世界和平、稳定、发展。秉承和平合作精神,"一带一路"沿线各国必将成为和睦相处、同舟共济、休戚与共的好朋友与好伙伴。

（2）开放包容。开放包容，就是以世界眼光和战略思维兼收并蓄、博采众长。"一带一路"相关的国家基于但不限于古代丝绸之路的范围，各国和国际、地区组织均可参与，让共建成果惠及更广泛的区域。开放是一种眼光、一种姿态，包容是一种气度、一种涵养。弘扬开放包容的精神，不仅要"开眼看世界"，还要主动"走出去"融入世界，更要以海纳百川的精神承认不同地域、不同种族在文化习俗、社会制度等方面的不同选择，进而实现共同发展繁荣。2013年3月，习近平总书记对俄罗斯进行国事访问时，发表了题为"顺应时代前进潮流 促进世界和平发展"的重要演讲指出："我们主张，各国和各国人民应该共同享受尊严。要坚持国家不分大小、强弱、贫富一律平等，尊重各国人民自主选择发展道路的权利，反对干涉别国内政，维护国际公平正义。'鞋子合不合脚，自己穿了才知道'。一个国家的发展道路合不合适，只有这个国家的人民才最有发言权。"世界各国在历史传统、社会制度、发展水平、文化背景、价值观念、宗教信仰上各不相同，有权选择符合各自国情的社会制度、发展道路和生活方式。因此，在深化"一带一路"沿线国家间的交流合作中，倡导文明宽容，尊重各国发展道路和模式的选择，加强不同文明之间的对话，求同存异、兼容并蓄、和平共处、共生共荣。

（3）互学互鉴。互学互鉴，就是基于尊重各国文明多样性、道路多样化和发展水平不平衡等差异，相互学习、相互借鉴，取长补短、共同提高。通过丝绸之路，中国的造纸术、火药、印刷术、指南针等经阿拉伯地区传播到欧洲，阿拉伯的天文、历法、医药等传入中国，这些都是丝绸之路互学互鉴的例证。作为横跨中西、连接欧亚的贸易交通线，丝绸之路不仅实现了货物商品的贸易往来，更实现了文化的交流融合。沿线各国尊重彼此的文化和宗教信仰，有力地促进了人类文明进步。建设"一带一路"，应增加相互信任，消除潜在的疑虑和隔阂，以虚心的态度和包容的精神，学习各国发展的有益经验，吸收借鉴人类文明成果，推动不同文明相互尊重、和谐共处，让文明交流成为增进各国人民友谊的桥梁、推动人类社会进步的动力、维护世界和平的纽带。

（4）互利共赢。互利共赢，就是不同历史文化背景、不同国体与政体、不同种族与信仰的国家和地区通过互惠合作，共同把握机遇，共同应对挑战，共同谋划利益和福祉，进而实现互惠互利的共赢发展。2014年6

月5日，习近平总书记在中阿合作论坛第六届部长级会议开幕式上的讲话中指出"'一带一路'是互利共赢之路，将带动各国经济更加紧密结合起来。"中国追求的是共同发展。当前，"一带一路"沿线各国之间贸易额和投资规模不断扩大，利益融合程度日益加深。"一带一路"贯穿亚欧非大陆，联系东亚经济圈与欧洲经济圈，中间广大腹地国家经济发展潜力巨大。通过"一带一路"建设，将不同区域连接起来，把不同国家的利益融合起来，努力实现优势互补、机遇共享、共同繁荣，形成共谋发展的利益共同体。通过不断扩大合作领域、创新合作方式，兼顾各方利益和关切，寻求利益契合点，体现各方智慧和创意，各施所长、各尽所能，把各方优势和潜力充分发挥出来，加快构建新型全面战略合作伙伴关系。

对于"丝绸之路精神"的弘扬，和平合作是前提，开放包容是根本，互学互鉴是途径，互利共赢是目的。"丝绸之路精神"是沿线各国人民共有的价值追求，是欧亚各国在彼此交往的历史进程中积累的经验和智慧总结。因此，弘扬"丝绸之路精神"，对于建设"一带一路"，进一步促进不同国家、地区人民的心灵相通，意义十分重大。大力传承和弘扬"丝绸之路精神"，就要按照习近平总书记在中阿合作论坛第六届部长级会议开幕式上的讲话中提出的，做到促进文明互鉴、尊重道路选择、坚持合作共赢、倡导对话和平。

21世纪的今天，世界和中国的经济发展都面临新的机遇和挑战。顺应求和平、谋发展、促合作的时代要求，"一带一路"新倡议将被赋予更深层次的内涵和意义。通过"丝绸之路精神"弘扬，加强各国文化交流与友好往来，增进相互了解与信任，是实现地区持久和平的重要途径。

2. 古丝绸之路的影响

"丝绸之路"是起始于古代中国，连接亚洲、非洲和欧洲的一条古代商业贸易路线。正是在丝绸之路的引领推动下，世界开始了解中国，中国开始影响世界。古代中国许多科学文化创新成果通过丝绸之路传到西方后，对促进西方近现代科学的发展起到了积极作用；近代西方的一些科学知识，也是通过丝绸之路传到了中国，推动了中国的快速发展。丝绸之路在推动东西方思想交流、文化交融以及全球经济一体化、人类文明多样化进程中发挥了十分重要的作用，为古代东西方之间经济、文化交流做出了重要贡献。约两千多年前，中国与中亚国家便经由陆上丝绸之路，开始东西方的物资和文化交流。西方的音乐、舞蹈、绘画、雕塑、建筑等艺术，天文、历算、医药等科技知识，佛教、摩尼教、景教、伊斯兰教等宗教，先后传到中国；而中国的纺织、造纸、印刷、火药、指南针、制瓷等工艺技术，绘画等艺术，儒家和道教等思想，也传向西方。

（1）开启了商品交流。在这条逾7000千米的长路上，丝绸与同样原产中国的瓷器一样，成为当时一个东亚强盛文明的象征。各国元首及贵族曾一度以穿着用腓尼基红染过的中国丝绸、家中使用瓷器为富有荣耀的象征。此外，阿富汗的青金石也随着商队的行进不断流入欧亚各地。这种远早于丝绸的贸易品在欧亚大陆的广泛传播为带动欧亚贸易交流做出了贡献。这种珍贵的商品曾是两河流域各国财富的象征。而葡萄、核桃、胡萝卜、胡椒、胡豆、菠菜（又称为波斯菜）、黄瓜（汉时称胡瓜）、石榴等为东亚人的日常饮食增添了更多选择。西域特产的葡萄酒经过历史的发展融入到中国的传统酒文化当中。商队从中国主要运出铁器、金器、银器、镜子和其他豪华制品。东西方相互传入和移植的东西很多，医术、舞蹈、武学和一些著名动植物，都拓宽了双方的视野。汉代习惯将西方输入的东西冠以胡字，如胡琴、胡瓜、胡萝卜等；唐代则习惯于将它们名称冠以"海"字，如海棠、海石榴、海珠（波斯湾珍珠）等。据《唐会典》载，唐王朝曾与三百多个国家和地区相通交往，每年取道丝绸之路前来长安这个当时世界最大都市的各国客人，数目皆以万计。

（2）促进了科技与文化交流。造纸术曾经为中国古代科技领先于世界做出了巨大的贡献，然而似乎只有东亚及南亚部分国家才有发达的造纸工业。随着丝绸之路的开辟，纸制品开始在西域以及更远的地方出现。人们已在楼兰遗迹的考古中发现了2世纪的古纸。很多人认为，造纸术的西传为欧洲及中亚带来了一次巨大的变革，最终使造纸术传播到世界各地。

西域地区沙漠密布，各国的繁荣与水资源脱不开关系。天山与昆仑山脉融化的雪水是西域的主要补给水源之一。融化后积聚在山脚的水很短时间就会被蒸发或渗入地下，收集这些雪水并非易事。自汉朝派遣军队屯积在西域发展农业时，流传于山区的坎儿井和井渠技术被同样需要水源的军人使用在西域，并逐步流传至更远的国家。

中国古代印刷术也是沿着古丝绸之路逐渐西传。在敦煌、吐鲁番等地，已经发现了用于雕版印刷的木刻板和部分纸制品。其中，唐代的《金刚经》雕版残本如今仍保存于英国。这说明印刷术在唐代至少已传播至中亚。13世纪时期，不少欧洲旅行者沿丝绸之路来到中国，并将这种技术带回欧洲。15世纪时期，欧洲人谷腾堡利用印刷术印出了一部《圣经》。1466年，第一个印刷厂在意大利出现，令这种便于传播文化的技术很快传遍了整个欧洲。

（3）带动了宗教交流。佛教自两汉间传入中国后，至南北朝开始大行于中国，并逐渐中国化。佛教文化对中国传统哲学、宋明理学，注入了新的血液。佛教的韵律更给中国古诗歌带来了四声平仄的提高，增加音乐节奏的美。它的内容更丰富了中国语言的词汇，像"大千世界""不二法门""恒河沙数""极乐世界""放下屠刀，立地成佛"等这些数以百计的词语，都成了各阶层的流行语。唐太宗时，高僧玄奘（602—664年）由陆路经中亚前往印度取经、讲学，历时十六年，所著的《大唐西域记》一书，记载了当时印度各国的政治、社会、风土人情，至今仍是印度学者研究印度中世纪历史的头等重要资料。他取回佛教经典657部，唐高宗特在长安建大雁塔便于他藏经、译经。此后，高僧义净（635—713年）由海道去印度，又历时16年，取回佛经400部，所著的《南海寄归内法传》《大唐西域求法高僧传》，向中国介绍了当时南亚各国的文化、生活情况，他们的艰辛活动，都是那时盛传一时的大事。佛教的传入，促进了中华民族文化的繁荣。

此外，景教（亦是天主教派的东正教），唐初也由东罗马帝国传入了我国。西安碑林的《大秦景教流行中国碑》，便是见证。尽管它后来并未像佛教、伊斯兰教那样产生过影响，但在东西交往史上，却是一件极有历史意义的大事。唐中期自波斯传入的摩尼教（亦称祆教、拜火教），中国化后称为"明教"，它相信光明必定战胜黑暗，正义必定铲除邪恶，深为不少劳动人民所信奉。唐宋后多次农民起义的领袖，都利用它的教义来组织贫苦农民与封建统治者进行战斗。盛唐时期主要由中近东大食帝国统治区的胡商们传入中国的伊斯兰教，受到唐朝官方的尊重，广州、长安等地开始出现了不少清真寺。1368年建立的明王朝，其建国者便是教徒。

3. 新时期传承与弘扬"丝绸之路精神"的重要作用

弘扬"丝绸之路精神"，有助于我们更好地传承其所承载的"和平合作、开放包容、互学互鉴、互利共赢"精神，拓宽文化交流渠道，创新文化交流方式，为沿线各国的文化交流奠定深厚的基础。

全球化背景下，文化与经济相互交融，在综合国力竞争下，文化的地位和作用越来越突出。产品的竞争、经济的竞争以至国家的竞争，越来越趋向文化的竞争。我国的国家软实力有待迅速加强，我国的文化产业、文化产品、文化服务的数量和质量都远不能满足人民的需要。因此，要在促进经济发展的同时，提高文化软实力。

（1）提升政治互信。习近平总书记曾指出，国之交在于民相亲，民相亲在于心相通。而民心相通取决于文化的认同和理解，文化传播是促进民心相通的重要渠道。尽管沿线各国历史文化、宗教信仰、风俗习惯等差异较大，但是我们希望通过"丝绸之路精神"的传播，让各国人民更多地了解并认同中国的价值观念，增强对中国的了解与信任，加深与中国人民的友好感情，转变一些外国民众对中国的误解，提升中国的良好形象。

（2）促进经济发展。今天的"一带一路"沿线各国，是拉动世界经济增长的引擎，也是世界多极化和全球化的中坚力量。沿线大多是新兴经济体和发展中国家，它们普遍处于经济发展上升期。文化交流与合作是各国加强经济贸易合作的前提。在文化交流的基础上，深挖各国之间的合作潜力，拓展更深层次和领域的交流与合作，推进区域基础设施的共建共享、产业资源的优化配置和要素市场的逐步形成，推进贸易投资自由化和便利化，确立符合世界经济发展多样性的合作新范式，实现互利共赢、共同发展，使沿线国家产生命运共同体意识。

（3）提高文化软实力。文化的影响力超越时空，跨越国界。"一带一路"战略构想涉及几十个国家、数十亿人口，"丝绸之路精神"的传承与弘扬是经济合作发展的稳固基础。充分发掘"丝绸之路精神"的文化底蕴，密切中国人民同沿线各国人民的友好感情，夯实我国同沿线国家合作的民意基础，继承和弘扬这一具有广泛亲和力和历史感召力的文化价值观，可提高在文化方面的话语权，沿线共同促进不同文明的共同发展。

（二）致力于提升文化传播能力

文化是一个国家重要的精神支柱，是增强国力的必要力量。文化软实力集中体现了一个国家基于文化所具有的凝聚力和生命力，以及由此产生的吸引力和影响力。提高国家文化软实力，关系我国在世界文化格局中的定位，关系我国国际地位和国际影响力，关系"两个一百年"奋斗目标和中华民族伟大复兴中国梦的实现。完成提高软实力的战略任务，必然要求我国具有较强的文化传播能力。

中华优秀传统文化是前人传承下来的宝贵财富。近年来，虽然中国经济快速发展和综合实力不断增强，但是中国文化的影响力还远远不够，表现在：一方面，中国的价值观和文化精神尚未获得全球性的理解和认知，优秀的文化传统资源优势并未充分转化成为强大的现实影响力；另一方面，我们的文化传播还没有被广泛地接受，对于中国文化的认知仍存在一定的偏差。在中国高速发展的背景下，文化战略制高点不高越来越成为我国在全球发挥巨大影响的"瓶颈"。因此，应紧紧抓住"一带一路"建设这一重要战略机遇期，大力推进文化建设，创新文化提升文化传播能力。

1. 中国进行文化传播的意义

加强文化传播是增强我国文化软实力的重要环节和重要组成部分，能够从根本上增强我国文化软实力。其意义具体表现为：

其一，有利于增强中华民族的凝聚力和感召力，能够提高本国人民群众及外国公众对中国文化的认知程度，加深其对中华民族优秀传统文化以及优秀现代文化的熟悉和了解，增强国家和人民共同保护民族文化的自觉性，为更好地传承民族精神、发扬时代精神凝聚力量。

其二，有利于增强我国价值体系与制度力量的吸引力，能够促进社会主义核心价值观的培育和践行，向"一带一路"沿线各国宣传我国社会制度的优越性。

其三，有利于增强中华文化的影响力，通过"润物细无声"的柔性塑造与传播，增强我国文化信息和价值观念的对外投射和影响，使"一带一路"沿线各国在感受中国文化魅力的同时，充分认同中国和平崛起、尊重文化的多样性，使我国在获得国际社会肯定和认可中树立起更加良好的国际大国形象。

2. 文化传播需要掌握诀窍

文化传播要强调注意事项。即一方面需要把中国的高端文化、经典文化以及中华文化的核心价值（比如说天人合一、和而不同等思想）传播出去，并再次重温中国的中医中药文化、茶叶文化、陶瓷文化、武术文化、饮食文化等通过古丝绸之路对沿线国家产生的深远影响，进而让"一带一路"沿线各国人民了解中华文明对世界文化的精神价值的高度贡献。另一方面，文化传播还应了解受众的偏好，要同受众的心理状态和生活形态相适应，且传播方式易于接受，传播内容通俗易懂，加强大众文化、通俗文化的传播。北京大学文化研究中心主任中文系教授张颐武认为，我们的核心价值理念，中华文明的精华需要传播，但是它需要更加生动与活泼的载体，以大众文化、通俗文化为中心。大众文化传播对于高端的文化、价值精髓的传播有极大的作用和影响，可以推动中国文化软实力建设。在大众文化传播过程中要注意语言的训练和学习，现在孔子学院的推广，汉语的学习变成全球的热潮，这也是非常重要传播途径。有了语言上的沟通能力和相互了解，无疑会加快对文化的传播。因此，经典文化与大众文化的传播都需要重视和加强，中国文化在全球传播方面还需要做更大的努力。

在文化传播的路径上，需要国内国际两个市场并重。一方面，让中国普通民众感悟到国家文化的活力与魅力，是中国文化走出去的前提。在中国本土市场上，通过广大群众喜闻乐见的方式传播各种中国优秀文化，使其深入人心，得到普遍认可和接受，再通过家庭教育、学校教育和社会教育一代一代传承与弘扬下去。另一方面，充分把握好"一带一路"建设的机遇，弘扬与输出中国优秀文化，努力跻身西方文化市场，提升中国文化在国际上的影响力。

（三）打通文化交流新通道

1."一带一路"扩大文化交流的影响

中华文明博大精深，曾对很多国家产生过重要影响。在历史长河中经历各种曲折之后，中国以世界第二大经济体的姿态逐步回到世界舞台，但文化影响力却成为中国文化传播中的一块"短板"。不同文明之间虽存在差异，但并不必然导致对抗和冲突。相反，不同文明的和平共存、相互尊重、取长补短，才使世界更文明。

自古以来，丝绸之路就对东西方文化的交会、融合、发展起着非常重要的作用，中国文明从古代丝绸之路走向西方。我国提出的"一带一路"战略，打通中国与欧亚大陆经济文化交流的新通道，成为传播与弘扬中华民族优秀文化的新平台。通过此通道，"一带一路"沿线国家取长补短、求同存异、共同进步，进而同舟共济、同担责任、共享权利，建立平等均衡的新型合作伙伴关系。

"一带一路"沿线国家生活着世界上一半以上的人口，创造了世界上最古老的文明。沿线各国拥有悠久的历史、多样的社会制度、发展道路、宗教信仰和文化习俗，从而构成了多元的文化，为各国经济文化的发展与交流创造了良好的条件。历史上，陆上丝绸之路和海上丝绸之路各国在漫长的交往过程中虽然都有过冲突、矛盾和拒绝，但更多的还是学习、消化、融合和创新。而在当下，"一带一路"有文化的浸润，与"一带一路"沿线国家广泛开展文化交流合作，传播中华民族和其他各民族的优秀文化，必将对我国经济发展产生更大的促进作用。互连互通，强调民心相通，而民心相通更大程度上取决于文化的认同和理解，进而为沿线国家之间世世代代的文化交流打下更加良好的基础。

2. "一带一路"促进文化交流的途径

互办文物展览、举办高规格的学术研讨会、开展文化节庆活动等途径，能够让"一带一路"沿线国家和人民与我们共享当代中国的发展成果，了解中国和平发展的意愿。而大众传媒在文化传播中发挥极其重要的作用，使区域内更多人民积极参与关注。

首先，大众传媒应该多渠道关注"一带一路"信息，主动积极参与各种有关的交流活动，对交往过程中有关中国的文化正确认知加以明确，对误解甚至歪曲要加以解释和澄清。其次，创办一系列宣传手册，翻译成不同语言版本，将沿线各国的经济社会、历史文化、宗教习俗等相关信息介绍给沿线不同国家的人民，提高他们相互的认识与理解。最后，依赖新媒体，为"一带一路"沿线各国人民搭建有效的沟通交流平台。"一带一路"牵系各国共同的命运，共同的未来，共同的利益，共同的责任。通过该平台，与各国专家共同解读"一带一路"的历史、现实和未来。刊登最新研究文章，开展更加深入的研究。"一带一路"沿线人民由此也能够更好地互连互通，促进不同文明之间的交流。相信基于人文的交流必将使未来的"一带一路"战略建设更加持久，更加稳定，更加深入人心。

（四）完善"一带一路"各国文化交流机制

"一带一路"，除了是经贸交流的重要纽带，也是文化交流、人文交流、文明交融的重要纽带。完善中国与沿线各国的文化交流机制，促进坦诚沟通、相互宽容、相互尊重，消解误解和偏见，才能更好地实现各国文化的交流与融合。"一带一路"战略在新时代已经赋予了更为丰富的内涵。

我国与"一带一路"沿线国家在文化层面的交流与合作，可以尝试从以下几方面着手。

1. 成立文化合作委员会

"一带一路"沿线各国共同成立文化合作委员会，由各国文化主管部门领导担任委员会主席，委员会定期轮流在各国召开会议，就国家之间的文化交流进行顶层筹划、统筹协调。文化合作委员会可以通过举办合作论坛或部长级会议等方式展开文化交流与合作，拓宽文化交流领域，深化文化交流层次。

2. 签订政府间文化合作协定

文化合作协定是各国在文化领域合作的一个基础性法律文件，"一带一路"沿线各国通过签订政府间文化合作协定，为国家之间文化关系的奠定合作基础、指明发展方向。为了落实合作协定，定期签署年度文化合作执行计划，列出一些具体的合作项目。根据文化合作协定和执行计划，各方确定每年互派艺术团体的类型、相互举办艺术展览的主题及专家、专业学者交流互访的领域等。

3. 积极举办民间文化机构文化交流活动

除了政府间的官方交流项目以外，各国间的民间文化机构、文化团体包括艺术家个人之间都有很多文化交流活动。民营艺术团体通过各自的渠道或通过驻外使领馆为它们搭建平台，建立直接的学术交流，进行定期互访，或者通过商业运作方式进行商业性演出和展览。应加大对外文化商演力度，向国外讲好中国故事，传播好中国优秀文化，努力杜绝海外镀金行为。

4. 深化"丝绸之路"文化之旅

为了传播"丝绸之路精神"，深化"丝绸之路"文化之旅活动，我国与沿线国家可联合举办"丝绸之路艺术节"，以及文化论坛、展览、演出等活动。此外，围绕"文化新丝路"的主题，联合译介、出版相关书籍，拓展本土化的报道形式，拍摄、播放有关影视片，同时要通过音乐、演出、动漫、网游等文化产品，传承古丝绸之路精神。支持中西部省区市在国家总体外交政策的指引下制定有关规划，加大哈萨克语、吉尔吉斯语、塔吉克语、乌兹别克语等多个语种的广播、影视、游戏节目的投入制作，向沿线国家推介中国文化。

5. 推动海外中国文化中心建设

中外文化交流的重点是以文化为先导，带动"一带一路"战略的实施，应继续拓展海外中国文化中心的建设，以此作为宣传中国文化的平台。在充分尊重当地习俗习惯的基础上，通过当地人民易于接受的方式将中国文化传播出去。

据悉，截至2014年年底，我国对海外文化中心建设总投资13.36亿元。2015年落实的海外文化中心建设、运行、业务经费预算达3.6亿元，同比增长181%。这些投资，可按市场化方法运作，作为国资投资，产生经济效益。

二 促进各国文化创意产业合作

文化创意产业，是在经济全球化背景下产生的以创造力为核心的新兴产业，强调一种主体文化或文化因素依靠个人或团队通过技术、创意和产业化的方式开发、营销知识产权的行业。文化创意产业在各国定义不同，有称为文化产业、创意知识产业、内容产业等，主要包括广播影视、动漫、音像、传媒、视觉艺术、表演艺术、工艺与设计、雕塑、环境艺术、广告装潢、服装设计、软件和计算机服务等方面的创意群体。由于欧美发达国家工业化已完成，开始转向服务业、高附加值的制造业，将一些粗加工工业、重工业生产向低成本的发展中国家转移，出现了经济转型的实际需要；同时社会文化的日趋多元化，以及鼓励企业和个人创新，寻求差异化以占有市场等，刺激了文化创意产业的发展，以及产业的转移与扩散。

以文化为依托、以创意为核心的文化创意产业，能够促进经济的可持续发展。在历史上，传统产业特别是传统制造业，都是在大量消耗自然资源的过程中进行生产和再生产，并逐步发展起来的。在现代社会，随着各个国家、各个地区的大开发、大建设、大发展，地球上的自然资源，特别是稀缺资源越来越少，这不仅对传统产业（主要是传统制造业）的持续发展产生了巨大的影响，而且制约了整个经济的发展。在资源消耗多、环境污染大的形势下，文化创意产业应运而生，成为有利于实施可持续发展战略的朝阳产业。首先，文化创意产业具有知识、智慧密集性的特点，它与对自然资源有巨大需求的传统制造业相比，能够不受自然资源相对稀缺的限制，即使在能源资源稀少的情况下，仍能创造出很大效益。其次，文化创意产业不仅不会掠夺越来越宝贵的稀缺自然资源，而且还能保护现存的文化资源，并能充分利用历史与现实的文化资源，通过历史与未来、传统与现代、东方与西方、经典与大众的交叉融合，对促进人类文化事业的发展，产生巨大的推动作用。

在经济全球化、一体化的背景下，互联网的迅速发展，形成了麦克卢汉所说的"地球村"，很多其他产业尤其高科技行业已经因全球化而日益趋同，但文化是任何国家都替代不了的。"一带一路"沿线的每个国家都有自己独特的文化历史，各个民族的文化差异性也很明显。各国在关注自身的文化资源，对本土文化进行产业化发展的同时，应加强文化创意产业合作，通过互办艺术节、电影节、电视周等活动，合作开展广播影视剧精品创作及翻译，促进不同文化的相互融合，推动各国文化创意产业大发展，增进相互理解与友谊。

"一带一路"倡议的提出，为我国在新常态下经济发展转型带来新的战略机遇发展空间。目前，中国已经到了消费结构快速转型时期。2013年，中国的人均GDP增加到了6995美元。财务部副部长朱光耀在2015年经济学家年会夏季论坛上表示，2015年全年中国能实现7%左右的经济增长率；到2020年中国的人均GDP将达到1万美元。在消费结构的快速转型中，文化的消费迅速崛起。在经济与社会的发展过程中，由于不合理的投资结构与产业结构，已经造成我国产能过剩和生产产品的大量剩余，从要素投入、成本到资源控制效率这个角度来看，经济社会发展的许多方面已经达到了必须要改变的极限。如今必须要重视这种状况，从两个方面进行转型：一是必须转变发展方式；二是必须要寻找新的发展领域和新的发展资源。而文化产业是当今社会拥有巨大发展空间的、新的发展领域，文化资源作为一种非常重要的资源，具有差异性和特色性。"一带一路"沿线各国的交流与合作，将会使文化资源更加丰富、更加多元、更易进行价值的整合，有利于文化产业的创新发展。

（一）明确文化创意产业合作发展的重点

丝绸之路源于文化交流，文化创意产业是"一带一路"沿线国合作的重要内容之一。具体包括：

1. 通过文化创意产业的发展进一步形成文化共识与价值认同

"一带一路"建设秉持的是共商、共建、共享原则，不是封闭的，而是开放包容的；不是中国一家的独奏，而是沿线国家的合唱。"一带一路"合作倡议需要沿线国家达成共识，通过多层面、多渠道的双边或是多边合作或是交流，取得在发展上的共识，共同打造文化互认、政治互信、经济互融、产业互容的利益共同体，并在此基础上，进一步提升文化共识与价值认同，建构面向未来的责任共同体与命运共同体，这既是各相关国家发展的需要，也是"一带一路"合作倡议落实的需要。

2. 文化创意产业是落实"一带一路"合作倡议的一个重要突破口及抓手

"一带一路"合作倡议是基于历史发展的脉络，建立在文化共识之上的经济合作倡议，强调的是合作机制与平台的建立与建设，突出在合作机制与平台的建设过程中，贯彻共商、共建、共享的原则，充分照顾各方面的具体利益及相应的区域发展地位。文化价值的融合与新价值建构的形成是保障，但要落实这一保障，可以说，文化创意产业的发展是主要战略路径。

在推动"一带一路"平台建设过程中，要根据合作国家的文化资源特性，建构不同价值形态的文化产业合作发展平台，通过产业资本来发展不同国家与民族的有竞争力的文化产业业态，保护多样化的文化生态系统，是极为重要又极具战略前瞻性的突破口与重要抓手。

（二）强化文化创意产业合作发展的内容与方向

"一带一路"是挖掘文化创意元素的宝库，为文化创意产业合作提供了良好的平台。以政府为主导，以企业为主体，整合沿线各国丰富的文化资源，全面提升文化创意的理念和层次，用全新思维挖掘创意元素，形成创意成果，使沿线各国人民的精神需求得到满足，同时在相互交融中提升多民族的文化创造力。

1. 成立文化创意产业合作领导小组

在文化创意产业合作中，首先发挥政府的主导作用。各国可选择其文化创意产业的主要负责人和若干从事文化创意产业的典型企业家，共同成立文化创意产业合作领导小组。该小组定期举办会议，共同商讨文化创意产业合作的模式、合作的领域与内容及合作机制等，签订《文化创意产业合作协议》，明确合作方的权利和义务，为规范合作提供法律保障。通过政府的积极推动和企业的积极参与，运用创新的合作理念与模式，将互联网、"一带一路"文化资源、文化创意相结合，以点带面，从线到片，逐步形成区域大合作，推动沿线各国文化创意产业合作进入新时代。

2. 设立文化创意产业合作基金

为鼓励沿线各国企业积极参与文化创意产业合作，设立文化创意产业合作基金。该合作基金可由"一带一路"沿线各国共同出资组建，同时成立基金管理委员会和监督委员会分别负责基金的管理和监督使用。合作基金的申请和使用有严格的审批流程，以确保资金的高效利用。合作基金的出资额依各国经济发展水平有所差异，可根据合作过程中的实际需要增加。该基金主要用于沿线国在广播影视、动漫、音像、传媒、视觉艺术、表演艺术、工艺与设计、雕塑、环境艺术、广告装潢、服装设计、软件和计算机服务等领域开展的合作。通过这些领域的合作，深化各国文化交流，吸收和借鉴文化创意，拓宽文化视野，丰富文化生活，创造文化作品。

3. 构建文化创意产业园区

根据各国文化创意产业资源、区位等优势，优化资源配置，配合相关部门做好园区规划、基础设施建设，共同努力构建国际化、规模化、集约化、开放式的特色文化创意产业示范园区，成为世界顶级文化创意产业园区。依托产业园区，各国可通过共同制定有利政策、降低进入门槛、简化注册流程、完善基础设施配套建设、构建高效服务体系等手段，为文化创意产业创造良好的发展环境，吸引相关企业入驻，引导产业集聚。此外，完善各项配套服务措施，在产业园区内成立独立的部门，专门提供知识产权申请、人员招聘、培训、会计事务、法律事务、融资、咨询等服务。

4. 完善文化创意产业信息服务平台

文化创意产业信息共享平台主要针对"一带一路"沿线各国文化创意产业信息交流问题而建立，旨在为各国从事文化创意产业的企业提供一个信息沟通与共享的平台，主要解决文化创意产业合作、国际业务拓展等方面的信息不对称及引导企业投资方向等问题。"一带一路"沿线各国企业将其各自的基本情况、合作意愿等发布于信息共享平台中，通过平台了解相互需求，进而进行更加有效的沟通与合作，明确合作方向与内容，加快合作步伐。同时，文化创意产业信息共享平台还提供各国相关产业政策、知识产权和法律事务等相关配套咨询服务。此外，通过举办文化创意产业交流会、博览会等形式，为"一带一路"各国的文化创意企业提供面对面交流的机会，深化合作领域和层次，共同谱写文化交流新篇章。

5. 注重非物质文化遗产保护

加强非物质文化遗产的保护和传承，有利于维护各自独特文化身份、文化主权，有利于保持世界文化的多样性，符合人类社会可持续发展和国际社会文明对话的要求。"一带一路"既要强调互连互通过程中的经济合作关系，同时也要重视文化资源的价值发现及非物质文化遗产保护。沿线各国可通过签订《加强非物质文化遗产保护传承合作倡议书》，表达加强在国际多边文化领域协调与合作的意愿，为非物质文化遗产的传承与发展搭建更为广阔的交流合作平台。在文化共识的基础上建构共同参与、共同建设、共享利益、共同推动的非物质文化遗产保护平台，形成非物质文化遗产保护发展的长效机制，未来仍继续积极投身于非物质文化遗产的保护、抢救工作，增进各国之间在非物质文化遗产传承的相互了解、学习和借鉴，共筑民意基础，进一步提升对"一带一路"的认同感。充分发挥传媒的作用，克服文化差异、思维差异、语言差异，以其他国家民众乐于接受的方式、能够理解的语言、喜闻乐见的媒介开展非物质文化遗产保护的宣传工作，增进不同国家人民之间的了解和友谊。此外，各国可以联合申请世界文化遗产，共同开展世界遗产的联合保护工作。

三 推动沿线各国教育交流与合作

教育是人类传承文明和知识、培养年青一代、创造美好生活的根本途径。教育必须面向现代化、面向世界、面向未来，加强沿线各国的教育交流与合作，是经济全球化和区域一体化的必然结果，是时代的重要特征，是教育国际化的一个重要途径。积极开展国际教育的交流与合作，是文化传播、资源共享、深化友谊的重要方式。在"一带一路"战略背景下，通过沿线各国的教育交流与合作，切实推进教育有序开放，拓展对外开放的广度和深度，提高国际交流合作的层次和水平，对推进"一带一路"建设、提供保障服务，具有十分重要的意义。

从国内来讲，第一，加强各国教育交流与合作，有利于提高我国教育水平，实现我国教育的国际化，进而使广大人民群众对通过接受良好教育提高自身素质、增强发展能力、改善生活质量，以及更好地服务国家社会的愿望愈加迫切。第二，加强各国教育的交流与合作，有利于拓宽师生视野，提高"国际化"参与程度，提高国内学校的知名度和地位。第三，加强各国教育交流与合作，推进我国教育对外开放，吸收和借鉴国际优秀的教育理念和教育经验，促进我国教育创新发展，提升我国教育的国际地位。第四，加强各国教育交流与合作，提升我国教育软实力，进而提高经济竞争力、扩大文化影响力、保障国家安全，更好地推动"一带一路"建设。

从国际来讲，第一，加强各国教育交流与合作，有利于沿线各国引进和传播先进的技术和成功的经验，促进世界不同文化之间的融合。第二，加强各国教育交流与合作，能够更好地促进沿线国家之间的教育交流，尤其是高等教育的交流合作，以发挥高等教育在沿线国家人文交流中的桥梁作用，发挥沿线各国高等教育界在"一带一路"建设中的智库作用，发挥高等教育在增强沿线国家互信中的催化作用。第三，加强各国教育交流与合作，有利于"一带一路"沿线国家合作开发人力资源，培养大批具有国际视野、通晓国际规则、能够参与国际事务和国际竞争的国际化人才。第四，加强各国教育交流与合作，促进沿线各国家的人文、教育、科技领域的交流研讨，有助于增进国家间、人民间的理解和友谊，构筑"一带一路"建设与发展的民意基础，共同推动"一带一路"沿线国家的人文交流向深层次发展。

（一）促进高等教育交流与合作

高等教育是国际教育交流与合作的重要平台，高校国际交流与合作是高等教育国际化的一个重要特征，也是实现高等教育国际化的主要渠道。通过高校的国际交流与合作，提高高等教育的国际化程度，提升我国高等教育的综合竞争力是人才培养、学科发展、质量提升的必由之路。

1. 我国高校国际交流与合作[1]

改革开放是中国高等教育开展国际合作的力量源泉。当代的中国高等教育国际交流与合作正是在改革开放和和平发展的大背景下逐步展开的。1985年5月，中共中央发布了《关于教育体制改革的决定》。1993年2月中共中央、国务院颁布《中国教育改革和发展纲要》。1998年8月，以《中华人民共和国高等教育法》的颁布为标志，教育改革不断向纵深推进。

从1982年至2000年，在新形势下，我国高等教育的国际交流与合作取得了长足的进展。1985年国务院在批转由国家教委、外交部、文化部、公安部和财政部《外国留学生管理办法》的通知中明确规定，接受和培养外国留学生是我国对外交往中一项具有战略意义的工作，要求国家有关部门密切配合，做好外国留学生的教育工作，提高我国接受外国留学生的

---

[1] 《开展国际交流与合作，提高我校办学质量》，豆丁网，http://www.docin.com/p-662171468.html。

能力。中外合作办学是改革开放后产生的新事物，是教育对外交流与合作的重要途径。中外合作办学起始于20世纪80年代，在90年代有了一些发展。南京大学—约翰斯·霍普斯金大学中美文化研究中心是第一个中外合作办学机构，经国务院批准于1986年9月成立。国家进一步明确了出国留学工作政策，公派出国留学选派工作改革取得成功，对自费出国留学人员加强了引导和管理。

2001年中国加入世界贸易组织，我国高等教育的国际交流与合作在新的发展环境下，取得了许多重大突破。2002年中美两国教育部部长互访，签署了《中美教育交流合作协定》；随后，中国与法国签署了《中华人民共和国教育部与法国国民教育部合作协议》，与英国签署了《教育合作框架协议》，都具有突破性的成果。2002年4月中德两国签署了《关于高等教育等值问题的协定》，这是中国与西方国家第一个互相承认学历、学位的协定，标志着我国与发达国家的教育合作与交流达到了一个新的层次。2003年，我国又相继与英国、法国、澳大利亚及新西兰等西方发达国家签署了国家间相互承认学位、学历和文凭的双边协议。截至2007年年底，我国已与世界32个国家和地区签署了相互承认学历、学位的协定。

国务院于2003年9月1日颁布了《中华人民共和国中外合作办学条例》明确指出"中外合作办学是中国教育的组成部分"，对中外合作办学实行"扩大开放、规范办学、依法管理、促进发展"的方针，鼓励引进国外优质的教育资源合作办学，鼓励在高等教育领域中开展中外合作办学，鼓励中国高等教育机构与国外知名教育机构合作办学。中共中央、国务院于2010年6月7日颁布《国家中长期教育改革和发展规划纲要（2010—2020年）》，在第十六章中提出："加强国际交流与合作。坚持以开放促改革、促发展。开展多层次、宽领域的教育交流与合作，提高我国教育国际化水平。借鉴国际上先进的教育理念和教育经验，促进我国教育改革发展，提升我国教育的国际地位、影响力和竞争力。适应国家经济社会对外开放的要求，培养大批具有国际视野、通晓国际规则、能够参与国际事务和国际竞争的国际化人才。"

为了更好地学习国外高校优秀的管理经验，在我国大学管理上有所突破和创新，教育部从2002年起，每两年举办一次中外大学校长论坛。同时，发展对外汉语教学事业，向世界推广汉语，传播中华民族的优秀文化。这些重要举措都是我国应对国际竞争和挑战、适应经济社会发展的要求，对增进中国和世界各国人民的相互了解和友谊，扩大中国与世界各国的经济、文化等各方面的交流与合作，提高中国在国际上的影响具有重要的意义。

经济全球化更为加强高等教育国际交流与合作创造了新的环境和条件，扩大了国际教育市场，促进了跨国教育的发展。高等教育国家化是经济全球化的必然结构，国际化是高等教育发展的必然方向。

2. 加强沿线各国高等教育国际交流与合作

其一，加大人员往来。学校之间的交流与合作，绝大部分是人员的互动与交流，包括高校领导人之间的互访、学校访问学者和教师的互派以及各国留学生的互换等。通过人员往来带动跨国界、跨文化的教育交流与合作，增进相互间的理解和友谊。一方面，我国积极主动吸引更多其他国家一流的专家、学者来华从事教学、科研和管理工作，有计划地引进海外高端人才和学术团队。进一步扩大外国留学生规模，使我国成为各国到亚洲留学最大的留学目的地。增加中国政府奖学金数量，重点资助发展中国家来华留学生，优化来华留学人员结构。实施来华留学预备教育，增加高等学校外语授课的学科专业，不断提高来华留学教育质量。另一方面，鼓励我国优秀的专家、学者、教师出国访学、任教，吸收借鉴外国先进的教育理念与教学方式，传播中国的经典文化。创新和完善公派出国留学机制，在全国公开选拔优秀学生进入国外高水平大学和研究机构学习。加强对自费出国留学的政策引导，加大对优秀自费留学生的资助和奖励力度。坚持"支持留学、鼓励回国、来去自由"的方针，提高对留学人员的服务和管理水平。扩大我国高校优秀学生出国留学、交换的规模，拓展学生的国际视野，培养学生具有国际观念、国际意识，树立向全球服务、向全球开放的观点；培养学生具有国际交往能力，能够与外国人和谐相处，尊重异国风俗与宗教信仰，维护民族尊严；培养学生具有丰富的知识，了解更多外国的历史、政治、地理、风土人情，提高学生综合能力与素质。为推动高校国际交流与合作向更深层次发展，应扩大政府间学历学位互认。通过双方在学历、学位以及教学资质上互认，加强校际合作与交流，推动跨文化交流，增进学生对不同国家、不同文化的认识和理解。

其二，加强合作办学。合作办学是当今世界全球化趋势的必然产物。通过国家间合作办学，引进其他国家优质的教育资源，包括办学理念、教学与管理方法、师资、专业与课程，以及先进的教学技术和手段，并由此产生新的、先进的专业。通过合作办学，各国可以直接在更广领域、更高层次与教育发达国家进行交流与合作，彼此拓宽视野，更新观念，确立面向世界的培养目标，加快教育国际化进程，提高国家的教育国际竞争力并培养出符合社会发展需求的复合型国际化人才。目前，中外合作办学从办学主体来看，包括中外合作办学机构、中外合作办学项目；从办学方式来看，包括学历教育和非学历教育；从教育层次来看，包括本科阶段教育、硕士阶段教育、博士阶段教育。"一带一路"沿线各国应从本国、本校实际出发开展合作办学，注重国家间教学体制、课程设置等差异，提高教师队伍的素质和对先进的课程体系、教材、教学方法的消化、吸收和利用，加强学科和专业的建设，注重专业人才培养，提高人才培养质量。此外，注重合作办学信息管理系统的建立与完善，打通合作办学申报评议协同工作渠道，形成一个运行高效、协同顺畅的统一工作平台，将大大提升行政审批效率。同时优化内部审批流程，规范行政审批行为，确保及时掌握合作办学的可靠信息，利于办学监管。

其三，合作开展科研活动。随着世界各国联系越来越紧密，面对的挑战也更具全球化和复杂化，沿线各国高校、研究院所需要通过开展强有力、跨越不同学科领域的科研合作，有效解决共同面对的问题。建立全方位、跨学科的教学科研合作平台，汇集各国最优秀的科研人员，聚焦各国发展面临的共同问题和人类发展的前沿问题，合作开展课题研究，联合推进高水平基础研究和高技术研究。希望通过共同努力，能在新的合作领域产生最新的成果，为人类的未来做出实质性的贡献。

其四，共享教学资源。沿线各国高校通过开展教育交流与合作，可以共享学校教学资源，包括以合作项目为基础提供的课程体系、教材、教学方法、教学手段、管理模式以及教学信息，以及免费使用实验室以及有关的资源。此外，还能够共享通过网络途径提供的服务，包括远程教育、网上图书资料服务等。

其五，合作开展科技的有偿服务活动。沿线各国高校通过共同创办科技开发实体，开拓校办产业的领域，促进高校产学研合作的国际化发展。通过与沿线国家教育机构的深入合作与交流，从合作办学发展到合作科研和产学研相结合的合作模式。各国以大学的研究实力为依托，以政府的支持为后盾，努力开发和发展高科技产业园区，通过大学—企业—政府之间的相互关联，相互协调、共同推动科学技术的发展。创建企业孵化器，促进科研成果、专利和技术转让及应用。产学研的发展又为各国高校间的教学与科研合作注入了新的活力,加速教育的国际化进程。

(二)加强"一带一路"沿线国家人力开发资源合作

伴随着经济全球化的推进和区域一体化的发展,跨国公司的大量资金和技术持续加速涌入世界各国,导致对高素质、国际化的各类管理技术人才需求增加。沿线各国宜围绕其经济社会发展需求,整合教育资源,相互融合,优势互补,以项目为导向,适用人才培养和技术培训为目标,在推进商贸、交通、能源、基础设施等领域的交往和合作过程中,合作加强技术技能型、应用型人才的交换培养、定向培养和本地培养,增强"一带一路"建设的智力和人才支撑。与此同时,沿线各国政府宜结合各国实际,在主题鲜明、形式多样的特色下,举办短期主题研修培训,合作开展普遍受益的实用技术培训,促进人文、教育、科技等领域的交流研讨。我国各类研究机构和高校对于沿线国家的研究力量相对薄弱,急需增强有关研究力量,深化"一带一路"国家国别研究,加大援外培训、扩大派遣援外志愿者团队,强化相关国家教育和人才政策研究,与其共同培养急需人才,共同服务于"一路一带"事业。

此外,注重加强职业学校对外交流与合作。长期实践表明,人力资源特别是技能型人才对于经济增长、社会发展和科技进步具有十分重要的作用。生产力的提高和生产的增量部分很大程度上来自于教育、科技和人力资本。沿线各国可根据本国实际需求,调整人才培养结构,与相关国家开展双边或多边合作,利用各自优势,培养出更加优秀的人才,带动各国经济发展,推动人类迈向更加美好的明天。

(三)探索建立沿线国家"共同教育空间"

为更好地实现优质教育资源的共享,提升相关国家的教育水平和教育质量,"一带一路"沿线国家可吸收和借鉴中亚五国"共同教育空间"的成功经验,建立沿线国家"共同教育空间",以致力于建立和加强共同教育体系。具体举措可以包括如下几个方面:

第一,进一步完善各国教育交流与合作机制。通过建立参与国教育合作委员会、定期教育部长会议、教育及科学问题协商会议、大学校长及科研院所院长定期见面会、各国间许可和认证高等学校资格总委员会、教育统计中心、比较研究不同国家教育体系的国际中心等形式,为"共同教育空间"的建立奠定坚实的基础。

第二，密切各国教育体系之间的联系，在教育原则、教学内容、升学考试、资历互认（包括学历、学位证书以及职业资格证书）、大学毕业生各国就业权等方面加强合作，以解决双方留学生回国就业和继续深造、技术人才和劳动力的自由流动等问题。

第三，促进各国在教育法令方面的一致性，通过签订教育合作交流方面的协定等方式，为建立"共同教育空间"开展教育交流合作提供政策上、法律上的支持和保障，确立监督教育质量的形式，建立共同教育质量评价与完善机制，并就合作原则和领域达成共识。

第四，建立远程教育共同体系，实现优质教育资源共建共享。

第五，积极发展国际教育，大力加强国际援助交往合作，为发展中国家培养培训专门人才。

第六，提高教育信息化程度，以多媒体和网络信息技术为依托，推进教学手段科技化、教育传播信息化和教学方式现代化，进而促进教育事业的全面发展。

教育信息化是当今世界高等教育发展的新趋势，沿线各国可联合创办教育合作网，推动各国在教育信息方面实现共享和交换。在各方的共同努力下，通过"共同教育空间"可将"一带一路"沿线国家的教育合作推上一个新台阶。

四 建设"一带一路"大旅游圈

旅游业是现代服务业的重要组成部分，其带动作用非常大。据世界旅游组织测算，旅游业每直接收入1元，会给国民经济相关行业带来4.3元的增值效益。[①] 可见，旅游业对国民经济和社会发展有很强的关联带动作用。旅游业的发展刺激和带动其他产业的发展，产生"乘数效应"，有很多相关产业和行业借助旅游业的繁荣带动了自身的发展。此外，旅游业的发展甚至还能衍生出一些新的行业，开拓新的需求领域，产生新的产业融合。

---

① 《中俄开展旅游交流的作用与意义》，中俄资讯网，http：//www.chinaru.info/qjeluosi/xzeluosi/20452.shtml。

旅游合作是国际产业合作的重要内容，更是世界旅游业发展的趋势之一。在旅游业日益成为世界经济重要产业的背景下，作为开放性、综合性产业，在"一带一路"战略中具有先联先通的独特优势，应当主动作为，先动先行，努力实现"互连互通，旅游先通"。随着经济全球化的发展，"一带一路"沿线国家实行区域经济一体化将成为趋势，深化沿线国家旅游合作尤为重要且迫切。为进一步深化与拓展沿线各国在旅游方面的交流与合作，各国可在自愿基础上构建"一带一路"大旅游圈，对各国旅游资源进行整合，优势互补，使各国旅游资源达到最佳配置，提高抵御经济、环境等冲击的能力。通过共享旅游市场，实现各国旅游客源交换成本内化。旅游业是文化含量很高的产业，旅游与文化的互动会产生很大的增值效应，因此，加强旅游合作能让沿线各国百姓更多了解对方国家，消除偏见和误解，同时带来大量的人流、物流、信息流和资金流，有力推动经贸发展。各国应抓住"一带一路"的有利时机，大力发展旅游产业，进而促进旅游业的全方位合作，力争把旅游业培育成"一带一路"战略合作的成功典范。

（一）"一带一路"大旅游圈开展旅游合作的内容

"一带一路"大旅游圈内国家可以自愿原则为基础，形成区域旅游合作联盟，中国可以做倡导、发起人。该联盟将致力于开展以下几方面的合作：

1. 打造黄金旅游带

整合沿线各国旅游资源和文化资源，依靠其独特的地理位置、历史文化渊源和互补性的旅游资源，集中力量联合培育并推出主题鲜明、内涵丰富、吸引力强的一批精品国际旅游线路，共同塑造一批有特色、差异化的旅游文化产品。打造"一带一路"走廊经典景点，完善旅游产业体系，创新发展模式，使之成为集边境观光、生态休闲、边境商贸、文化体验、养生度假等于一体，具有国际影响力和吸引力的全球首选黄金旅游带，促使沿线国家、地区的旅游产业更具有强大的竞争力，以吸引更多国内外游客，成为各国旅游业发展新的增长极。通过构建全方位、多层次的区域旅游合作格局，努力打造几个国际化精品旅游大都市圈。

2. 完善旅游交通服务

统筹考虑旅游发展需要，建设高速公路、高速铁路和机场，构建海陆空便捷高效的旅游交通网络。增开旅游目的地与主要客源地之间的列车或旅游专列，完善火车站、高速列车、旅游专列的旅游服务功能，对旅游团队票价实行优惠政策。支持重点旅游城市开通和增加与主要客源地之间的航线，支持低成本航空和旅游支线航空发展。规划引导沿江、沿海公共旅游码头建设，增开国际、国内邮轮航线。将通往旅游区的标志纳入道路交通标志范围，完善指引、旅游符号等标志设置。推进旅游交通设施无障碍建设与改造，健全交通集散体系。加强机场、码头、高铁车站与城市旅游景区的交通衔接，保障旅游道路特别是桥梁、隧道等的交通安全。

3. 建设无障碍旅游圈

可以通过各国友好协商，扩大旅游圈的国际游客落地签证范围，沿线国家可实施旅游护照免签证制度，使"一带一路"形成一个大的互免签证区域。规范各国边境旅游出入境管理，实行通关便利化，提高通关效率，努力实现"一站式通关"和"电子通关"，为跨境旅游的游客提供更加便捷的出入境服务。完善、简化跨境旅游列车、旅游公共巴士和旅游自驾车的出入境相关手续，实现自驾车旅游通关手续常态化。运用多语种进行国家旅游宣传，共同打造"一带一路"大旅游圈品牌。

4. 挖掘沿线国旅游文化资源

深入挖掘"一带一路"沿线国家的历史、文化、旅游资源，开启文化旅游历程。像东南亚、中亚、西亚多国风情迥异。通过策划一系列活动，组织国内旅游爱好者异国旅游，将旅游项目作为开拓国际视野的重要载体。同时吸引异国旅客到中国观光游览。通过"吃、住、行、游、购、娱"打造一条龙的旅游产业链。此外，重视文化创意设计，提升旅游纪念品的文化内涵和附加值。

（二）建立与完善"一带一路"大旅游圈合作机制

可由中国倡导发起，通过与沿线国合作，构建"一带一路"大旅游圈合作机制，具体包括：

1. 设立联合工作委员会

由"一带一路"沿线各国旅游工作的主管部门领导组成，共同成立大旅游圈联合工作委员会，就开展旅游合作问题进行顶层设计，完善合作机制，不断提高旅游服务品质，努力促进大旅游圈健康有序发展。其一，共同规范大旅游圈旅游市场秩序，充分利用独特的人文优势和资源优势，科学整合旅游资源，优化资源配置，建立市场共识，共同开发旅游市场。其二，加强旅游服务体系建设，建立和完善区域旅游投诉、突发事件的应急处理机制，共同联动处理旅游应急事件，将其纳入当地统一的应急体系。各旅游景区要配备专业的医疗和救援队伍，有条件的可纳入国家应急救援基地统筹建设。其三，推动形成政府依法监管、企业守法经营、游客文明旅游的发展格局。坚持以人为本，积极营造良好的旅游环境，满足多样化、多层次的旅游消费需求，注重资源能源节约和生态环境保护，统筹兼顾经济效益、社会效益和生态效益。建立有效的联结机制和成熟的发展政策，保障旅游合作安全、长久。

2. 设立旅游合作发展基金

为更好地支持大旅游圈的形成，加强旅游合作，由沿线各国共同出资设立旅游合作发展基金。该基金主要用于"一带一路"沿线国旅游网络信息平台建设相关国家旅游产业政策设计，区域旅游线路规划，主要旅游线路、宣传手册等印制。此外，还可考虑用于旅游基础设施的投入，包括加强景区旅游道路、步行道、停车场、厕所、供水供电、应急救援、游客信息服务以及垃圾污水处理、安防消防等基础设施建设，围绕重点旅游区和旅游线路，进一步完善游客咨询、标志标牌等公共服务设施，集中力量开发建设一批新的自然生态环境良好、文化科普教育功能完善、在国内外具有较强吸引力的精品旅游区和特色旅游目的地。同时，改造提升旅游圈内各大景区、景点服务配套设施，包括停车场新扩建和卫生、购物、导览体系等设施的建设。

3. 举办"一带一路"国际旅游博览会

"一带一路"国际旅游博览会由沿线各国轮流举办，每年一次。旅游博览会内容丰富，可以涵盖文化、艺术、教育、科技、民族、宗教、建筑等诸多领域。通过国际旅游博览会，进一步加深各国人民彼此间的了解，推动各国关系发展到一个新的高度。各国旅游主管部门收集各种丰富的资料，鼓励各国人员积极参与，共同编辑沿线各国的旅游手册，以增强各国人民在旅游、文化、历史、科技、风俗等方面的相互了解，进一步推动"一带一路"大旅游圈的建设。

4. 构筑"一带一路"多语言旅游信息共享平台

推进"一带一路"沿线国家利用现代信息技术手段，统筹和规范旅游目的地信息的收集、汇总处理，采用多元化的信息传播工具和多种语言，及时有序发布、更新各类旅游服务信息，激发潜在的旅游消费需求，并通过在线咨询服务，解答相关问题，提高服务水平。此外，完善沿线国家信息技术对接,建立健全大旅游圈区域信息服务体系及安全预警救助信息共享体系等,实现信息的动态化和区域的全覆盖,建设"一带一路"大旅游圈一体化的旅游信息网。各国商定旅游信息化标准,加快智慧景区、智慧旅游企业建设,以促进旅游信息服务体系的完善。

5. 共同建立旅游人才培养交流机制

为提高"一带一路"大旅游圈旅游服务品质,沿线国家可共同商讨旅游人才培养和交流机制,优化旅游人才开发规划。

其一,加强各国旅游院校的联系与合作,通过联合培养、互换旅游专业留学生等方式,加强旅游人才的培养和交流。

其二,联合建立一批旅游人才教育培训交流基地,加强导游等旅游从业人员的知识和技能培训,不断提高旅游从业者的素质和能力。

其三,建立旅游人才智库,由各国旅游科研单位和旅游规划单位的专家学者组成,加强旅游基础理论和应用研究,开发新的旅游景区,加大旅游人力资源的整合力度,为"一带一路"旅游事业服务。

附 录

各类合作机制概况汇总

上海合作组织（SCO）	上海合作组织成立于2001年6月15日，成员国为中国、俄罗斯、哈萨克斯坦、吉尔吉斯斯坦、塔吉克斯坦和乌兹别克斯坦、巴基斯坦（2015年7月加入）、印度（2015年7月加入）；观察员为伊朗、阿富汗、蒙古、白俄罗斯；对话伙伴为斯里兰卡、土耳其、阿塞拜疆、亚美尼亚、柬埔寨和尼泊尔。上海合作组织是迄今唯一在我国境内成立、以我国城市命名、总部设在我国境内的区域性国际组织
中国—东盟自由贸易区（CAFTA）或称中国—东盟"10＋1"	由中国以及东南亚国家联盟的10个成员国：文莱、菲律宾、印度尼西亚、马来西亚、泰国、新加坡、越南、老挝、柬埔寨和缅甸组成的自由贸易区，已于2010年1月1日起全面启动。成为一个涵盖11个国家、19亿人口、GDP达6万亿美元的巨大经济体，是世界人口最多的自由贸易区，也是发展中国家间最大的自由贸易区
亚太经济合作组织（APEC）	亚太地区重要的经济合作论坛，也是亚太地区最高级别的政府间经济合作机制。1989年11月5—7日，澳大利亚、美国、日本、韩国、新西兰、加拿大及当时的东盟六国在澳大利亚首都堪培拉举行了亚太经合组织首届部长级会议，这标志着亚太经合组织的成立。1991年11月，中国以主权国家身份正式加入亚太经济合作组织
亚欧会议（ASEM）	亚欧会议是亚洲与欧洲之间的政府间论坛。该倡议由新加坡总理吴作栋于1994年11月提出。1996年3月1—2日，首届亚欧首脑会议在泰国曼谷举行，标志亚欧会议正式成立。亚欧会议成员国有：中国、日本、韩国、蒙古国、印度尼西亚、马来西亚、泰国、菲律宾、新加坡、文莱、越南、老挝、柬埔寨、缅甸、东盟秘书处、印度、巴基斯坦、奥地利、比利时、丹麦、芬兰、法国、德国、希腊、爱尔兰、意大利、卢森堡、荷兰、葡萄牙、西班牙、瑞典、英国、匈牙利、波兰、捷克、斯洛文尼亚、斯洛伐克、爱沙尼亚、拉脱维亚、立陶宛、马耳他、塞浦路斯、罗马尼亚、保加利亚及欧盟委员会、俄罗斯、澳大利亚、新西兰、孟加拉国、挪威、瑞士。目前，成员数目已由开始创立时的26个增加至51个

续表

亚洲合作对话（ACD）	亚洲合作对话（ACD）由泰国于2002年倡议成立,是唯一面向全亚洲的官方对话与合作机制。现有33个成员国,中国、日本、韩国、蒙古国、俄罗斯、东盟10国（文莱、柬埔寨、印尼、老挝、马来西亚、缅甸、菲律宾、新加坡、泰国、越南）、印度、巴基斯坦、阿富汗、孟加拉国、斯里兰卡、不丹、哈萨克斯坦、吉尔吉斯斯坦、塔吉克斯坦、乌兹别克斯坦、沙特、伊朗、土耳其、阿联酋、科威特、阿曼、卡塔尔、巴林。包含东亚、南亚、中亚、西亚等各次区域国家,合作领域涵盖能源、财金、中小企业、人文等20余个。中国积极参与ACD相关活动,现担任农业、能源领域合作牵头国。2014年5月27—29日,"亚洲合作对话丝绸之路务实合作论坛"在甘肃兰州举行。ACD 28个成员国高级别代表和我国家发改委、环保部、文化部、国家能源局、国家文物局等部委及香港特区政府代表出席,各方围绕ACD和"丝绸之路经济带"与"21世纪海上丝绸之路"的关系,如何推进成员国在互连互通、能源、环保和人文等领域合作展开深入研讨并提出政策建议
亚信会议（CICA）	亚洲相互协作与信任措施会议（CICA）,简称亚信会议,是一个有关安全问题的多边论坛,其宗旨是在亚洲国家之间讨论加强合作、增加信任的措施。峰会和外长会议均为每四年举行一次,两会交错举行,间隔两年。亚信会议,是哈萨克斯坦总统纳扎尔巴耶夫1992年10月在第47届联合国大会上提出的。截至2014年5月20日第四届亚信峰会,现有26个成员国：中国、阿富汗、阿塞拜疆、埃及、印度、伊朗、以色列、哈萨克斯坦、吉尔吉斯斯坦、蒙古国、巴基斯坦、巴勒斯坦、俄罗斯、塔吉克斯坦、土耳其、乌兹别克斯坦、泰国、韩国、约旦、阿联酋、越南、伊拉克、巴林、柬埔寨、卡塔尔和孟加拉国。11个观察员（国家或国际组织）：印度尼西亚、斯里兰卡、菲律宾、日本、马来西亚、乌克兰、美国、突厥语国家议会大会、联合国、欧安组织和阿拉伯国家联盟
中阿合作论坛	2004年1月30日,中国国家主席胡锦涛访问了设在埃及开罗的阿拉伯国家联盟（以下简称阿盟）总部,会见了阿盟秘书长阿姆鲁·穆萨和22个阿盟成员国代表。会见结束后,李肇星外长与穆萨秘书长共同宣布成立"中国—阿拉伯国家合作论坛"。中国和阿盟22个成员国（约旦、阿联酋、巴林、突尼斯、阿尔及利亚、吉布提、沙特、苏丹、叙利亚、索马里、伊拉克、阿曼、巴勒斯坦、卡塔尔、科摩罗、科威特、黎巴嫩、利比亚、埃及、摩洛哥、毛里塔尼亚、也门）

续表

中国—海合会自贸区	中国—海湾阿拉伯国家（阿拉伯联合酋长国、阿曼苏丹国、巴林国、卡塔尔国、科威特国、沙特阿拉伯王国）合作委员会自由贸易区。2010年6月4日，中国—海合会建立战略对话机制并在北京举行首轮对话，科威特副首相兼外交大臣穆罕默德、阿联酋外交国务部长卡尔卡什、海合会秘书长阿提亚与外交部长杨洁篪共同主持对话会，并签署了中国—海合会战略对话谅解备忘录
大湄公河次区域经济合作（GMS）	大湄公河次区域经济合作（GMS），于1992年由亚洲开发银行发起，涉及流域内的6个国家，有中国、缅甸、老挝、泰国、柬埔寨和越南，旨在通过加强各成员国间的经济联系，促进次区域的经济和社会发展
中亚区域经济合作（CAREC）	中亚区域经济合作于1996年由亚洲开发银行发起成立，是中亚区域重要的经济合作机制之一，其宗旨是以合作谋发展，通过促进交通运输、贸易、能源和其他重要领域的区域合作，促进成员国经济社会发展，减少贫困。现有成员包括阿富汗、阿塞拜疆、中国、哈萨克斯坦、吉尔吉斯斯坦、蒙古国、巴基斯坦、塔吉克斯坦、土库曼斯坦和乌兹别克斯坦10个成员国。亚洲开发银行、世界银行、国际货币基金组织、联合国开发计划署、欧洲复兴开发银行、伊斯兰开发银行6个国际组织，以及一些发达国家的双边援助机构作为发展伙伴参与了CAREC框架下的合作
博鳌亚洲论坛（BFA）	博鳌亚洲论坛（BFA），由25个亚洲国家和澳大利亚发起，于2001年2月下旬在海南省琼海市万泉河入海口的博鳌镇召开大会，正式宣布成立。论坛为非官方、非营利性、定期、定址的国际组织；为政府、企业及专家学者等提供一个共商经济、社会、环境及其他相关问题的高层对话平台；海南博鳌为论坛总部的永久所在地。论坛28个发起国：东亚四国（中国、韩国、日本、蒙古国）、东南亚十国（越南、老挝、柬埔寨、泰国、缅甸、马来西亚、印度尼西亚、文莱、菲律宾、新加坡）、南亚五国（尼泊尔、巴基斯坦、孟加拉国、斯里兰卡、印度）、中亚五国（土库曼斯坦、吉尔吉斯斯坦、乌兹别克斯坦、塔吉克斯坦、哈萨克斯坦）以及西亚的伊朗、以色列、大洋洲的澳大利亚、新西兰
中国—东盟博览会（CAEXPO）	由中国前国务院总理温家宝倡议，由中国和东盟10国经贸主管部门及东盟秘书处共同主办，广西壮族自治区人民政府承办的国家级、国际性经贸交流盛会，每年在广西壮族自治区的首府南宁举办。东盟共有10个成员国：文莱、柬埔寨、印度尼西亚、老挝、马来西亚、缅甸、菲律宾、新加坡、泰国、越南。观察员国：巴布亚新几内亚

续表

中国—亚欧博览会	中国—亚欧博览会是乌鲁木齐对外经济贸易洽谈会的继承和升华，首届中国亚欧博览会于2011年9月1—5日在中国新疆国际会展中心举办，设国际板块、国内板块、新疆板块、专业板块，以及高新技术园区和开发区板块等"4+2"个展示板块。覆盖亚洲、欧洲、非洲、北美洲、南美洲、大洋洲六个大洲，国际化特征进一步显现。俄罗斯、哈萨克斯坦、土耳其、荷兰、意大利、美国、澳大利亚、爱尔兰、印度、乌拉圭、巴西、智利、南非等国
欧亚经济论坛	2001年6月15日成立，旨在促进欧亚地区各国相互了解、扩大合作的欧亚经济论坛，是一个以上海合作组织成员国和观察员国为主体，面向上合组织所覆盖的广大欧亚地区，开放性的高层国际会议
中国国际投资贸易洽谈会（投洽会）	中国国际投资贸易洽谈会，经中华人民共和国国务院批准，于每年9月8—11日在中国厦门举办。投洽会以"引进来"和"走出去"为主题，以突出全国性和国际性。由中华人民共和国商务部主办，是中国目前唯一以促进双向投资为目的的国际投资促进活动
中国—南亚博览会（南博会）	中国—南亚博览会是2012年10月经中国国务院批准，2013年由中国国家商务部和云南省人民政府共同主办，并邀请南亚各国商务部门联合举办。境外参展除南亚和东盟国家外，还有来自东亚、中亚、西亚、非洲、欧洲、大洋洲等国家以及港澳台地区的企业参展
中国—阿拉伯国家博览会	中国—阿拉伯国家博览会是经国务院批准，由中国商务部、中国国际贸易促进委员会、宁夏回族自治区政府共同主办的国家级、国际性综合博览会，以中国和阿拉伯国家为主体，面向全世界开放。以22个阿拉伯国家（阿拉伯国家主要分布在西亚，北非地区，包括巴勒斯坦、约旦、叙利亚、黎巴嫩、沙特阿拉伯、伊拉克、也门、科威特、阿联酋、卡塔尔、巴林、阿曼12个西亚国家；阿尔及利亚、摩洛哥、突尼斯、利比亚、苏丹、埃及6个北非国家；非洲西部的毛里塔尼亚；非洲东部的吉布提、索马里、科摩罗）并向外延伸至57个伊斯兰国家作为合作主要目标国家，加强在能源、金融、清真食品、穆斯林用品、农业、文化、旅游等重点领域的合作，全面搭建中阿、中国与伊斯兰国家商品贸易、服务贸易、金融投资、技术合作、文教旅游五大平台
中国西部国际博览会（西博会）	中国西部国际博览会（以下简称"西博会"），始创于2000年，是由中国西部地区共办、共享、共赢的国家级国际性盛会，是国家在西部地区的重要外交平台、贸易合作平台和投资促进平台，是实现"西部合作"、"东中西合作""中外合作"的重要载体，也是西部地区对外开放合作的重要窗口

续表

中国—俄罗斯博览会（中俄博览会）	中国—俄罗斯博览会是经中华人民共和国政府批准举办的国家级、国际性大型经贸展览会，由中国商务部、黑龙江省人民政府、俄罗斯联邦经济发展部、俄罗斯联邦工业和贸易部联合主办。中俄博览会前身为中国·哈尔滨国际经济贸易洽谈会，已举办24届。为加强与其他国家的合作，博览会期间还将举办中国—欧盟合作对话会、中国—拉美国家合作对话会等活动
跨太平洋伙伴关系协议（TPP）	是由亚太经济合作会议成员国中的新西兰、新加坡、智利和文莱四国发起，从2002年开始酝酿的一组多边关系的自由贸易协定，原名亚太自由贸易区，旨在促进亚太地区的贸易自由化。成员国有：澳大利亚、文莱、加拿大、智利、马来西亚、墨西哥、新西兰、秘鲁、新加坡和越南、美国、日本
跨大西洋贸易与投资伙伴协议（TTIP）	2013年6月，美欧正式宣布启动"跨大西洋贸易与投资伙伴协议"，很大程度上，TTIP将改变世界贸易规则、产业行业标准，挑战新兴国家，尤其是金砖国家间的准贸易联盟
欧亚大陆桥	欧亚大陆桥为欧洲与亚洲两侧海上运输线联结起来的便捷运输铁路。第一欧亚大陆桥（西伯利亚大陆桥，英文名：Siberian Landbridge，SLB）从俄罗斯东部的符拉迪沃斯托克（海参崴）为起点横穿西伯利亚大铁路通向莫斯科，然后通向欧洲各国，最后到荷兰鹿特丹港（绕过中国黑龙江和吉林）。贯通亚洲北部，整个大陆桥共经过俄罗斯、哈萨克斯坦、白俄罗斯、波兰、德国、荷兰6个国家，全长13000公里左右。新亚欧大陆桥，向西经陇海的徐州、萧县、砀山、商丘、开封、郑州、洛阳、三门峡、西安、宝鸡、天水等站（由东向西），兰新线的兰州、武威、金昌、张掖、清水、酒泉、嘉峪关、玉门镇、柳园、哈密、鄯善、吐鲁番、乌鲁木齐等站（由东向西），再向西经北疆铁路到达我国边境的阿拉山口，进入哈萨克斯坦，再经俄罗斯、白俄罗斯、波兰、德国，西止荷兰的世界第一大港鹿特丹港。这条大陆桥跨越欧亚两大洲，连接太平洋和大西洋，全长约10800千米，通向中国、中亚、西亚、东欧和西欧40多个国家和地区。是世界上最长的一条大陆桥。中国、尼泊尔、欧盟将在未来合作修建被称为第三欧亚陆桥的跨欧亚大铁路，由中尼铁路至加德满都，再经南亚北部铁路、伊朗高原铁路、土耳其—波兰铁路（北上铁路）、波兰—荷兰铁路，线全程15300千米

续表

中巴经济走廊	中巴经济走廊是李克强总理于 2013 年 5 月访问巴基斯坦时提出的。初衷是加强中巴之间交通、能源、海洋等领域的交流与合作,加强两国互连互通,促进两国共同发展。从更宏观的角度看,中巴经济走廊贯通后,能把南亚、中亚、北非、海湾国家等通过经济、能源领域的合作紧密联合在一起,形成经济共振,同时强化巴基斯坦作为桥梁和纽带连接欧亚及非洲大陆的战略地位。

后 记

2014年年初，外交部有关司局委托我们从事"21世纪海上丝绸之路"相关战略研究，成果提交后委托方致函工经所予以高度表扬；外交部相关单位先后两次专门邀请我作专题报告，报告获得了良好评价。

本书是应中国社会科学出版社约稿而著述。2015年2月，我提出写作提纲后，与时任副总编辑曹宏举进行了充分讨论，提纲确定后，于2015年3月底开始写作，历时3个月完成初稿。其后，出版社卢小生老师对书稿提出了宝贵的修改意见，我先后两次对全书稿进行了认真修改完善，方成今稿。因"一带一路"战略是新概念，现有文献相对不足，加之出版时间要求较紧，故书中疏漏瑕疵在所难免，祈请海内外读者多予理解并予指正。

参加著作研讨、写作的还有来自中国社会科学院、复旦大学、中央民族大学的孙承平、赵鹏、赵赫、伍楠楠、周建芳、黄文芮、王飒、王玲玲同志，石磊、王静静同志协助收集了相关资料。

在此，我谨向当代中国出版社总编辑曹宏举编审（原中国社会科学出版社副总编辑）、中国社会科学出版社经济管理出版中心主任卢小生编审、林木老师致以最为真挚的谢意！

徐希燕谨识
2015年10月3日于北京寓所